147 (SE) FAIRE PLAISIR

Entre traditions de bien-être nordiques et les boutiques design, les rues de Stockholm vous montreront leurs perles cachées où vous pourrez vous faire plaisir.

Boulettes de viande à la suédoise. © AL...

Fika à Gamla Stan. © RONALD SUMNERS - SHUTTERSTOCK.COM

157 BOUGER & BULLER

Une ville proche avec la nature attire les esprits sportifs : les grands parcs pour le jogging, les lacs pour la natation ou, en hiver, pour le patin à glace !

Chevaux de Dalécarlie. © FOXGLOVESANDSTOCKINGS - SHUTTERSTOCK.COM

163 SORTIR

Une capitale qui ne manque jamais de destinations culturelles : entre boîtes de nuits, cinémas indépendants, ou salles de concerts underground, vous êtes libres de choisir.

169 LES ENVIRONS DE STOCKHOLM

Découvrez l'opulence royale du château de Drottningholm ou encore la flore protégée des 30 000 îles de l'archipel.

Patin à glace à Stockholm. © ANDREA IZZOTTI - SHUTTERSTOCK.COM

L'Opéra de Stockholm. © ANSHARPHOTO - SHUTTERSTOCK.COM

181 ORGANISER SON SÉJOUR

Stockholm est une ville chère, alors voici une variété de choix pour tous les budgets, avec des possibilités d'hébergements abordables.

QUAND
Y ALLER

JANVIER	FÉVRIER	MARS
-6° / 0°	-6° / 0°	-4° / 4°

JANVIER

-6° / 0°

PATIN À GLACE

© PREDRAG JANKOVIC - SHUTTERSTOCK.COM

Loisir partagé par tous les locaux, que ce soit à but sportif ou juste pour le fun : un classique de la saison hivernale.

$

FÉVRIER

-6° / 0°

STOCKHOLM DESIGN WEEK
Le meilleur mois pour découvrir les spécialités du design scandinave, avec toutes les industries qui se retrouvent en ville !

STOCKHOLM FASHION WEEK
Découvrez le monde de la mode scandinave à travers ses jeunes stylistes innovateurs qui réinventent le futur de l'industrie.

$

MARS

-4° / 4°

MELODIFESTIVALEN
Un festival national de musique télévisé, un peu kitch mais amusant, déterminant les prochains candidats suédois de l'Eurovision !

$

JUILLET

13° / 22°

STOCKHOLM PRIDE

© STEFAN HOLM - SHUTTERSTOCK.COM

C'est l'une des plus grandes parades, et les habitants de tout le pays font le déplacement afin de célébrer la communauté LGBTQ+.

$ $ $

AOÛT

12° / 20°

KULTURFESTIVAL
Une festivité culturelle d'été qui anime tout Stockholm, accueillant des millions de visiteurs de tous les âges, le tout pendant 5 jours !

LE FESTIN D'ÉCREVISSES
Journée dédiée au snaps et aux écrevisses : une palette typiquement suédoise et, surtout, une raison de plus de s'amuser !

$ $ $

SEPTEMBRE

8° / 16°

MARCHÉ D'AUTOMNE À SKANSEN
Voyagez dans le temps par le biais d'un marché ouvert où vous trouverez des merveilles locales qui sont l'objet de bons souvenirs !

$ $

Pour voir Stockholm à son apogée, l'hiver ou l'été sont les saisons les plus dépaysantes, rien que pour le manque ou l'excès de lumière. L'été à Stockholm offre des journées de baignades et de pique-niques, de balades à pied ou en bateau et d'activités en plein air, le tout jusqu'à tard. L'hiver, au contraire, invite à voir la vie suédoise de l'intérieur : découvrez le monde des chocolats chauds et des bougies, des repas de Noël, des saunas ou du patin à glace !

AVRIL

1° / 10°

VALBORGS-MÄSSOAFTON
Rendez-vous à Skansen pour une nuit spectaculaire réunis autour d'un feu massif, célébrant l'arrivée du printemps tant attendu...

$ $

MAI

5° / 15°

STOCKHOLM MARATHON
Un évènement de renommée internationale, accueillant des coureurs du monde entier, qui parcourent et agitent toute la ville !

$ $

JUIN

10° / 19°

FÊTE NATIONALE SUÉDOISE
Chantez avec les locaux « Oui, je veux vivre, je veux mourir dans les pays nordiques », paroles de l'hymne national suédois !

MIDSOMMAR
Une fête pour une journée sans fin : le soleil demeurant sur l'horizon, où vous serez entouré d'une convivialité rayonnante.

$ $

OCTOBRE

4° / 10°

STOCKHOLM JAZZ FESTIVAL
Ce festival accueille la crème des artistes de jazz et de blues du monde entier. Il se déroule sur de nombreuses scènes de la ville.

$

NOVEMBRE

0° / 5°

STOCKHOLM FILM FESTIVAL
Découvrez la ville à travers l'objectif cinématographique, avec des projections et des panels de débats passionnants !

$

DÉCEMBRE

-3° / 1°

LES MARCHÉS DE NOËL
Noël débute bien avant le 25 décembre, avec des coutumes et traditions typiquement suédoises qui métamorphosent la ville.

FÊTE DE LA SAINTE-LUCIE
Une très belle cérémonie traditionnelle en l'honneur de la mort de Sankta Lucia, catholique morte pour sa foi en l'an 304.

$ $

LES BONNES RAISONS D'Y ALLER

© VALERIYA KIRDYAEVA/EYEEM - STOCK.ADOBE.COM

L'ARCHIPEL

Visitez l'étendue de 24 000 îles et îlots où se trouve un paysage nordique hors du commun.

L'ART ET LE DESIGN

Capitale d'art et du design : une raison qui suffit en soi pour voyager à Stockholm !

© PHILIPPE GUERSAN

© PHILIPPE GUERSAN

LES MUSÉES

Stockholm est parsemé d'une centaine de musées spectaculaires et innovateurs !

© SIMON - STOCK.ADOBE.COM

L'ARCHITECTURE

Le bois rouge traditionnel ou toiture turquoise fusionnent avec un minimalisme moderne.

© SOUTH_AGENCY - ISTOCKPHOTO.COM

L'ATMOSPHÈRE DÉTENDUE

Faites comme chez vous : les cafés et restos sont des lieux douillets et chaleureux.

© LUCHEZAR - ISTOCKPHOTO.COM

LA GASTRONOMIE

Une vraie découverte pour une cuisine qui se fait rare ailleurs, succulente et unique !

© UWE MOSER - STOCK.ADOBE.COM

LA NATURE

Entre parcs, lacs et forêts, Stockholm est parfait pour un séjour en plein air.

LES BONNES RAISONS D'Y ALLER

UNE VILLE PHOTOGÉNIQUE

Le reflet lumineux entre ciel et eau offre un cadre de rêve pour les photographes.

© MISTERVLAD - STOCK.ADOBE.COM

© PHOTOGRAPHEE.EU - SHUTTERSTOCK.COM

LE SHOPPING

La capitale du design ne manque pas de boutiques originales et très tendance !

© OLASER - ISTOCKPHOTO.COM

PETITE VILLE, GRANDE CAPITALE

Grande capitale cosmopolite sans être imposante : une ville à échelle humaine !

LES 12 MOTS-CLÉS

#DESIGN

Stockholm est une vraie capitale du design, et cela se ressent rien qu'en se baladant dans ses rues. Le style vestimentaire, l'esthétique des boutiques et des cafés ou restaurants, l'architecture, tous les détails et les couleurs, marquent une norme de goût pour les bonnes choses que seuls les Scandinaves semblent maîtriser à la perfection.

#EAU

Situé entre le lac Mälaren et la mer Baltique, Stockholm est entourée d'eau. Naviguer dans cette ville pittoresque consiste à se déplacer entre differtents îlots, en restant en contact permanent avec l'eau, que ce soit à pied ou par bateau. La ville contient une trentaine de lieux de baignade, certains à moins d'un kilomètre du centre-ville !

#FIKA

Fika veut dire « café », une expression signifiant une pause café en journée, accompagnée de quelques pâtisseries et quelques amis. Une pratique sociale qui réchauffe pendant les longs hivers sombres et froids. Stockholm recèle plein de destinations parfaites pour des pauses *fika* où vous pouvez faire connaissance avec ce rituel folklorique.

© PHILIPPE GUERSAN

#JULBORD

La période de Noël en Suède est une vraie festivité. Pendant les fêtes de fin d'année, vous pourrez déguster un *julbord,* ou « buffet de Noël », qui est proposé dans la plupart des restaurants à partir de mi-décembre. Ce repas propose ce qu'il y a de mieux dans la cuisine suédoise, comprenant boulettes de viande, saumon, hareng, et du snaps !

#LINGON

Boulettes de viande appelées *köttbullar* garnies de sauce *lingon* : cet assortiment d'ingrédients se trouve sur tous les menus des restaurants suédois. Vrai délice de la gastronomie suédoise, la confiture d'airelles rouges est largement utilisée pour accompagner toute sorte de plats, des boulettes de viande aux crêpes ou encore au boudin noir !

© PIXEL-SHOT - SHUTTERSTOCK.COM

#LUMIÈRE

Tout le long de l'année, la vie à Stockholm dépend de la lumière. Quand il y en a peu, la ville brille de bougies et d'étoiles aux fenêtres des immeubles. On retrouve cela dans la peinture scandinave, qui maîtrise merveilleusement les nuances de lumière et de couleur typiques de ces paysages nordiques. Les couchers et levers de soleil sont absolument sublimes.

#SAUNA

Les Suédois restent en contact avec l'eau toute l'année. Quand il fait trop froid, il est temps de se réchauffer dans un sauna, puis de creuser un trou dans l'eau gelée, de s'y tremper, et c'est reparti ! Une manière de faire que tout le monde ne pratique pas, mais le sauna est une activité quasi quotidienne pour certains en hiver.

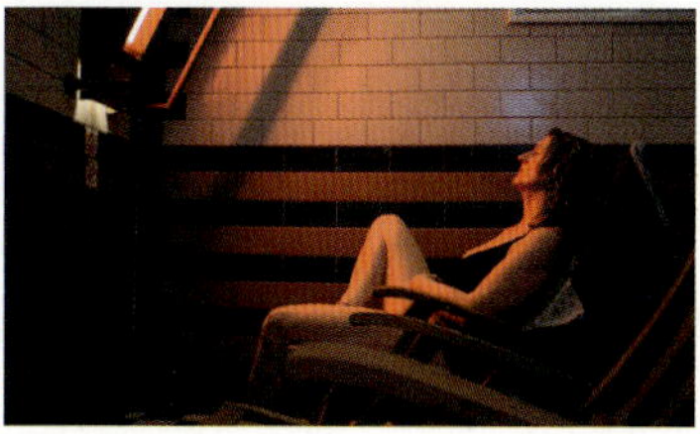

© ALEXANDERSTOCK23 - SHUTTERSTOCK.COM

LES 12

MOTS-CLÉS

#SOLSTICES

La lumière dirige le rythme de vie des Suédois. Chaque année, les solstices d'été et d'hiver sont des dates qui marquent les calendriers locaux. Le solstice d'été est l'une des festivités folkloriques les plus célébrées en Suède, honorant la lumière et le soleil qui débute son long déclin. Attention, en hiver le soleil se couche vers 15h !

#SNAPS

Alcool distillé à base de pommes de terre ou de céréales, le snaps est l'alcool national comme peut l'être la vodka pour les Russes ou le vin pour les Français. Le snaps se boit en accompagnement de repas sous la forme d'un shot, c'est-à-dire en petite dose et il se boit d'une traite. Aussi connu sous le nom d'aquavit, qui est un type de snaps.

#SNUS

Petites boîtes rondes d'où les locaux sortent des sachets mystérieux… Ce ne sont pas des paquets de cigarettes ou de tabac, mais du snus ! Cette manière de consommer la nicotine est interdite dans tous les autres pays de l'UE, et consiste à glisser un sachet de nicotine entre la lèvre et la gencive. Une solution pour « fumer » à l'intérieur !

#SYSTEM BALOGET

Toute boisson alcoolisée à plus de 3,5 % est vendue dans des boutiques d'État. Interdit aux moins de 20 ans et vendu à des prix prohibitifs, l'alcool en Suède est jusqu'à 50 % plus cher qu'en France ! Par contre, on peut avoir 18 ans ou plus pour acheter de l'alcool au restaurant. Les boutiques ferment à 15h le samedi et sont fermés le dimanche.

#VIKINGS

Bienvenue dans le royaume des grands blonds aux yeux bleus, pays de Vikings depuis l'an 800 ! La région de Stockholm fut peuplée et gouvernée par les Vikings, dont le site de Birka qui peut être visité aujourd'hui. Le Musée Viking de Stockholm offre aussi la possibilité de se plonger dans l'histoire de ce fameux peuple conquérant et explorateur.

© MARIA GAEVSKA - SHUTTERSTOCK.COM

VOUS ÊTES D'ICI, SI…

▸ **Vous consommez du snus à longueur de journée.** Devenue pratique courante depuis le XIXe siècle, cette poudre de tabac en sachet est plus consommée que les cigarettes et est souvent autorisée à l'intérieur comme à l'extérieur.

▸ **Vous avez une pause travail pour le *fika*.** En France, c'est la « pause clope » et en Suède c'est la pause fika au bureau ! Café et viennoiseries l'après-midi pour discuter avec ses collègues…

▸ **Vous portez principalement et surtout du noir.** Le noir est la couleur vestimentaire la plus récurrente pour les Stockholmois, qui est accessoirement mariée avec des touches de couleurs plus vibrantes : vert fluo, bleu ciel, ou notamment du beige.

▸ **Vous accompagnez chaque repas avec des tartines de *knäckebröd*.** Ce pain croustillant est servi en différentes épaisseurs et saveurs, avec des étagères entières de supermarchés qui lui sont consacrées.

▸ **Vous faites de la luge au parc dès que la neige tombe.** Les parcs retentissent de cris d'enfants qui arpentent les collines enneigées !

Ruelle dans Gamla Stan.
© MARCIN KRZYZAK - SHUTTERSTOCK.COM

TOP 10

A VOIR / A FAIRE

On peut traverser les époques et les âges dans des lieux différents de Stockholm, contenant des aspects distincts et variés de la culture d'une capitale nordique majeure. Vous pouvez retracer le chemin du peuple viking, les premiers jours de la naissance du pays, l'arrivée du protestantisme, la vie des ouvriers dans Södermalm, ou les traditions folkloriques à Skansen, jusqu'à vous retrouver face à la Stockholm d'aujourd'hui : un centre mondial de la photo, du design, de la mode, de l'art, de la technologie, du cinéma, de la littérature, de l'écologie, et du futur commun.

© MIKHAIL MARKOVSKIY - FOTOLIA

96

CATHÉDRALE [STORKYRKAN]

L'histoire de Stockholm commence par son Église, où le fondement du royaume indépendant de Suède est synonyme de sa conversion.

© ALIZADA STUDIOS - SHUTTERSTOCK.COM

94

MUSÉE D'ART MODERNE [MODERNA MUSEET]

Un lieu incontournable pour les amateurs d'art, avec une superbe collection permanente, bien situé pour une promenade culturelle.

JUNIBACKEN

Un paradis pour les enfants et un espace éducatif sur la culture suédoise, traversant contes et histoires traditionnelles de la Suède.

© PHILIPPE GUERSAN

103

© LUNNAYA - SHUTTERSTOCK.COM

107

MUSÉE DE LA PHOTO [FOTOGRAFISKA MUSEET]

La photographie est un médium artistique majeur en Scandinavie, en raison de la lumière nordique qui fait rêver les photographes.

MUSÉE NOBEL [NOBELMUSEUM]

Un musée dédié à l'histoire du monde, immergeant ses visiteurs dans les grandes inventions et contributions des fameux lauréats.

© PHILIPPE GUERSAN

97

© MIKAEL DAMKIER / SHUTTERSTOCK.COM

98

PALAIS ROYAL DE STOCKHOLM [KUNGLIGA SLOTTET]

Pour découvrir de l'intérieur l'histoire monarchique qui a précédé ainsi que l'histoire de la monarchie parlementaire actuelle.

© PHILIPPE GUERSAN

106

MUSÉE NORDIQUE [NORDISKA MUSEET]

Voici le plus grand musée d'histoire culturelle de Suède, retraçant les différentes histoires ethnographiques suédoises.

QUARTIER DE VITA BERGEN

Balade pittoresque qui fait voyager plus d'un siècle en arrière, lieu habité encore de nos jours par les habitants de Stockholm.

© PHILIPPE GUERSAN

108

MUSÉE VASA [VASAMUSEET]

Un musée qui impressionne, exposant le vaisseau royal du XVIIe siècle, sauvé des profondeurs des eaux…

© KERSTIN - SHUTTERSTOCK.COM

103

© ANASTASIOS71 - FOTOLIA

111

SKANSEN

Découvrez la Suède d'antan version miniature, en hiver comme en été, accompagnés d'élans et d'airelles rouges à n'en plus finir !

TOP 10

SE RÉGALER

Il est rare de faire connaissance avec la gastronomie suédoise autrement qu'en allant chez Ikea pour s'acheter des étagères et, peut-être, un hot-dog à la sortie. Stockholm offre le top de cette gastronomie pour tous les budgets, permettant de découvrir cette cuisine unique et riche en goût. Entre boulettes de viande accompagnées d'airelles rouges, du bon poisson et des fruits de mer, des biscuits au gingembre et des pâtisseries à la cannelle, la cuisine suédoise est un vrai délice. À Stockholm, vous pourrez vous régaler au stand à hot-dog tout autant que dans un restaurant Michelin !

© FELICIA MASALLA

125

FOTOGRAFISKA RESTAURANT

Une étoile
Lieu conseillé par le guide Michelin pour une cuisine écologique et épurée, le tout avec vue panoramique sur la baie de Stockholm.

© PHILIPPE GUERSAN

129

LISA ELMQVIST

Pour du poisson et fruits de mers fraîchement pêchés, voici une adresse incontournable.

TENNSTOPET

Confortable et conviviale, une brasserie qui maîtrise l'art de la table à la perfection. Recommandé pour bien boire et manger !

© KRISTOFER SAMUELSSON

121

© THOMAS WINGSTEDT

129

HANTVERKET

Le nouveau restaurant qui fait parler de lui à Stockholm : cuisine de haute qualité et très expérimentale. Bien réserver !

FRANTZÈN

Dans une atmosphère sobre et raffinée, offrez-vous une expérience culinaire concoctée par le meilleur chef de Stockholm !

118

GÜNTERS KORVAR

118

Le summum du street-food suédois se trouve dans un cabanon sur le trottoir : la bonne adresse gardée secrète par les locaux !

OPERA-KÄLLAREN

120

Offrez-vous un repas somptueux avec le menu concocté par le chef de la famille royale, le tout dans une atmosphère pittoresque !

ÖSTERMALMS SALUHALL [LES HALLES D'ÖSTERMALM]

130

EN PHOTO

Marché couvert dans un lieu historique : vous y trouverez plein de restaurants qui valent tous la peine d'être essayés !

PRINSEN

130

Plongez dans le charme et la nostalgie d'une autre époque : une brasserie connue pour son authenticité et ses plats succulents !

RESTAURANGEN BLÅ PORTEN

132

Un vrai classique de Stockholm, Blå Porten est le restaurant idéal pour prendre une pause entre les visites de musées et galeries.

TOP 5

FAIRE UNE PAUSE

Personne n'aime son goûter l'après-midi autant que les Suédois, qui l'ont transformé en un vrai rituel social. Une pause *fika*, c'est une pause café accompagnée de pâtisseries suédoises telles qu'un *kanelbulle*. Voici quelques adresses imbattables de pause *fika,* faites pour les gourmands !

GRILLSKA HUSET

Adresse recommandée pour les familles et les enfants : lieu spacieux et convivial, avec un menu typique et rempli de gourmandises.

123

141

DROP COFFEE

Adresse recommandée pour les passionnés de café ! Atmosphère minimaliste et moderne, parfait pour une pause solo en journée.

140

KAFFEKOPPEN

Pause fika en terrasse, le tout dans un lieu historique : rien de plus folklorique ! Lieu merveilleux à toutes les saisons.

GREEN RABBIT

Boulangerie spécialisée en pain de seigle : un ingrédient omniprésent en gastronomie suédoise. Essayez donc un *smørrebrød* !

138

139

VETE-KATTEN

Tout y est typiquement suédois ! Même les serveuses sont habillées en tenues traditionnelles, et l'espace est fort sympathique.

TOP 5

(SE) FAIRE PLAISIR

Dans la capitale scandinave du design, pourquoi ne pas s'offrir des souvenirs éclectiques et singuliers, que l'on trouve nulle part ailleurs ? (Se) faire plaisir à Stockholm veut dire plusieurs choses, entre gourmandises et les joies du shopping, pour une conversion au mode de vie suédois.

© ROT BUTIK KÖK

ROT BUTIK & KOK (ÉPICERIE FINE)

L'épicerie où vous trouverez tout ce qu'il y a de meilleur dans la gastronomie suédoise pour continuer à déguster chez soi.

© DMITRICH - ISTOCKPHOTO.COM

CHOKLADFABRIKEN

Du chocolat artisanal sous toutes ses formes : pralines, petits fours, glaces, gâteaux de mariage, chocolats et muffins.

© EGI – STOCK.ADOBE.COM

SWEDISH HASBEENS

Les sabots sont typiques de Scandinavie, un style vintage qui est resté dans son jus. Les sabots seraient même redevenus à la mode !

© EGI – STOCK.ADOBE.COM

LISA LARSSON (VINTAGE)

Petite boutique vintage indépendante, une vraie référence pour les experts de la mode. Vous y trouverez des habits de qualité.

SKANSENBUTIKEN

La bonne adresse pour les meilleurs souvenirs suédois, non seulement sympas mais surtout pratiques pour la vie de tous les jours !

© SKANSEN

TOP 5

BOUGER & BULLER

Immergez-vous dans la chaleur paisible du sauna, une tradition étendue dans toute la Scandinavie en réponse aux longs hivers glacés. Si vous avez le courage, suivez la routine traditionnelle qui consiste à se jeter dans l'eau gelée après une séance de transpiration. Une cure incomparable.

© @YASURAGISWEDEN - WWW.YASURAGI.SE

162

YASURAGI

Spa luxueux alliant le zen japonais à l'esthétique traditionnelle suédoise. Ce temple de la relaxation vous sortira revitalisés.

© CENTRALBADET

161

CENTRALBADET

Les bains les plus connus de Stockholm. Centralbadet est un lieu historique et fameux qui invite à se détendre. Un bon cadeau !

© EGI – STOCK.ADOBE.COM

161

HELLASGÅRDEN

Adresse recommandée pour une expérience typiquement nordique. Lieu de détente et de bien-être en contact avec la nature.

© EGI – STOCK.ADOBE.COM

162

STUREBADET

Une oasis urbaine qui fait voyager dans le temps, Sturebadet est un espace de bien-être de luxe. Restaurant et champagne inclus !

TANTO BASTU

Une petite perle sur l'eau : ce sauna est l'un des secrets de Stockholm. Plongez-vous dans cette activité typiquement scandinave.

© HABOCO - SHUTTERSTOCK.COM

162

TOP 5

SORTIR

Sortez en ville pour retrouver les centres culturels de Stockholm, où l'on peut s'immerger devant le grand écran ou se fondre dans la symphonie d'un orchestre, que ce soit en mangeant du pop-corn ou en buvant un cocktail.

MAISON DES CONCERTS [KONSERTHUSET]

Une des bâtisses les plus remarquables de Stockholm, l'Orchestre philharmonique de Stockholm offre plus de 100 concerts par an !

BERNS

Adresse incontournable pour une soirée de danse entre amis, avec une discothèque dynamique, connue pour la musique électronique.

© EGI – STOCK.ADOBE.COM

166

UNDER BRON

Discothèque branchée et jeune, passage obligatoire pour les amateurs de house et de techno, dans une ambiance underground !

© EGI – STOCK.ADOBE.COM

167

BIO RIO

Lieu culturel important, ce cinéma pittoresque offre une diversité d'œuvres cinématographiques internationales et suédoises.

ZITA

Cinéma culturel majeur, avec un choix raffiné de films d'origines différentes. Bonne adresse pour les amateurs de documentaires !

TOP 10

SE LOGER

Le design scandinave conçoit tout un art de vivre, que ce soit la qualité de nos habits, les subtilités décoratives et esthétiques, le mariage des formes et du confort, et c'est ainsi que l'hôtellerie scandinave est connue dans le monde entier. Stockholm est imprégnée d'hôtels qui trônent dans le monde du design et qui arrivent à trouver le juste milieu entre luxe, bon goût et le tout sans prétention, assurant un confort intime et chaleureux. La plupart de ces hôtels contiennent aussi des restaurants et bars et sont souvent bien placés.

ETT HEM

Cet hôtel de luxe offre un confort simultanément soigné et convivial. Comme son nom l'indique, on se sent comme chez soi !

HÔTEL FRANTZ

Hôtel confortable et emblématique du design suédois, mariant antiquité et minimalisme. Les petits déjeuners y sont superbes !

HOTEL SKEPPSHOLMEN

L'hôtel design de la petite île de Skeppsholmen (l'îlot des navires) qui offre un havre de paix en plein centre de Stockholm.

HOTEL KUNG CARL

Hôtel familial et historique, avec des chambres personnalisées et incroyablement confortables. Un vrai luxe sans prétention...

HOBO HOTEL 194

Hôtel branché et design, imaginé par le Studio Aisslinger de Berlin, avec des intérieurs ergonomiques et fort confortables !

MISS CLARA 197

Entre la chaleur des parquets en bois et l'élégance minimaliste, cet hôtel attire tous les grands amateurs de design suédois.

200 HOTEL SVEN VINTAPPARE

Hôtel de luxe à seulement 7 chambres : une opportunité à ne pas rater pour un séjour décontracté et traité avec classe !

VILLA KÄLLHAGEN 207

EN PHOTO

Adresse recommandée pour ceux qui cherchent le calme tout en restant proche de la vie urbaine. Une petite bulle de confort !

VILLA DAGMAR 206

Hôtel au coeur de Stockholm qui offre des chambres confortables et une atmosphère conviviale, avec bar et restaurant superbes !

LYDMAR 196

Bien placé, cet hôtel haut de gamme offre des chambres avec vues ainsi qu'une collection d'œuvres d'art impressionnante !

PRATIQUE

VIE QUOTIDIENNE

ALLO ?

▸ Pour appeler de Suède vers la France, composez le 0033, ou +33, suivi du numéro de votre correspondant, sans le 0 au début.

▸ Pour appeler de France vers la Suède, composez le 0046, ou +46, suivi du numéro de votre correspondant, sans le 0 au début.
Depuis juin 2017, dans le cadre de l'UE, les frais de *roaming* ont été supprimés. Appeler quelqu'un de France ou d'un autre pays membre coûte le même prix. Cela veut dire que vous gardez les mêmes frais selon votre abonnement mobile habituel. Ainsi, il n'y a pas besoin de carte SIM suédoise. Pour plus d'informations, renseignez-vous auprès de votre opérateur.

ACCESSIBILITÉ

▸ **Pour les voyageurs accompagnés d'enfants,** Stockholm est une ville très adaptée. La plupart des hôtels et restaurants possèdent des chaises pour bébé. Les musées et sites touristiques proposent la plupart du temps des salles pour changer les couches. Les transports publics sont aussi parfaitement équipés pour les poussettes, avec rails, ascenseurs, etc. De plus, il y a des avantages, avec des entrées gratuites aux musées pour les moins de 18, 19 ou même 25 ans.

▸ **Pour les voyageurs handicapés, pas de problème.** Presque tous les accès sont adaptés aux fauteuils roulants, avec rampes, ascenseurs, escaliers mécaniques et trottoirs abaissés. La plupart des hôtels et musées sont aux normes pour l'accueil des personnes handicapées. Les feux de circulation sont équipés de signaux sonores pour les non-voyants. Il est aussi possible de contacter différents organismes et associations localement.
En ce qui concerne les transports publics, les réseaux de transports à Stockholm mettent à disposition du personnel afin d'aider les voyageurs à mobilité réduite. Pour les gares, il faut prévenir 48h à l'avance, et c'est le plus souvent gratuit. Les trains de la SJ ont des élévateurs et des sièges spéciaux. Les chiens-guides d'aveugles doivent être munis d'un harnais et peuvent voyager couchés aux pieds de leur maître, et ce gratuitement. Des zones spéciales sont aussi mises à disposition des passagers souffrant d'allergies. Toutes les gares et trains sont non-fumeurs.

SANTÉ

À Stockholm, les conditions sanitaires sont similaires à celles de la France, avec un niveau d'hygiène très élevé dans les établissements publics. L'eau y est potable, et il n'existe pas de risques sanitaires majeurs.

En tant que visiteur en Suède, vous avez droit au système de santé sous les mêmes conditions que celles applicables aux résidents suédois. Cela est uniquement valable sous présentation d'une carte européenne d'assurance maladie (CEAM). La somme maximale à payer pour toute consultation médicale est de 1 150 SEK, soit environ 111 euros, sur une durée d'un an. Les services médicaux sont gratuits pour les moins de 18 ans.
Stockholm contient plusieurs hôpitaux, dont l'hôpital universitaire de Karolinska, situé à Kungsholmen (Hantverkargatan 2J).
Si vous possédez une carte bancaire Visa et MasterCard, vous bénéficiez automatiquement d'une assurance médicale et d'une assistance rapatriement sanitaire valables pour tout déplacement à l'étranger de moins de 90 jours (le paiement de votre voyage avec la carte n'est pas nécessaire pour être couvert, la simple détention d'une carte valide assure une couverture). Si vous n'êtes pas couvert par l'une de ces cartes, n'oubliez pas de vous assurer avant de partir.
Vous pouvez également vous renseigner auprès de votre médecin. Alternativement, vous pouvez vous adresser à la société de médecine des voyages du centre médical de l'Institut Pasteur au 01 45 68 80 00 ou vous rendre sur le site du ministère des Affaires étrangères à la rubrique «Conseils aux voyageurs» (www.diplomatie.gouv.fr/voyageurs).
En cas de maladie, un bon réflexe à avoir est de contacter le consulat de France. Il se chargera de vous aider et de vous accompagner.
Les pharmacies sont appelées *Apoteket* et ont généralement des enseignes vertes.

URGENCES SUR PLACE

Le 112 est le numéro valide dans toute l'Europe afin de contacter les urgences, que ce soit les pompiers, le SAMU, ou la police. En cas d'urgence pendant le voyage, composez le 112, disponible 24h/24.

SÉCURITÉ

Stockholm est l'une des villes les moins dangereuses d'Europe, avec un taux de criminalité bas. C'est une destination qui assure la sécurité pour tous, et spécialement pour les femmes voyageant seules. Qu'il fasse jour ou nuit, Stockholm est une ville qui reste généralement sûre. Il peut arriver, bien que ce soit extrêmement rare, d'être témoin de vol ou d'agression. Les principales violences ont lieu les soirs de week-end, entre personnes souvent éméchées. Il convient d'éviter les stations de métro Gulmmarsplan, Slussen ou T-Centralen tard le soir, surtout si l'on a trop bu.
Pour contacter la police en cas d'urgence, composez le 112.

LGBTQ

La société suédoise est en général une société très tolérante, ayant légalisé depuis 2009 le mariage pour tous. Vous pouvez trouvez plus d'informations sur le soutien gouvernemental des communautés LGBTQ en Suède sur le site www.sweden.se. Il va de soi que les communautés LGBTQ peuvent vivre en toute sécurité à Stockholm, où vous trouverez de nombreux bars et hôtels qui arborent le drapeau aux couleurs de l'arc-en-ciel. Le site www.stockholmpride.org permet d'accéder à de nombreuses infos concernant la communauté. La Stockholm Pride qui a lieu en fin juillet, est l'une des plus importantes manifestations du genre dans le monde.

AMBASSADE ET CONSULATS

Ambassade de France en Suède :
Kommendörsgatan 13
114 48 Stockholm
Ouverte de 9h à 12h30 du lundi au vendredi.
+46 8 459 53 00
www.se.ambafrance.org

Ambassade de Suède à Paris :
17 rue Barbet-de-Jouy, 75007, Paris.
01 44 18 88 00
embassy.paris@gov.se
www.swedenabroad.se/fr/ambassade/france-paris/
Ouverte les lundis, mardis, mercredis et vendredis de 9h30 à 16h.

Consulats de Suède : on trouve des consulats de Suède à Bordeaux, Brest, Fort-de-France, Martinique, Lille, Lyon, Marseille, Monaco, Montpellier, Nantes, Nice, Porto-Vecchio, Saint-Barthélémy, Strasbourg et Toulouse.

Office de tourisme suédois
11 rue Payenne (75003) Paris
01 70 70 84 58
www.visitsweden.com
info@visitsweden.com
L'office de tourisme suédois n'est pas ouvert au public, mais peut être contacté afin de s'informer sur la Suède.

POSTE

Les postes principales se situent des les magasins et supermarchés, mails il est possible d'acheter des timbres ou des enveloppes dans les bureaux de tabac. Les bureaux de poste se reconnaissent à leur enseigne : un cor de chasse jaune sur fond bleu. Ils respectent généralement les mêmes heures d'ouverture que les magasins où ils se trouvent : 9h à 18h en semaine et 10h à 13h le samedi.

Les boîtes aux lettres sont jaunes et l'envoi coûte 19,50 SEK pour une lettre ou carte postale pour l'Europe. Les lettres pour l'intérieur de la Suède sont à 6,50 SEK. Pour des envois express, les prix sont plus élevés.

MÉDIAS LOCAUX

▸ **Les principaux quotidiens** sont *Dagens Nyheter* (*Les Nouvelles du jour*, indépendant), *Göteborgs-Posten* (libéral), *Dagens Industri* (l'*Industrie du jour*, économique), et *Svenska Dagbladet* (*le Quotidien suédois*, de droite). Les journaux du soir, ou à titres sensationnels, sont *Aftonbladet* et *Expressen*.

▸ **La Radio** suédoise contient quatre chaînes principales appartenant à l'État, appelées P1, P2, P3 et P4. P1 et P2 émettent surtout de la musique classique et du jazz, ainsi que des programmes culturels et éducatifs. P3 diffuse de la musique populaire et des flashs infos. P4 est un relais national pour les radios locales. Toutes les stations de radios d'État n'ont pas de publicités. Pour le reste, on capte à Stockholm une myriade de stations différentes. Pour le rock il y a *Bandirock*, 106.3. Pour des tubes nostalgiques il y a *Vinyl Radio*, 107.01, et *Lugna Favoriter*, 104.7. Pour les tubes actuels il y a *Star Radio*, 101.9.

▸ **Rendez-vous sur le site Internet de la Suède,** www.sweden.se : un site officiel qui résume en quelques pages toutes les informations pratiques et des aspects de la société suédoise à noter. Vous pouvez également les suivre sur Facebook (www.facebook.com/swedense/), Instagram (www.instagram.com/swedense/), et YouTube.

LES PHRASES CLÉS

Bonjour, mon téléphone ne fonctionne pas, pouvez-vous m'aider s'il vous plait ?
Hej, min telefon fungerar inte, kan du vara snäll och hjälpa mig?

Je ne me sens pas bien, pouvez-vous m'amener à l'hôpital le plus proche ?
Jag mår inte bra, kan du ta mig till närmsta sjukhus?

Est-ce que vous avez un médecin qui parle français ?
Har ni en läkare som pratar franska?

Je viens de me faire voler mes papiers, où est le poste de Police le plus proche ?
Mitt pass har precis blivit stulet, vart finns närmaste polisstation?

Est-ce un quartier dangereux ou je peux y aller sans crainte ?
Är det här ett farligt område eller kan jag vandra omkring utan att oroa mig?

Avez-vous des timbres pour une carte postale à envoyer en France ? C'est combien ?
Har du några frimärken till ett vykort till Frankrike? Hur mycket kostar det?

DÉCOUVRIR

Cette ville à la démocratie qui fait la fierté des Suédois, est la capitale royale de sa monarchie parlementaire, qui offre un modèle démocratique unique avec un nationalisme qui célèbre tout aussi bien les coutumes anciennes que l'avenir. En effet, en tant que centre du fameux prix Nobel, institution culturelle soutenant le progrès scientifique, littéraire et social du monde entier, Stockholm occupe une place internationale majeure malgré sa petite taille et son folklore local unique. Ici se trouvent les vestiges des peuples vikings aussi bien que l'une des plus grandes parades Gay Pride d'Europe. Tout visiteur à Stockholm pourra rencontrer intimement les coutumes locales, à travers les pauses *fika* et les festivités annuelles, sa nature indomptée et son architecture qui charme tout le monde. De plus, c'est une capitale peu étendue mais détendue, que l'on traverse à pied en un peu plus d'une heure !

STOCKHOLM, CAPITALE DU DESIGN

À l'image de la capitale, le design suédois se caractérise par son aspect aéré et naturel, tout en étant à la pointe de l'innovation. Objet de fascination de par le monde, il n'est pas un art élitiste mais un véritable mode de vie qui fait partie du quotidien des habitants, nécessaire pour survivre aux longs hivers. Et c'est à Stockholm qu'on le ressent le mieux : les intérieurs de la capitale, des musées aux halls d'hôtels en passant par les nombreux petits cafés, offrent des atmosphères à la fois sophistiquées et cosy, où l'on court se réfugier quand le soleil n'est pas au rendez-vous. Les couleurs claires évoquent une ambiance chaleureuse, la finesse des lignes du bois invite le regard à se reposer. Tout cela participe à rendre cette ville si accueillante et constitue pour certains voyageurs une raison à part entière de la visiter. Reflet du climat moral, politique et social suédois, le design permet de mieux comprendre le pays et de découvrir sa capitale de manière didactique.

L'émergence du design suédois au XIXe siècle

C'est à Stockholm qu'est créée, en 1845, la première association de designers du monde, nommée Svenska Slöjdföreningen (Société suédoise des arts et de design industriel). D'abord influencée par le style Biedermeier allemand des années 1830, la Suède trouve dans les années 1850 sa propre voie, caractérisée par un mélange de différentes influences, allant du gothique au baroque en passant par le rococo. Dans ce contexte, la Svenska Slöjdföreningen permet d'apporter des améliorations aux produits artisanaux en encourageant la coopération entre différents courants artistiques. Le design est alors perçu comme un catalyseur du changement social, un état d'esprit qui ne quittera plus la Suède jusqu'à aujourd'hui. Les deux grandes figures clés du design suédois dans la deuxième partie du XIXe siècle sont les artistes et décorateurs Carl (1853-1919) et Karin Larsson (1859-1928). Mélangeant culture paysanne et doux rêve de maison de campagne, leurs créations se démarquent par un refus de la société industrielle, reflétant une tendance plus générale à l'œuvre dans le pays. Les séries d'aquarelles peintes par Carl Larsson représentant la maison du couple vont participer à la diffusion de cette nouvelle esthétique. Ces images vont inspirer l'écrivaine féministe suédoise Ellen Key (1849-1926) à écrire le pamphlet *Skönhet för alla* (*La Beauté pour tous*, 1899). Elle y met en avant l'idée qu'un environnement à la fois simple et beau peut contribuer au bien-être et à l'harmonie sociale, d'où l'importance de sensibiliser les consommateurs et de développer leur perception esthétique.

Un art reflet des évolutions sociales et des valeurs suédoises

Il faudra attendre l'entre-deux-guerres pour que, sur ces bases, le design suédois connaisse un réel essor et se fasse remarquer à l'étranger, avec Stockholm comme épicentre. Modernisme et classicisme se mêlent pendant deux décennies. L'influence des sociaux-démocrates dans les années 1940 change un peu la donne, puisque désormais, prospérité et répartition des biens sont au cœur des préoccupations. L'esthétique de cette période sera donc entièrement dominée par l'utilité et la praticité, et le mobilier métallique est à l'honneur. Cette mode fut baptisée « Funkis », ou fonctionnalisme. En 1930, l'Exposition de Stockholm aura une très grande influence dans le monde, traduisant une vision socialiste utopique de la société. Son co-directeur, l'architecte Erik Gunnar Asplund (1885-1940) jouera un rôle important dans ce mouvement. À Stockholm, on peut admirer sa bibliothèque publique, richement décorée à l'intérieur comme à l'extérieur, avec des meubles originaux sur mesure encore présents aujourd'hui. Après la Seconde Guerre mondiale, le design suédois retourne vers une esthétique plus chaleureuse mais toujours marquée par l'idéal égalitaire. Le design suédois apparaît alors comme une alternative au design fasciste de l'ère nazie, incarnant la démocratie, l'importance de la nature, le minimalisme. Axé sur l'intimité, le foyer et l'harmonie au sein de la famille, ce modèle paisible charme un monde en quête de paix. A alors lieu l'essor fabuleux du design suédois, et de nombreuses créations iconiques voient le jour. Sobriété, simplicité et fonctionnalité se mêlent à des formes organiques qui épousent la forme du corps pour créer un univers où la

Intérieur typiquement scandinave.

chaleur humaine et les éléments de la nature se mêlent avec harmonie. C'est dans cet esprit que naît en 1943 l'incontournable compagnie IKEA. Combinant esthétique, accessibilité et simplicité, elle est devenue aujourd'hui un symbole du pays à l'étranger.

Stockholm, capitale de la mode scandinave

La mode suédoise marie le sens de l'utilité à la simplicité, allant à l'encontre d'un luxe peu pratique. Les vêtements sont faits pour être efficaces et ont tendance à être plutôt neutres, avec des détails discrets et subtils. Des maisons comme Acne Studios, basé à Stockholm, sont caractéristiques de ce style : vêtements décontractés mais haut de gamme, mariant beige, blanc et noir avec du vert fluo ou rose pastel. Effectivement, le style vestimentaire des Stockholmois et Stockholmoises est d'un minimalisme inventif, épousant les besoins d'un climat rude avec une ingénuité moderne et élégante. C'est depuis 2005 que Stockholm accueille sa propre Fashion Week qui a lieu deux fois par an, dans l'intention de mettre sa culture vestimentaire en avant sur la scène internationale. Depuis, des centaines de jeunes designers enrichissent la culture locale ainsi que la mode d'ailleurs. Malheureusement, la Fashion Week de 2019 fut annulée afin d'explorer des approches plus durables. Les designers suédois ne craignent pas la remise en question de l'industrie de la mode, et sont donc allés de l'avant en confrontant son impact environnemental. Si vous voulez en savoir plus sur la mode à Stockholm, rendez-vous sur le site Internet de la Stockholm Fashion Week où vous pourrez jeter un coup d'œil sur l'évolution contemporaine de cette industrie : https://stockholmfashionweek.se.

Une multitude d'options pour découvrir le design suédois

La capitale regorge de possibilités pour en apprendre plus sur le design suédois. Le mieux est de visiter le **Centre suédois pour l'architecture et le design** (p.91) (connu sous le nom d'ArkDes) sur l'île de Skeppsholmen à Stockholm. Il est doté d'une collection permanente qui donne un aperçu très complet de l'architecture suédoise à travers les âges, sous forme de dessins, photographies et objets historiques, ainsi que plusieurs expositions thématiques temporaires. On peut aussi se rendre au Designtorget, qui présente les nouveaux designers suédois et leurs créations, et à la Nordiska Galleriet (sur l'avenue Nybrogatan) qui vend des meubles et des luminaires de designers nordiques et internationaux. Pour trouver d'autres décorations intérieures élégantes et audacieuses, rendez-vous dans le légendaire magasin de décoration **Svenskt Tenn.** (p.154) Enfin, où que vous soyez, vous pouvez visiter le Swedish Design Museum, un musée en ligne (accessible en français) qui a pour mission de rendre le design suédois accessible et visible partout dans le monde. Le site offre différentes expositions et des visites virtuelles guidées, à ne pas manquer (https://fr.swedishdesignmuseum.com/) !

HISTOIRE

Entre la mer Baltique et le lac Mälaren se sont rassemblés une multitude d'îlots qui, à travers mille ans d'histoire, forment l'actuelle ville de Stockholm. C'est en 1523 que le roi Gustav Vasa, après avoir chassé les Danois, devint le premier roi de Suède, faisant de Stockholm une capitale politique. Stockholm se détruit et se reconstruit à travers les siècles. L'histoire de celle-ci évolue à travers ses conflits de pouvoir avec ses voisins scandinaves. Au cours du XXe siècle, Stockholm devient l'une des villes les plus cosmopolites et techniquement avancées d'Europe. En 1901, le prix Nobel est donné pour la première fois, accueillant alors chaque année savants et poètes du monde entier. Plus tard, élue comme « capitale européenne de la culture » et « capitale écologique », Stockholm symbolise un lieu d'entente pour l'Europe et le reste du monde. La lutte pour l'environnement est rarement mentionnée sans parler de Greta Thunberg, née à Stockholm. C'est ainsi que le Stockholm d'aujourd'hui peut être caractérisé par une ouverture à une évolution culturelle au-delà de son enceinte. Malgré cela, certains partis politiques suédois ont plus de difficulté à accepter un tel universalisme.

DÉCOUVRIR

700 - 1100

L'époque viking

La région du lac Mälaren est peuplée par des communautés vikings parmi lesquelles s'établit le site actuel de Stockholm. Ce site est un point stratégique de contrôle du flux maritime, permettant de se défendre contre des invasions. Ses routes commerçantes voient le trafic d'objets du monde entier, tels que des objets perses ou chinois, devenant un haut lieu de la civilisation viking suédoise. Le Musée viking de Stockholm offre une exposition fascinante sur cette époque, avec des navires vikings datant du IXe siècle.

© INSPIRED BY MAPS - SHUTTERSTOCK.COM

Site de Birka sur le lac Malären.

1252

Le nom « Stockholm » apparaît pour la première fois dans une lettre rédigée par le régent Birger Jarl. *Stock* signifie, en vieux suédois, « une multitude de », et *holm* signifie « îlot ». La ville se limite alors à Stadsholmen, emplacement de la vieille ville actuelle à Gamla Stan.

1289 Dans une lettre pour le pape, Stockholm est décrite comme étant la plus grande ville de Suède, « s'étant peuplée plus que toute autre ville du pays en si peu de temps ». Son expansion est largement due à sa croissance commerciale, dont le commerce du fer, qui forma l'alliance entre les dirigeants suédois et la Ligue hanséatique, puissante association des villes marchandes de l'Europe du Nord. Ainsi, Stockholm devient une ville portuaire incontestable, renforçant le pouvoir de la Couronne.

1349 La peste noire décime plus d'un quart de la population de Stockholm.

1392 La reine du Danemark acquiert la ville de Stockholm.

1397

L'Union de Kalmar

L'Union de Kalmar unifie jusqu'en 1523 sous une même monarchie les trois royaumes du Danemark, de la Suède et de la Norvège. La Norvège, à l'époque, inclut aussi d'autres territoires tels que le Groenland ou l'Islande. Cette union fait de Stockholm un point stratégique. L'Union de Kalmar est représentée par le signe de la croix, qui est encore présent sur les drapeaux du Danemark, de la Suède, de la Norvège, ainsi que l'Islande, la Finlande et les îles Féroé, tous ayant fait partie du territoire partagé entre les royaumes.

1419 Stockholm devient la capitale de la Suède.

1471 La bataille de Brunkeberg est gagnée par Stern Sture l'Aîné contre le roi danois Christian Ier. Les Danois sont chassés.

1520 Les relations entre les Suédois et les Danois se révèlent être délicates. Christian II, roi du Danemark, pénètre l'île et devient le nouveau roi de Suède. Il fait exécuter 88 notables suédois en plein cœur de la ville, sur la place de Stortorget (Gamla Stan). Cet épisode gardera le nom de « bain de sang » et surnommera Christian II « Christian le Tyran ». Gustav Vasa, adversaire des ennemis de son peuple, se réfugie dans le centre du pays où il mobilise une opposition qui, en 1523, finit par s'avancer vers la capitale.

1523 - 1617

L'ère Gustav Vasa

Statue de Gustav Vasa à Stockholm.

Gustav Vasa, après avoir chassé les Danois, se fait couronner à Strängnäs, à une centaine de kilomètres de Stockholm. Durant son règne, il met en place une infrastructure organisée, permettant à Stockholm de devenir l'une des principales puissances européennes. En devenant le premier roi de Suède, une identité nationale naît, permettant ainsi de quitter l'Union de Kalmar. Entre 1527 et 1528, la Réforme suédoise ferme tous les couvents opérationnels à Stockholm et abolit le latin, voulant se séparer de l'Église catholique afin de former l'Église de Suède. Quelques années plus tard, l'hôpital Danviken est construit pour remplacer les couvents. Entre 1540 et 1560, le roi entreprend des projets de fortifications de la ville par crainte d'attaques extérieures. Riddarholmen, le côté ouest de Stockholm, est muni de remparts et de tours, et le fort de Vaxholm est bâti afin de contrôler l'entrée de la Baltique. À l'intérieur de la ville, les populations pauvres sont repoussées en dehors de Stadsholmen afin de minimiser les risques créés par la surpopulation. Les habitants allemands et finlandais forment une élite dans le quartier de Stadsholmen (Gamla Stan), le cœur des échanges et commerces. Tous les jours, des navires venus du lac Mälaren déchargent leurs marchandises sur Järntorget (la place du Fer) et Kornhamnstoget (la place des Céréales). Dans les rues Köpmansgatan et Skomakargatan (rue des Marchands et rue des Sabotiers) à Stortorget (Gamla Stan) se trouvent les artisans. Et, depuis le château, désormais appelé Tre Kronor (Trois Couronnes), le roi accroît son emprise politique et commerciale : il nomme lui-même les magistrats, les échevins, multiplie le nombre de fonctionnaires royaux pour superviser les échanges.

Statue de Gustav III.

DÉCOUVRIR

Une époque de grandeur perturbée

Alors que Stockholm demeure une ville médiévale, ses dirigeants spéculent sur des projets de modernisation pour lui conférer des aspects de puissance. C'est en 1625 qu'un incendie dévastateur détruit une partie de Stadsholmen, et que de nouveaux plans de construction sont créés l'année suivante. Apparaissent les rues jumelles Stora et Nyagatan, donnant à la ville une allure de grandeur par rapport aux anciennes ruelles médiévales. En août 1628, le bateau de guerre royal *Vasa*, tout juste sorti de son chantier naval, coule dans la baie de Stockholm (le bateau peut être visité au Vasa Museum, à Djugården). Quelques années plus tard, le royaume de Suède rentre en conflit avec l'Empire romain, et le roi Gustave II Adolphe entre dans la guerre de Trente Ans puis décède deux ans après à la bataille de Lützen. Cette guerre est considérée comme l'une des plus dévastatrices de l'histoire de l'Europe. C'est en 1633 que la reine Christine, héritière du trône après le décès de Gustave II Adolphe, fait construire Drottningatan, la longue artère royale qui étire la ville au-delà des rives nord. Les remparts de l'est de la ville sont remplacés par de grandes esplanades au bord de l'eau (Skeppsbron). La population se multiplie, créant une période de développement économique importante. Six postes de douane réglementent le transit des marchandises entre le lac Mälaren et la mer Baltique. Des étrangers viennent régulièrement pour acquérir du fer, du cuivre, du beurre, et fournissent à la capitale du sel, du vin et des produits de luxe pour la cour. Des industries de textile et de tapisserie sont fondées. Parallèlement à l'augmentation des richesses se déroule un épanouissement culturel. C'est en 1640 que Stockholm voit apparaître le premier théâtre public, Björngårdsteatern, qui fut le plus vieux théâtre scandinave. La ville de Stockholm, devenue le cœur culturel suédois, est une escale de choix. Seulement, en 1697, alors que la ville est en plein éclat, un grand incendie interrompt la construction du nouveau palais royal de style baroque. Celui-ci ne sera achevé qu'en 1760. Durant la période qui précède son achèvement, une partie de la ville est détruite durant la Grande Guerre du Nord. Le pouvoir du royaume est affaibli, mettant un terme son époque de grandeur. Le chômage est galopant et les excès d'alcool rongent la société. Les réformes promises ne sont pas tenues et des émeutes sanglantes deviennent monnaie courante. En vue du redressement, la noblesse se met en avant et le Riksdag se pose en opposition à la monarchie. C'est ainsi que de nouveaux enjeux de gouvernance prennent place avec l'apparition de deux partis politiques : les « bonnets de nuit » et les « chapeaux ». Stockholm connaît de nouveau un temps de croissance, et en 1770 la population de la ville atteint 70 000 habitants. Mais cette poussée ne durera pas longtemps : deux guerres replongent le pays dans la misère économique et sociale.

1618–1772

1772

Gustave III organise un coup d'État et reprend le pouvoir : la monarchie absolue est rétablie. Son règne marque une rupture importante dans les modes de gouvernance qui l'ont précédé : il est à l'origine de l'abolition de la torture, de la réorganisation de la justice et des finances. Le style architectural gustavien fait son apparition, influencé par le style baroque. Apparaissent la place Gustav Adolf, l'Opéra et le Ballet Royal. Le pont Nord (Norrbron) est construit pour permettre à la ville de s'étendre au-delà de son enceinte médiévale. Les riches s'installent au nord, et les pauvres au sud. Mais Gustave III est assassiné le 29 mars 1792 lors d'un bal masqué à l'Opéra.

1806

Le premier moteur à vapeur débarque à Stockholm, et des plans de construction et de modernisation s'élaborent.

L'arrivée de Bernadotte

1810 Charles XIII n'a pas d'enfants et est contraint de choisir un successeur extérieur. Pour des raisons stratégiques, c'est un maréchal de l'armée de Napoléon, originaire de Pau, qui est choisi comme prince héritier de la Couronne de Suède. Jean-Baptiste Bernadotte devient Charles XIV Jean de Suède et fonde la maison Bernadotte qui, depuis 1818, reste l'actuelle dynastie du trône de Suède. La maison Bernadotte régna également sur la Norvège jusqu'en 1905. Sous son règne est signé le traité de paix de Kiel en 1814, depuis lequel le royaume n'a plus participé à un conflit armé.

1830 Des réformes importantes ont lieu durant les années 1830, ouvrant la voie à une ère de développement capitaliste, industriel et social. Parmi ces réformes a lieu l'ouverture de la première école offrant une éducation supérieure pour les femmes.

1833 Naissance d'Alfred Nobel à Stockholm, ingénieur suédois et, plus tard, fondateur des prix Nobel.

L'accélération industrielle

1845 - 1920 En 1845, la Société suédoise des arts et de design industriel est créée ; c'est la première au monde. Puis, en vingt ans, pas moins de 800 nouveaux édifices sont bâtis dans Stockholm. Le pavage des rues s'accélère, les réseaux d'eau et de gaz se développent. Le style néo-Renaissance marque de son empreinte les bâtiments de la ville. Les pics et tours de Mariaberget sont caractéristiques de ce style qui a façonné l'horizon de Stockholm. Plus tard, l'architecte Albert Linghagen, grand admirateur du style haussmannien, propose de nouveaux plans pour Norrmalm, dont l'avenue de Sveavägen, inspirée par les Champs-Élysées parisiens, qui s'étend vers le nord sur Vasastan. La même année, Stockholm accueille une exposition industrielle d'aviation, qui fut l'une des premières Expositions internationales des arts et de l'industrie. Puis, en 1871, l'ouverture de la gare centrale permet aux lignes de chemin de fer de rapprocher Stockholm de l'Europe continentale. L'électricité et le téléphone deviennent des technologies courantes à Stockholm et près de 2 000 nouveaux immeubles sont construits. Le style néo-baroque accouche de bâtiments comme le Parlement [Riksdag], bâti sur l'îlot reliant Gamla Stan à Norrmalm, et l'hôtel de ville [Stadshus] à Kungsholmen. C'est en 1901 que le prix Nobel est remis pour la première fois selon le vœu d'Alfred Nobel, « à ceux qui, au cours de l'année écoulée, ont rendu à l'humanité les plus grands services ». C'est alors que la ville de Stockholm attire l'attention du monde scientifique, littéraire et politique. La Première Guerre mondiale éclate et marque une période d'extrême pauvreté parmi la population, période durant laquelle plusieurs centaines de milliers de Suédois quittent le pays pour s'établir, pour la plupart, aux États-Unis. Dès que la guerre est annoncée, les pays nordiques signent un accord comme quoi ils entreprendront une attitude de neutralité face au conflit. Seulement cette « neutralité » fut contestée dans l'entre-deux guerres avec l'apparition du premier institut consacré à l'eugénisme. Des théories favorisant, quelques années plus tard, l'idéologie nazie, y sont développées.

1920 Les années 1920 sont marquées par un sentiment d'instabilité : les gouvernements se succèdent rapidement et la tension sociale s'accentue. En 1931, Stockholm est frappée par des émeutes au cours desquelles les manifestants sont violemment attaqués par l'armée. Cet évènement facilite la montée des sociaux-démocrates au pouvoir.

1939 La Seconde Guerre mondiale est déclarée. De nouveau, la Suède prend une position de neutralité, malgré l'invasion nazie de ses voisins norvégiens et finlandais. Cependant, la Suède est sous pression, et autorise l'armée allemande à utiliser son réseau ferroviaire pour transporter ses armes et ses soldats. Le pays coopèrera autant avec les Alliés qu'avec l'Axe pendant toute la durée du conflit. Stockholm connaît de grands bouleversements dont la disparition presque entière de l'ancien quartier de Klara, remplacé par un centre d'affaires moderne. Ce centre, City, est vivement critiqué pour son manque de charme, caractérisé par un fonctionnalisme anéantissant l'empreinte architecturale historique de la capitale. La Cour européenne décidera même, en 1982, de condamner Stockholm pour l'expropriation de biens et de terrains durant cette révolution urbaine.

1940 Stockholm est peuplée de 590 000 habitants.

1965 En réponse aux exigences démographiques posées par l'arrivée de milliers d'immigrés d'Europe centrale et d'Amérique latine, Stockholm impose un plan de construction nommé plan Million. Ce plan vise à construire un million d'appartements formant des cités sur les frontières de la ville. Simultanément, Stockholm se dote d'infrastructures modernes. Bien que de nombreux quartiers historiques aient été remplacés au cours de cette période, d'autres zones en sont sorties indemnes, notamment Gamla Stan, Östermalm et Södermalm. Aujourd'hui, Stockholm reflète ce mélange de ses racines historiques et de sa vision futuriste.

1966 L'Institut international de recherche sur la paix de Stockholm est fondé.

AOÛT 1973 Un braquage de banque tourne à cette fameuse prise d'otages sur Norrmalmstorg, durant laquelle les otages se sont rangés du côté des braqueurs. De cet épisode naîtra le terme de psychologie « le syndrome de Stockholm ».

28 FÉVRIER 1986

Assassinat d'Olof Palme

Le Premier ministre suédois Olof Palme est retrouvé assassiné en plein centre de Stockholm. L'auteur du crime est toujours inconnu. Une plaque lui est dédiée sur Sveavägen, la rue où il fut assassiné.

© LISA-LISA - SHUTTERSTOCK.COM

Plaque dédiée à Olof Palme, sur le lieu du crime.

DÉCOUVRIR

1995 — La Suède rejoint l'Union européenne.

1998 — Stockholm est élue « Capitale européenne de la culture ».

2003 — La ministre des Affaires étrangères Anna Lindh est assassinée.

2009 — La crise de 2009 affecte tous les secteurs de l'économie ainsi que la vie de la Couronne, donnant place aux forces libérales. Le parti d'extrême droite, Sverigedemokraterna, les « Démocrates suédois », entre au Parlement.

2010 — Stockholm est nommée capitale écologique européenne. La même année, Stockholm est secouée par les élections. L'atmosphère politique connaît une montée nationaliste et xénophobe. S'ensuivent de grandes manifestations populaires qui protestent contre le racisme et contestent l'entrée au Riksdag des Sverigedemokraterna.

2011 — Stockholm lance de nouveaux plans de construction. Slussen se transforme complètement, et les rives de Gamla Stan et Södermalm seront reliées par une série de nouveaux espaces publics, renforçant les liaisons piétonnes entre ces deux quartiers longtemps séparés par le dédale de routes et de passages bétonnés. On assiste aussi au percement d'un tunnel ferroviaire de 6 km sous le centre-ville, et à la construction de deux nouvelles gares pour désencombrer la gare centrale.

Le métro à Gamla Stan et Slussen.

2013 Les émeutes du mois de mai 2013 éclatent dans une banlieue nord de Stockholm. Elles auraient été la réponse à la mort par balle par la police d'un résident du quartier, principalement peuplé d'immigrés. L'incident est suivi par un militantisme contre la violence policière. Simultanément, ces émeutes sèment le doute sur la gestion des banlieues, s'ensuit une augmentation du nombre de sympathisants d'extrême-droite.

2014 L'accord de Decemberöverenskommelsen [accord de décembre] est mis en place entre six des huit partis du Riksdag suédois, un résultat de la crise gouvernementale de 2014. Il exige que durant les huit prochaines années, les six partis ne voteront pas contre un budget proposé par un gouvernement.

2015 Le Premier ministre suédois met fin à la coopération militaire avec l'Arabie saoudite. Cette rupture a lieu à la suite d'un incident diplomatique au cours duquel l'Arabie saoudite aurait empêché la ministre des Affaires étrangères de prononcer son discours.

2016 En 2015, la Suède enregistre plus de 160 000 demandeurs d'asile. La popularité de l'extrême droite s'envole. Un an plus tard, le pays décide de durcir sa politique de migration, annonçant l'expulsion de 60 000 migrants.

2018 Alors que Stockholm traverse une canicule, Greta Thunberg, seulement âgée de 15 ans, décide d'entamer une grève pour manifester devant le Parlement suédois dans le but de forcer les politiciens à agir sur le changement climatique. Refusant d'aller à l'école si les politiciens ne prêtent pas attention aux faits, elle inspire des milliers d'autres enfants et adolescents à faire de même. La même année, la coalition de droite, Alliansen, s'effondre devant la victoire du parti social-démocrate de gauche. Cependant, ce dernier ne parvient pas à construire un gouvernement majoritaire et finit par collaborer avec d'autres partis.

2021 La Suède connaît environ 15 000 décès dus à la pandémie de COVID-19, et n'impose aucun confinement depuis le début de la pandémie.

NOVEMBRE 2021 Greta Thunberg se rend à Glasgow, Écosse, pour la COP26, poursuivant son militantisme.

LA VILLE VERTE

Stockholm est une ville engagée dans une véritable transition écologique, qui a pour corollaire une qualité de vie élevée. La capitale suédoise, qui s'étend sur 14 îles, comprend une superficie de 30 % d'eau et de 40 % d'espaces verts. Elle a créé en 1995, le premier parc national urbain du monde, lieu prisé des habitants, qui pratiquent des activités « outdoor » en toute saison. La ville, qui a accueilli en 1972 la première conférence mondiale sur l'environnement, a amorcé très tôt sa transition énergétique. Stockholm ambitionne d'être positive en carbone à l'horizon 2040 et déploie de nombreux projets en termes d'économie circulaire, de réseaux de chaleur ou de mobilité durable. La culture du Lagom, cet art de vivre associé à la « slow life », se développe également dans la capitale. Si des progrès restent à faire en matière de consommation de biens et d'énergie, la capitale peut compter sur sa jeunesse et l'une de ses figures les plus emblématiques, Greta Thunberg.

Stockholm : ville verte, parcs nationaux et droit d'accès à la nature

Le « droit de tout un chacun » (*allemansrätt*) permet à toute personne en Suède de circuler librement dans la nature – espaces publics et propriétés privées – et d'y cueillir baies et champignons. Ce droit coutumier témoigne d'une conception de la nature comme patrimoine partagé, que l'on retrouve à Stockholm. L'urbanisation de la ville a su composer avec le vivant, où 95 % des habitants vivent à moins de 300 mètres d'un espace vert. La capitale a également créé en 1995 le premier parc national urbain au monde, le parc national urbain royal (Kungliga nationalstadsparken), connu également sous le nom d'Ekoparken. D'une superficie de 27 km², il comprend notamment trois parcs royaux (Djurgården, Hagaparken (p.114) et Ulriksdalsn) et s'étend sur les communes voisines de la capitale. Très prisé des Stockholmois, il est accessible à pied, vélo et par les transports en commun (bus, tram et bateau). Le parc national de Tyresta (p.176), accessible également en transports en commun, abrite une forêt ancienne, et constitue un lieu de randonnée très fréquenté des urbains.

Une ville positive en carbone à l'horizon 2030

La Suède subit les effets liés au réchauffement climatique, avec une hausse des températures annuelle deux fois plus forte que la moyenne mondiale. Le pays a connu en 2018 une vague de chaleur sans précédent, avec pour corollaire une grande sécheresse et des incendies de forêts, et la nécessité d'importer des céréales. Dans la capitale, les Noëls sans neige se succèdent. Mais la ville, qui a accueilli en 1972 la première conférence des Nations unies sur l'environnement (suivie de la Déclaration de Stockholm) a pris tôt des mesures concrètes pour s'engager dans la transition écologique. Les an-

© NADEZHDA KHARITONOVA - SHUTTERSTOCK.COM

Djurgården.

nées 1970 furent à la fois celles d'une prise de conscience environnementale, avec également la publication du rapport Meadows (The Limits to Growth), mais aussi premier choc pétrolier. C'est à cette époque que la Suède initia une politique volontariste pour limiter sa dépendance aux énergies fossiles. Elle fut en partie fondée sur le développement des énergies renouvelables (hydroélectricité, biomasse, déchets, éolien). Une taxe carbone fut également instituée en 1991. 90 % des bâtiments sont raccordés aux réseaux de chaleur urbain (alimentés majoritairement par la biomasse et les déchets) et ses 36 % de ses bus fonctionnaient au biogaz en 2015. L'écoquartier Hammarby Sjöstad, situé au sud-est de la ville repose notamment sur l'efficacité énergétique de ses bâtiments et un système d'aspiration des déchets, dans des galeries souterraines, qui a fait disparaître le système de collecte par véhicules. Stockholm a été élue en 2020 « ville la plus intelligente du monde » pour la mise en œuvre du projet européen « GrowSmarter », qui inclut la rénovation du quartier de Valla Torg, en s'appuyant sur des « smart grids », réseaux connectés permettant une gestion en temps réel des déchets, du chauffage et des mobilités. Stockholm Royal Seaport est un projet d'écoquartier qui devrait être achevé en 2030. Il s'agit de la requalification d'une friche industrielle en quartier d'habitation « intelligent » et sobre énergétiquement. La ville de Stockholm souhaite s'appuyer sur les innovations technologiques pour mutualiser ses réseaux, optimiser la gestion de son chauffage urbain et chauffer 10 % de ses maisons via la récupération de la chaleur de ses data-centers. La ville entend même devenir positive en carbone en 2040.

Améliorer la qualité des eaux douces et de la Baltique

Les déversements agricoles contribuent à l'eutrophisation des rivières, lacs, mais aussi de la mer Baltique, où l'on constate la présence de « zones mortes ». Mer fermée et peu profonde, la Baltique subit la pollution des différents pays qui la bordent. Aux pollutions agricoles s'ajoutent les rejets industriels et ceux du transport maritime. La convention d'Helsinki, qui regroupe les 9 pays riverains de la Baltique, a mis en place un programme d'actions concertées pour la période 2007-2021 pour lutter contre les pollutions et protéger la biodiversité de la mer.

Vers plus de sobriété

Le pays recycle 99 % de ses déchets, grâce à une approche poussée de l'économie circulaire et une incitation financière. Un centre commercial, uniquement dédié à la vente de produits de seconde main a également vu le jour à une heure en train de la capitale. Cette tendance s'apparente au Lagom, un certain art de vivre

© SVARTKAT - SHUTTERSTOCK.COM

Parc national de Tyresta.

fondé sur le « juste milieu », et la sobriété. Le *köpskam*, ou «honte d'acheter» a aussi fait son apparition, dans un pays où la société de consommation est encore bien présente.

Des mobilités douces

Stockholm est accessible en train et à vélo. La capitale compte plus de 750 km de pistes cyclables. Elle est notamment traversée par l'EuroVelo 10, la véloroute de la Baltique, un itinéraire cyclable européen jalonné et accessible à tous. Les transports en commun et l'intermodalité sont également bien développés dans la capitale suédoise. Stockholm a instauré un péage urbain, après référendum en 2006, et a vu sensiblement baisser le trafic routier et la pollution aux particules fines. Le *flygskam*, ou « la honte de prendre l'avion » s'est développé suite aux Accords de Paris sur le climat. Plus qu'une émotion, le terme qualifie une attitude fondée sur la volonté de lutter contre le réchauffement climatique, suivie d'actions. On a en effet assisté en Suède à une hausse significative des déplacements en train en 2019 et à une baisse de la fréquentation des vols intérieurs, également dus à d'autres facteurs, comme la taxation des billets d'avion en 2018. Des investissements sont prévus pour développer le réseau ferroviaire et notamment les trains de nuit à destination de l'Europe.

Greta, figure de proue de l'activisme pour le climat

Enfin, on ne saurait conclure ce chapitre sans mentionner la jeune activiste suédoise Greta Thunberg, à l'initiative des grèves pour le climat (*Fridays for the future*) en 2018, et qui a entraîné dans son sillon tout un pan de la jeunesse mondiale. La jeune activiste suédoise, qui vit à Stockholm, a aussi créé une fondation qui soutient des projets dans le monde entier.

ARCHITECTURE

Posée sur 14 îles d'un archipel qui en compte des milliers, Stockholm, souvent surnommée « la Venise du Nord », n'est pas une capitale comme les autres. La nature y est omniprésente et c'est ici le patrimoine bâti qui lui sert d'écrin. L'élégance des lignes, la simplicité des volumes et le respect des matériaux contribuent à souligner les belles perspectives naturelles que dessine la ville. À Stockholm, les styles et les époques se mélangent de façon étonnante, célébrant la riche identité suédoise. Embarquez donc pour un voyage architectural qui vous mènera des tortueuses ruelles médiévales aux somptueux palais baroques, des éclectiques représentants du romantisme-national aux très épurés témoins du Swedish Grace, des réalisations architecturales et urbanistiques du fonctionnalisme suédois aux dernières innovations contemporaines et durables, symboles d'une ville verte et engagée !

Éclats du passé

Dans le **village de Birka** (p.172) se découvre un passé de légende : celui des Vikings. Au programme : fortifications et tumuli funéraires et bien sûr, reconstitution de maisons longues, ces grandes maisons rectangulaires à la silhouette de navire renversé et à la structure mêlant ossature en bois et revêtement de terre et de chaume. Gamla Stan, la « vieille ville » de Stockholm, elle, bruisse encore des échos du Moyen Âge avec ses ruelles étroites et pentues, ses escaliers et petites places et ses maisons à pignons rappelant qu'à cette époque, la ville était sous l'influence de la Hanse germanique. Parmi les bâtiments phares de ce Moyen Âge, ne manquez pas : la cathédrale, **Storkyrkan** (p.96), avec ses trois nefs, ses épais piliers de brique et ses belles croisées d'ogive gothiques ; l'église de Riddarholmskyrkan à l'austère et majestueuse silhouette de brique ou bien encore le donjon du château de Kunsliga. Au XVIe siècle, sur ordre des Vasa, la ville est placée sous la protection de la forteresse de Vaxholm à l'élégant appareillage de pierre. Au XVIIe siècle, la ville connaît un nouvel essor et s'agrandit selon un nouveau tracé urbain aux grandes rues rectilignes. Un renouveau qui se fera sous les ors et l'exubérance du baroque et sous les traits de crayon d'une grande famille d'architectes : les Tessin. Tessin l'Ancien est indissociable du somptueux **château de Drottningholm** (p.173). Imaginé selon le plan baroque dit « entre cour et jardin », le palais déploie un puissant corps central de 160 m de long et 50 m de large entre une grande cour d'honneur et un jardin organisé autour d'un axe central et peuplé de fontaines et autres agréments paysagers. Stucs, moulures, pilastres et sculptures ornent ses façades. Une puissance décorative que l'on retrouve dans les très belles demeures privées, à l'image du Palais de Wrangel avec sa cour à galerie, ses jardins en terrasse et

Château de Drottningholm.

DÉCOUVRIR

© VICHIE81 - SHUTTERSTOCK.COM

Le Hall Doré de l'hôtel de ville.

son superbe portail sculpté. Tessin le Jeune, lui, laissera libre cours à son talent dans le Palais Royal de Stockholm avec ses somptueuses ailes circulaires, son jardin inspiré des villas italiennes, sa silhouette polychrome et ses façades dont la décoration célèbre le pouvoir (arc de triomphe, statues...). Au XVIIIe siècle, après la Guerre du Nord, la ville va délaisser l'exubérance baroque pour la sobriété du classicisme, comme le montrent les galeries, théâtre et bibliothèque du château de Drottningholm qui prend alors des allures de Versailles suédois. La ville se dote également de nouveaux quartiers, telle la zone résidentielle de Malmen, tout en géométrie et en symétrie.

Des styles, une nation

Dans la deuxième moitié du XIXe siècle, Stockholm se transforme sous les effets combinés de la révolution industrielle et d'une croissance urbaine exponentielle. Inspiré des idéaux hygiénistes, le nouveau plan d'urbanisme prévoit de grandes avenues arborées et de grandes esplanades pour plus d'air et de lumière. En parallèle, un vaste programme de construction est lancé, notamment en matière d'édifices publics à vocation culturelle et sociale comme les musées, les écoles et les hôpitaux. Tous se parent alors des atours de l'éclectisme, à l'image du **National Museum** (p.95) au style inspiré des Renaissances vénitienne et florentine ou du **Musée Hallwyl** (p.94) sis dans un palais oscillant entre gothique vénitien et Renaissance espagnole. À ce foisonnant éclectisme va succéder le Romantisme-National. Mêlant nouveautés formelles, influences « néo », inspirations Arts and Crafts et traditions vernaculaires, ce style étonne et détonne. Le chef de file de ce mouvement est Ragnar Östberg à qui l'on doit l'un des plus célèbres édifices de Stockholm : l'**hôtel de ville** (p.112), réinterprétation libre des hôtels de ville médiévaux, mêlant harmonieusement gothiques hanséatique et vénitien avec ses pignons à redents, sa silhouette de brique rouge émaillée de noir et blanc, ses arcades, baies, et loggias et bien sûr ses somptueuses cours et places intérieures, tel le Hall Doré dont les murs sont recouverts de 18 millions de tesselles d'or. L'autre grand témoin de ce style est... le Stade olympique ! Cette période marque également le développement de nouveaux quartiers résidentiels arborés où fleurissent les belles villas d'architectes. La Villa Lagercrantz étonne par sa silhouette résolument médiévale... tout comme la Villa Bonnier, signée Ragnar Östberg, tout en brique rouge. La Villa Tallom, entièrement en bois et aux résilles formant un élégant décor, est une belle synthèse d'artisanat, d'architecture de bois et de classicisme, et une fière représentante du Romantisme-National. Une identité suédoise qui est célébrée dans toute son originalité au Parc de Skansen, musée ethnographique regroupant des centaines d'habitations traditionnelles. Cette exaltation de l'identité suédoise va trouver son apogée dans le mouvement appelé Swedish Grace et dont Gunnar Asplund est le plus célèbre représentant. Ce style néoclassique épuré et rigoureux se lit dans la pureté des volumes de la Bibliothèque de Stockholm, souvent surnommée « la Maison d'Asplund » ou bien encore dans la Maison des Concerts de Stockholm, œuvre d'Ivar Tengbom, dont on admire le portique soutenu par d'élégantes colonnes corinthiennes stylisées. Ne manquez pas non plus l'autre grande réalisation de Gunnar Asplund : le superbe cimetière de Skogskyrkogården, symbiose parfaite entre nature et architecture, avec sa chapelle boisée et ses alignements de sépultures inspirés des cimetières médiévaux.

© TOMASZ WOZNIAK - SHUTTERSTOCK.COM

Skogskyrkogården.

Triomphe de la modernité

L'Exposition de Stockholm de 1930 marque un tournant en matière stylistique. Le Swedish Grace est abandonné au profit du fonctionnalisme. Ivar Tengbom réalise deux édifices clés de ce mouvement : le siège de la Société Esselte et le Citypalatset pour la banque Sydbanken. Longues rangées de fenêtres, sommet composé de trois étages en retrait formant une structure en escalier et prédominance du béton et du verre caractérisent ces représentants de la modernité. Dans les années 1950, Anders Tengbom, son fils, poussera plus loin encore ce modernisme en rejetant toute ornementation et dimension esthétique. La période d'après-guerre est aussi celle d'un grand renouveau urbain. Le centre historique se voit en grande partie transformé, ses ruelles étroites et enchevêtrées faisant place à de larges avenues piétonnes. En parallèle, le Parti Social Démocrate lance un grand programme de construction, baptisé « Programme Million », dont l'ambition est de créer un million de logements modernes, confortables et à un prix raisonnable. L'urbaniste et architecte Sven Markelius va jouer un rôle clé dans la planification des nouveaux quartiers destinés à accueillir ces nouveaux logements. Il s'agit pour lui de développer un environnement urbain d'un nouveau genre regroupant emplois, logements et commerces. C'est ce qu'il appelle le modèle ABC. Les quartiers de Vällingby et de Skärholmen en sont deux grands exemples. Autre création phare de Markelius : les gratte-ciel de Hötorget dans le quartier de Normalm. Ces 5 immeubles de 72 m de haut portent la marque du style international avec leurs panneaux de verre et d'aluminium posés directement sur l'ossature du bâtiment. Avec sa puissante et austère silhouette de béton, véritable manifeste du brutalisme, l'école d'architecture de Gunnar Henriksson a souvent écopé du titre de bâtiment le plus laid de la ville… avant de se voir classé parmi les monuments historiques à préserver ! 25 ans plus tard, c'est le célèbre architecte Ricardo Bofill qui suscitera nombre de débats avec son projet de 400 logements et équipements publics sur l'île de Södermalm, dont le bâtiment principal en arc de cercle a été surnommé « l'Arche » par les habitants. Aujourd'hui, la ville fait le pari de la durabilité et de la protection de l'environnement. En 2010, la ville fut d'ailleurs sacrée première « Capitale Verte » de l'Union européenne ! Partout se multiplient les villas écologiques aux matériaux naturels et aux lignes sobres se fondant dans l'environnement ; elles ont sans aucun doute puisé leur inspiration dans le concept de Naturhus imaginé dans les années 1970 par Bengt Warne et consistant à entourer la maison d'un écrin de verre isolant pour une consommation raisonnée de l'énergie. La ville multiplie également les réhabilitations et requalifications d'anciens quartiers industriels en éco-quartiers tel Hammarby Sjöstad dont les maisons sont pourvues de panneaux solaires, de systèmes de récupération des eaux de pluie et de transformation des déchets en combustibles. Sa grande tour de verre, la Sthlm 01 Tower, est devenue le symbole de ce renouveau durable. Autre superbe création : Artipelag, la galerie du designer Björn Jakobson réalisé par Johan Nyren, dont on admire la silhouette en planches de pin rigides et béton gris et le toit en plantes grasses. À Stockholm, durabilité et respect de l'environnement riment avec gestes créateurs forts ! Voyez donc l'étonnante Kallbadhus de Sandell Sandberg, cercle de 125 m de diamètre s'inspirant d'un lys géant et dont la façade de verre donne l'illusion de la transparence. Voilà comment sublimer la tradition des bains en Suède ! Le grand architecte suédois Gert Windgardh, célèbre pour son style mêlant fonctionnalisme, high-tech et néobaroque tout en couleurs et formes audacieuses, a laissé son empreinte dans la ville avec le K:fem Department Store de Vällingby, boîte laquée sur plusieurs couches et dont le verre laiteux se fait progressivement transparent pour laisser apparaître une peau rouge. On lui doit également la Victoria Tower, dont la silhouette de verre domine la ville de ses 117 m. Parmi les autres grandes créations contemporaines, ne manquez pas le Pont d'Arsta (pont ouest) dont la belle silhouette aux dix piles peintes de rouge Falun (symbole de la Suède par excellence) est l'œuvre de Norman Foster ; ou bien encore le très bel immeuble 79&Park réalisé par Bjarke Ingels, dont la forme tout en courbes s'adapte à la topographie et crée de superbes perspectives sur la nature environnante. Le respect de l'environnement toujours !

BEAUX-ARTS

Connue comme le paradis du design, la Suède valorise toutes les formes de la créativité. L'abondance de musées et de galeries d'art, dans les villes ou dans les campagnes, donne le tournis. Ce pays scandinave, rural et peu peuplé jusqu'à une période récente, a rapidement opté pour une politique favorable à la modernité. Depuis plus d'un siècle, la diffusion des arts visuels trouve des solutions singulières qui font tout le charme d'un séjour en Suède. Les parcs de sculptures installés en pleine nature jalonneront sans doute vos excursions. Il est clair que le peuple suédois allie avec brio imaginaire et environnement. Les voyageurs qui visitent la Suède à la période de Pâques auront la chance de suivre le circuit artistique d'Österlen. Durant cette manifestation, chacun peut échanger avec les artistes dans leurs ateliers. Pour les autres, une variété de découvertes vous attend tout au long de l'année, dans ou hors les murs !

Peinture

Sous l'influence de l'Académie royale des arts de Stockholm, la peinture suédoise est longtemps régie par des règles strictes et une préférence pour les représentations les scènes de la vie populaire, les paysages naturels et les portraits. Dès 1870, les artistes en révolte contre l'académisme partent étudier à l'étranger, notamment en France, dans le village de Grez-sur-Loing. À l'instar de Karl Nordström, ils s'imprègnent des leçons de l'impressionnisme et de la peinture en extérieur. De retour en Suède, ils diffusent ces modes de représentation, aussitôt intégrés au style local. La lumière du Nord confère une touche singulière aux œuvres annonciatrices du symbolisme.

Fin du XIXe siècle

L'art suédois explose littéralement dans les dernières décennies de ce siècle. Les artistes ayant séjourné en France constituent en 1885 le mouvement Opponenterna (les Opposants). Parmi ceux-ci, les peintres Eva Bonnier, August Hagborg, Ernst Josephson, Carl Larsson, Eugène Jansson, Georg Pauli et sa femme Hanna Hirsch-Pauli ; les sculpteurs Per Hasselberg et Gusten Lindberg. Carl Larsson (1853-1919), issu d'une famille modeste, s'installe à Grez-sur-Loing en 1882, où il définit son style et se tourne vers l'aquarelle. C'est également en France qu'il rencontre sa femme dont il fait son modèle préféré. Ses aquarelles accordent une large place à l'image idyllique de la famille.

Les paysagistes, membres de l'Association des artistes, fondent l'école de Varberg en 1890. Inspirés par Gauguin, ils modernisent ce genre.

Peintre et sculpteur, Anders Zorn (1860-1920) reste l'un des peintres suédois les plus populaires. Médaillé à l'Exposition universelle de Paris en 1889, il est connu pour ses portraits pris sur le vif, notamment de têtes couronnées, d'une intense acuité psychologique. Ses nus sensuels, montrés en pleine nature, rompent radicalement avec la rigueur académique. Son tableau réaliste fourmillant de détails, *Notre pain quotidien* (1886), fait partie de la collection du National Museum.

Le modernisme qui s'affirme au début du XXe siècle est mené par les peintres Sigrid Hjerten, Isaac Grunewald et Birger Simonsson. Après une phase d'inspiration cubiste et expressionniste, le milieu du XXe siècle explore le surréalisme, en alliant l'influence de Dali à une touche scandinave. À partir de 1906, Hilma alf Klint s'impose comme la pionnière de l'art abstrait, avec des séries nées de son intérêt pour le spiritisme, en parallèle de commandes académiques.

L'art moderne suédois s'admire au National Museum (p.95) et le Moderna Museet (p.94) à Stockholm.

Anders Zorn, « Maya », huile sur toile, 1900.

© OLASER

Station de métro Kungstradgarden.

Peintres - photographes

Dès les années 1860, la photographie se développe en Suède comme dans une partie de l'Europe. Bien vite, les peintres s'emparent de cette nouvelle technique pour se livrer à des expérimentations comme August Strindberg (1849-1912) dont les *Célestographies* (1894) préfigurent l'expressionnisme abstrait. Dans cette lignée, les nus féminins réalisés en extérieur par Anders Zorn glorifient l'émancipation de la femme en Suède. Les formes et les effets de lumière obtenus par la photographie inspirent toute une génération de peintres : Wilhelm von Gegerfelt, Severin Nilson, Axel Lindman, Georg Pauli, Oscar Björck, Gottfrid Kallstenius ou encore et Carl Wilhelmson. La pratique photographique se banalise rapidement dans le cercle des peintres suédois qui l'adoptent à des fins de mémorisation. Si elle n'a pas encore le statut d'art, elle enrichit la peinture. Chez certains artistes, des éléments du paysage sont isolés pour devenir un thème à part entière. Wilhelm von Gegerfelt immortalise des troncs d'arbres à la façon de sculptures. Gottfrid Kallstenius et Severin Nilson capturent l'atmosphère irréelle des paysages marins. Sur l'île de Södermalm, le Fotografiska Museet (p.103)est dédié à la photographie. Depuis son inauguration en 2010 avec une exposition d'Annie Leibovitz, il poursuit son programme d'expositions et de formations. Sa particularité tient au fait qu'il ne présente pas sa propre collection mais élabore ses expositions directement avec des artistes, collections ou galeries autour d'un thème central.

Sculpture de plein air

Carl Milles (1875-1955), influencé par Rodin, est l'auteur de la magnifique fontaine *Orfeus* à Stockholm. Son jardin (Millesgården), truffé de ses œuvres sculpturales, peut être visité sur l'île de Lidingö.

De nos jours, les parcs de sculptures proposent une facette singulière de l'art suédois. Au sommet d'une colline, *A Pile of Art* regroupe une trentaine de sculptures dispersées entre forêts et prairies. Le Moderna Museet (p.94)de Stockholm est entouré d'un parc ainsi que d'une cour réservée aux célèbres sculptures *Les Quatre Éléments* et *Le Paradis* d'Alexander Calder, une œuvre collaborative de Niki de Saint Phalle et Jean Tinguely.

Street art souterrain

Le métro de Stockholm dissimule un véritable musée. L'Office de tourisme propose un plan qui recense les arrêts street art qui jalonnent trois lignes : la bleue, la rouge et la verte. Chaque station développe un thème. Sur la bleue, la station Kungsträdgärden traite d'archéologie ; à T-centralen, un hommage aux ouvriers est évoqué par des silhouettes ; Solna centrum se change en une caverne rouge et noire ornée de fresques à message socio-politiques ; la station Näckrosen nous entraîne dans l'univers du cinéma suédois. Les amateurs de street art fileront à Malmö. La ville entière est une exposition de plein air. À l'origine de cette initiative, l'association ArtScape entend promouvoir l'art public en modifiant la perception du paysage urbain. Dans ce but, le premier festival s'est tenu en 2014. Quinze artistes ont alors entamé la transformation de Malmö qui ne cesse de s'enrichir de fresques gigantesques mais aussi de sculptures.

Art contemporain

Présente dans les grandes manifestations artistiques internationales, la Suède continue de favoriser l'éclosion de talents. Depuis les années 1990, marquées par la reconnaissance de Dan Wolgers en sculpture, d'Annika von Hausswolff en photographie et plus tard, des peintres Karin Mamma Andersson ou Jockum Nordström, la tradition se perpétue.

MUSIQUES ET SCÈNES

Dans la deuxième partie du XXe siècle, de nombreux groupes suédois sont apparus sur la scène musicale internationale, certains s'ancrant profondément dans la pop culture, comme ABBA. Quelle que soit la génération, impossible de trouver quelqu'un qui ne connaisse pas cette icône disco des années 1970. C'est grâce à leurs refrains immortels que la Suède s'est imposée à tout jamais parmi les grands faiseurs de musique. Loin d'être un cas isolé, ABBA préfigure ce que la musique suédoise va faire de mieux après eux : des tubes. Que ce soit Europe dans les années 1980 ou Ace of Base, The Cardigans et Neneh Cherry la décennie suivante, la Suède possède un talent peu commun pour créer des morceaux qui plaisent au plus grand monde. Un don pour le hit qui ne se cantonne pas à la pop et voit des entités électro comme The Knife devenir culte et des DJ comme Avicii remuer des foules gigantesques.

La musique traditionnelle

La musique folklorique de Suède porte l'âme de ses habitants. Et ce, bien qu'elle compte de nombreuses similitudes avec celle des ses voisines scandinaves. Ici, résonnent principalement la *mazurka*, musique de danse d'origine polonaise, le *waltz*, version suédoise de la valse et surtout la *polska,* danse de couple à trois temps commune à tous les pays de Scandinavie... Jouée depuis des siècles par les *spelman*, musiciens folkloriques véritables gardiens de la tradition, cette musique a été transmise de génération en génération avant de s'essouffler au début du XXe siècle. Dans les années 1960, la musique folklorique connaît un brusque regain d'intérêt, de nombreux jeunes adhérant aux clubs de musique populaire. Un mouvement aussi amplifié durant les années 1970 par Gärdesfesten, sorte de réponse suédoise à Woodstock. Peu à peu, les racines de la musique traditionnelle suédoise se sont mêlées aux influences modernes comme le blues, le jazz ou le rock, donnant naissance à un style nouveau, sorte de néo-folklore, porté par quelques groupes comme Folk och Rackare dans les années 1970/80 puis Draupner, Hedningarna, Sågskära ou The Tallest Man on Earth (ce dernier étant particulièrement connu hors des frontières suédoises).

Parmi les instruments traditionnels les plus couramment utilisés on trouve le violon, qui est le plus caractéristique de la musique suédoise, la *nyckelharpa*, qui pourrait se traduire par « vielle à clef » et qui a retrouvé une seconde vie avec le renouveau folklorique des années 1960, la cornemuse suédoise, l'harmonica ou l'accordéon.

Un des plus beaux endroits dans le pays pour croiser des musiques traditionnelles est assurément Skansen (p.111), le musée en plein air de Stockholm consacré à la vie folklorique suédoise. Grande fierté des Stockholmois, sortie familiale et adorée des touristes, Skansen est aujourd'hui un lieu de rendez-vous populaire, avec sa multitude de concerts et danses folkloriques l'été, et son marché de Noël qui attire une foule nombreuse chaque année. Les fêtes traditionnelles telles que le Midsommar, la Walpurgis Night et Lucia y sont célébrées. Autrement, au début du mois d'août, se tient à Nämforsen, le festival Urkult, événement des plus familiaux, consacré aux musiques folk d'ici et du monde.

La musique classique

Sans véritable compositeur remarquable pour l'écrire, la musique classique ne jouit que d'une petite histoire en Suède. Le père du genre est Johan Helmich Roman (1694-1758), compositeur baroque, parfois qualifié de « Haendel suédois ». Son œuvre la plus célèbre est la *Drottningholmsmusiken*, divisée en 33 mouvements courts composés pour les mariages royaux. Au XVIIIe siècle, c'est Joseph Martin Kraus (1756-1792) qui s'illustre en devenant le « Mozart suédois ». Compositeur novateur, il reste mal connu en dehors de Suède malgré de brillantes compositions marquées par la finesse et les contrastes dramatiques. Aux XIXe siècle, c'est Wilhelm Stenhammar (1871-1927) qui se distingue, notamment comme étant l'un des meilleurs pianistes de son temps. Influencé par le romantisme allemand dans ses premières œuvres, il développe par la suite un style plus suédois, dans lequel se dessine l'impact de Jean Sibelius. À la même époque, citons également le chef d'orchestre et violoniste Hugo Alfvén (1872-1960) dont l'œuvre s'inscrit dans le romantisme tardif. Au XXe siècle, Hilding Rosenberg (1892-1985) s'affirme comme un des pionniers de la composition moderne suédoise.

Dans les arts lyriques, la Suède s'est illustrée à de nombreuses reprises grâce à ses grandes voix. Au XIXe siècle, la soprano Jenny Lind (1820-1887) était une chanteuse d'opéra des plus courues.

Tout comme le ténor Jussi Björling (1911-1960) au siècle suivant, qui apparut sur les plus grandes scènes du monde. Une célébrité amplement partagée par la mythique soprano Birgit Nilsson (1918-2005) mondialement connue pour la force et la clarté de ses interprétations. Le siècle fut aussi marqué par le talent du ténor Nicolai Gedda (1925-2017), soliste du Metropolitan Opera, qui connut toutes les plus grandes scènes et la mezzo-soprano Anne Sofie von Otter qui continue d'émerveiller le public par son timbre lumineux.

Si la Suède possède plusieurs ensembles de qualité, c'est clairement l'Orchestre symphonique de Göteborg qui se distingue. Désigné comme l'orchestre national de Suède, il tire notamment son prestige des quelques géants de la direction – Neeme Järvi et Gustavo Dudamel en tête – qui en eurent la charge. L'orchestre réside et se produit au Göteborgs Konserthus mais on peut aussi le voir en plein air dans le Parc Slottsskogen lors de Music Al Fresco.

Le jazz

Les fans du genre le savent, la Suède a une grande tradition jazz. Les très réputés festivals de Stockholm et d'Umeå (au nord du pays) attirent chaque année des publics nombreux et des artistes du monde entier. Fort d'une histoire riche en talents, le jazz suédois prend son envol dans les années 1960 avec le pianiste Jan Johansson (1931-1968). Encore mal connu hors de Scandinavie, l'artiste est pourtant l'auteur de l'album de jazz suédois le plus vendu, *Jazz på Svenska,* paru en 1964. Il est la figure de proue d'une scène foisonnante où génération après génération se sont croisés des musiciens talentueux : Arne Domnerus qui a enregistré des albums avec James Moody, Art Farmer et Clifford Brown et joué avec Charlie Parker ; Lars Gullin (1928-76), que certains considèrent comme l'un des meilleurs saxophones baryton de l'histoire du jazz ; Bobo Stenson, pianiste dont l'originalité du jeu et des compositions lui ont ouvert la porte du prestigieux label ECM ; le tromboniste Nils Landgren, hyper prolifique ; Magnus Lindgren excellent saxophoniste et figure mondiale du jazz suédois ; ou encore le Esbjörn Svensson Trio, qui bouscule les codes du jazz. Citons également Lisa Ekdahl et son soft-jazz assez populaire en France.

Côté scènes, à Stockholm, le Jazz Club Fasching (p.167) est une adresse bien connue des jazzmen, célèbre pour convier des artistes aux esthétiques libres dépassant le simple cadre du jazz. Dans la même ville les fans de jazz se régaleront aussi à Stampen (p.140), une place forte du genre dans la capitale. À Malmö, le club Babel cultive une très bonne réputation et à Göteborg, en octobre, le Festival de Jazz accueille souvent quelques bons noms.

La pop

La Suède sait produire des cartons mondiaux comme nul autre pays. À commencer par les célébrissimes ABBA, stars des années 1970 qui ont fait découvrir la pop façon suédoise au monde entier. Ce groupe devenu légendaire figure toujours parmi les recordmen mondiaux des ventes avec quelque 380 millions de disques écoulés. Étourdissant ! Dans les années 1980, c'est le groupe Europe et son tube *The Final Countdown* qui fait sensation et vend 8 millions de copies. Depuis, chaque génération comporte son lot de cartons pop suédois affichant des chiffres astronomiques de vente : Roxette (70 millions de disques vendus), à la fin des années 1980, The Cardigans (15 millions de disques vendus), Ace of Base (30 millions) ou encore Kent (3 millions) dans les années 1990. À la même époque des artistes suédois comme Neneh Cherry ou Dr Alban produisent également, chacun dans leur genre, des hits planétaires. Indéniablement, la Suède possède une patte unique pour élaborer

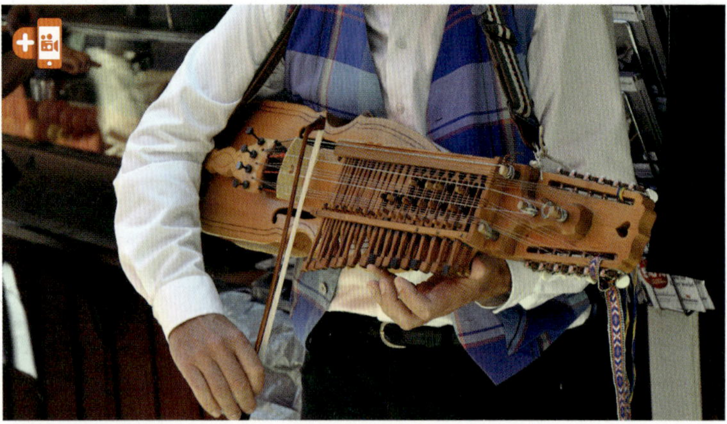

© COOROUGE - ISTOCKPHOTO.COM

Le nyckelharpa.

Wilhelm Stenhammar.

des tubes. Un savoir-faire et une notoriété intacte, entretenus aujourd'hui par des artistes comme Max Martin, l'homme derrière certains des plus grands succès de Britney Spears, Backstreet Boys ou NSYNC ou encore le duo Christian « Bloodshy » Karlsson et Pontus « Avant » Winnberg, responsable de quelques grands moments de pop chez Britney Spears (*Toxic*, c'est eux), Kylie Minogue, Madonna, Jennifer Lopez ou Kelis. Un dernier mot sur ABBA. Nombreux sont les fans à se rendre en Suède et il serait dommage pour eux de louper Mamma Mia ! The Party. Situé dans le parc d'attraction Gröna Lund, Mamma Mia ! The Party (p.168) s'inspire de la taverne grecque du film et de la comédie musicale. On y retrouve la même ambiance chaleureuse en assistant durant le repas aux performances des chanteurs sur la musique d'ABBA. Les fans ne manqueront pas non plus de se rendre au Musée ABBA (p.105). Ouvert depuis 2013, l'endroit permet de découvrir les costumes, les instruments, les disques d'or et d'autres objets ayant appartenu au groupe. Il est dit qu'on y entre en marchant et qu'on en sort en dansant...

Les musiques actuelles

Tout le talent que le pays investit dans la fabrique de tubes se retrouve dans la création contemporaine. Le meilleur exemple est sans conteste The Knife. Formé en 1999 par le duo Karin et Olof Dreijer, The Knife est devenu incontournable dans le pays (comme dans le monde), à la fois par son message radical, son atmosphère énigmatique et sa musique électronique bouleversant les codes du genre. Révélé au grand public en 2006 avec leur chef-d'œuvre *Silent Shout*, le groupe se sépare en 2014, se consacrant à des projets parallèles. Et justement, un des projets de Karin Dreijer se nomme Fever Ray et sa musique est à peu près aussi fascinante et culte que celle de The Knife, quelque part entre le dub et la cérémonie occulte.

Autre Suédoise incontournable, Lykke Li a charmé un large public avec sa pop électronique au cœur gros. Toujours rayon électropop, la chanteuse Robyn est adorée pour ses singles aussi dévastateurs qu'accrocheurs et le duo Icona Pop reste très populaire grâce à son titre *I Love It*. Électronique encore, mais un brin plus expérimentale, n'oublions surtout pas de mentionner le très prolifique Jay-Jay Johanson et sa musique brumeuse. Autrement, pour bien prendre la mesure de la qualité de la création contemporaine suédoise, toute une constellation d'artistes est plus que conseillée d'écouter : les chansons arty de Jenny Wilson ou Jens Lekman, le rock dégingandé de The Hives, The Hellacopters et (un peu gras) de Viagra Boys ou le hip hop désabusé et nauséeux de Yung Lean. Plus grand public, impossible de ne pas mentionner le faiseur de tube de l'électro Avicii, DJ et producteur au succès phénoménal disparu en 2018. Aux antipodes du genre, on trouve aussi Peder Mannerfelt, figure ultra-respectée de l'underground techno. Citons également le groupe Off The Meds, composé de 3 producteurs house suédois et d'un vocaliste sud-africain, avec leur morceau *Karlaplan*, un hommage à la place éponyme d'Östermalm.

À Stockholm, les noms les plus importants passent par des grosses scènes comme l'Annexet ou des plus modestes et branchées comme Debaser Strand ou Fallan. À Malmö, les bons concerts se déroulent au Plan b ou au Kulturbolaget. Côté festivals, le pays est, sans surprise, très fourni. Quelques gros rendez-vous à noter : Trästockfestivalen, le grand festival de musique gratuit de Skellefteå, qui installe ses six scènes dans le parc Norana, Lollapalooza à Stockholm, version suédoise du géant américain, Way out West à Göteborg, une des meilleures affiches du pays ou encore Visfestivalen à Västervik et sa grande scène nichée dans les ruines des châteaux.

LITTÉRATURE

Vue depuis la France, la littérature suédoise risque de n'être cantonnée qu'à deux références : le prix Nobel d'une part, le roman policier de l'autre. À notre décharge, avouons qu'à chaque mois d'octobre la sentence édictée par le jury, rêvé par Alfred Nobel et créé en 1901, vaut recommandation suprême, et que les rayons « noirs » des librairies ne désemplissent pas depuis que la trilogie *Millénium* de Stieg Larsson a révolutionné le genre. Rendant un parfait hommage à l'écrivain mort précocement, Henning Mankell ou Camilla Läckberg ont continué de porter le flambeau avec brio. Pourtant, les auteurs suédois ont exploré bien d'autres genres, et l'histoire littéraire du pays s'avère tout aussi passionnante, entre quête d'une identité et d'une langue nationales, influences des courants européens et ouverture à une littérature réaliste quasiment politique. Une belle diversité qui laisse présager que le voyage se fera aussi par la grâce des livres.

Les origines

Il est plutôt original de déclarer que le premier texte littéraire d'un pays a été gravé dans la pierre, cela est pourtant vrai en Suède si on se réfère à un bloc monumental de plusieurs tonnes découvert, un peu par hasard, dans le mur d'une église en 1843. Il faudra encore attendre vingt ans pour que la pierre de Rök recouvre sa position verticale, et pour que les archéologues s'attellent à essayer de décrypter les centaines de runes, miraculeusement conservées, qui ornaient cinq de ses côtés. Si le texte est sujet à bien des interprétations, la dernière hypothèse en cours voulant qu'il révèle la crainte d'un bouleversement climatique, il n'en est pas moins infiniment précieux puisqu'il s'agit de la plus longue inscription runique connue à ce jour dans le monde, et qu'il fait montre, en outre, d'un mètre si élaboré qu'il est difficile de ne pas le qualifier de littéraire. Les chercheurs s'accordent sur le fait que le bloc aurait été gravé au IXe siècle, qu'il honore la mémoire d'un fils mort au combat et qu'il mentionne des éléments mythologiques qui l'associent à la culture viking.

Contrairement à d'autres pays de la Scandinavie ancestrale, notamment l'Islande, les

La pierre de Rök.

légendes se transmettront en Suède par le truchement de la tradition orale plutôt que par l'écrit, mais par leur passé commun il reste impossible de ne pas mentionner les grandes *sagas* et autres *eddas* rédigées aux XIIe et XIIIe siècles, surtout que ces œuvres, qui mêlent histoire et mythes, influenceront plus tard les écrivains suédois. Toujours est-il que le Moyen Âge voit surtout s'écrire des textes de loi qui laissent place, à la faveur du christianisme qui s'est progressivement implanté à partir du XIe siècle, à une littérature religieuse qui use principalement du latin. Ainsi, Petrus de Dacia, né sur l'île de Gotland aux alentours de 1235, a marqué les mémoires par sa correspondance avec la béguine allemande Christiana de Stommeln, qui subit les stigmates dès l'âge de 15 ans, et dont il écrivit une *Vie de la vierge bénie du Christ*. Dans la même lignée mystique, sainte Brigitte de Suède (1303-1373) a laissé des *Révélations* retranscrites et publiées à Rome en 1455 par le moine Pierre, prieur d'Alvastre, et diffusées jusqu'en France sous le titre *Les Prophéties merveilleuses de sainte Brigitte*. Les hommes d'Église s'adonnent parfois aussi à un genre dit profane, à l'image de Thomas Simonsson (1380-1443) dont les dernières strophes de son poème *Engelbrektsvisan*, connues sous le nom de *Chanson de la Liberté*, sont restées célèbres et résonnent par leur thème historique avec les chroniques médiévales alors très populaires. Le plus vieil exemple à nous être parvenu est *La Chronique d'Erik*, restée anonyme mais certainement composée aux alentours de 1325. Rédigée en vers libres qui recherchent plutôt la simple rime que la pureté poétique, elle raconte l'histoire du prince Erik Magnusson. D'autres chroniques chanteront de la même manière les louanges de certaines têtes couronnées.

Si le catholicisme a été un déclencheur d'importance, le protestantisme qui fait son apparition au début du XVIe siècle par l'entremise de l'arrivée au pouvoir de Gustav Ier Vasa, marquera un autre virage, bien que celui-ci se constate plus sur la forme que sur le fond. L'époque ne prône effectivement pas l'épanouissement ni d'une riche vie culturelle, ni d'un enseignement accessible au plus grand nombre comme semblent le confirmer les difficultés que rencontre la célèbre Université d'Uppsala qui assiste à la fermeture de ses chaires non dédiées à la théologie et au départ de ses étudiants notamment pour l'Allemagne. Pourtant, deux frères – Olaus et Laurentius Petri – vont, à la demande du roi, donner une traduction de la Bible en suédois (1541), ce qui posera les bases d'une langue moderne, bien différente du vieux-suédois utilisé au Moyen Âge, et encore plus du norrois précurseur. Dans le même temps, un autre duo fraternel, Johannes (1488-1544) et Olaus (1490-1557) Magnus, s'intéresse à l'histoire du pays, le premier dans *Historia de omnibus Gothorum Sueonumque regibus*, ouvrage où il se réfère aux théories de Nils Ragvaldsson, archevêque d'Uppsala du XVe siècle, et qui sera publié à Rome en 1554 ; le second dans *Historia de gentibus septentrionalibus* qui paraîtra également dans la capitale italienne l'année suivante. Ils posent alors les bases d'une théorie, le gothicisme, qui voudrait que les Suédois soient les descendants des Goths.

August Strindberg.

Littérature nationale

Georg Stiernhielm semble incarner la parfaite synthèse de ces deux courants qui expérimentent les recherches sur la langue et l'affirmation d'une identité nationale. Né en 1598, élevé dans la région de Bergslagen, ses études le mènent à vivre en Allemagne puis aux Pays-Bas avant son retour sur sa terre natale où il se consacre à la linguistique. Si certaines de ses théories laissant croire que le vieux norrois était à l'origine de toutes les langues ont depuis été contredites, sa dextérité dans l'art de l'hexamètre – vers de six pieds inspirés dans leur forme par les standards grecs et latins –, l'amènera à être proclamé père de la poésie suédoise, tout particulièrement pour son œuvre maîtresse *Hercules*. Ce long poème épique, certains de ses livrets de ballets, ainsi que les textes rédigés sous le règne de Christine de Suède qui l'avait anobli, se découvrent en traduction française aux éditions Les Belles Lettres.

Le pays est alors en train de s'affirmer sur la scène internationale et la littérature dans le même mouvement vit une véritable renaissance. Cela est d'autant plus vrai lorsque le siècle suivant, à l'âge dit des Lumières, voit naître deux hommes d'envergure. Le premier est Emanuel Swedenborg (1688-1772), philosophe et scientifique ingénieux, auteur du *Livre des rêves*, que l'on a volontiers comparé à Léonard de Vinci, le second Carl Michael Bellman (1740-1795), chansonnier dont le goût pour la caricature et la parodie le faisait frère d'âme d'Anacréon et qui laissa à la postérité *Les Épitres de Fredman*. En ce XVIIIe siècle fleurissent les Académies, littéraires ou artistiques, et les Cercles, à l'image de celui que tiendra la poétesse et traductrice Anna Maria Lenngren. Sans que ne soient minorées celles de l'Angleterre ou du Danemark, l'influence française prédomine et se fait source d'inspiration par exemple pour Olof Dalin (1708-1763) qui lança l'hebdomadaire *Svenska Argus* et fit sensation dès sa première tragédie, *Brynilda*. Pourtant, c'est sous l'égide de l'Allemagne que la Suède embrasse le romantisme, à l'initiative certainement d'un fils de pasteur devenu professeur de philosophie, Per Daniel Amadeus Atterbom, né en 1790 à Östergötland et mort en 1855 à Stockholm. En 1807, il fonde une société artistique, L'Aurore, et lance dans la foulée une revue, le *Phosphoros*, qui donnera son nom à un courant de pensée. Sa fibre romantique y trouvera racine au milieu de textes d'autres auteurs, et s'épanouira dans son recueil *Blommorna* (*Les Fleurs*) qui entre en résonance avec l'œuvre de Novalis, et dans ses poèmes réunis sous le titre *Lycksalighetens Ö* (*L'Île de la félicité*).

L'époque voit également réapparaître le gothicisme sous la plume d'Erik Gustaf Geijer (1783-1847) mais s'empare de nouvelles figures tutélaires comme le suggère le titre de son poème *Les Vikings* qu'il fait paraître dans le premier numéro de la revue *Iduna* créée par la Götiska förbundet, association fondée en 1811 dans le but avoué de retrouver « l'esprit de virilité et de liberté des anciens dieux ». Geijer finira par délaisser le nationalisme au profit du libéralisme, et laissera inachevée son *Histoire des Suédois*. Son compère Esaias Tegnér (1782-1846), qui pour sa part avait fait renaître le genre de la saga avec celle consacrée à Frithiof publiée en 1825, se tournera pleinement vers la religion après qu'il eut été nommé évêque. Le tableau ne serait pas complet si n'était pas mentionnée l'œuvre phénoménale de Carl Jonas Love Almqvist (1793-1866), le premier à aborder la question de l'égalité des sexes dans *Sara* (1839), l'un de ses nombreux romans, un thème qui sera par la suite creusé par Fredrika Bremer (1801-1865) à qui on doit *Hertha* (1856) qui fera date puisqu'il entraînera deux ans plus tard la modification de la loi sur le mariage, et amorcera l'activisme féministe de l'auteure.

Modernistes et contemporains

Au mitan du siècle, en 1849, naît l'un des plus grands écrivains suédois dont la pièce *Mademoiselle Julie*, encensée bien au-delà des frontières du pays, évoque également les rapports entre un homme et une femme, et paraît en 1888, tout comme *Années de pèlerinage et de vagabondage* de son futur grand rival, Verner von Heidenstam. Complexe et torturé, August Strindberg exploitera la veine symboliste après avoir exploré le naturalisme, en cela il est devenu l'emblème aussi bien du courant moderniste que de l'expressionniste suédois. Cet écrivain fécond se découvre par son théâtre, bien sûr, mais aussi par ses textes semi-autobiographiques (*Le Plaidoyer d'un fou*, éditions Sillage, ou *Inferno* dans L'Imaginaire de Gallimard). Tout aussi célèbre, particulièrement chez les enfants, sa quasi contemporaine Selma Lagerlöf pousse son premier cri en 1858. Incarnant le courant régionaliste, elle est l'auteure du *Merveilleux voyage de Nils Horlgersson à travers la Suède* qui se décline toujours en maintes versions plus ou moins illustrées. Elle sera également en 1910 la première femme à recevoir le prix Nobel de littérature, à l'aube d'un nouveau siècle qui s'annonce bien plus sombre, comme semble le suggérer l'œuvre d'un écrivain que les Suédois tiennent en haute estime, Hjalmar Bergman (1883-1931) malheureusement difficile à trouver en traduction française. Obsédé par le fossé entre le rêve et la réalité, sujet qui l'accaparera dès *Solivro* paru en 1906, il poursuivra son exploration de la psyché humaine et de ses mécanismes dans une vingtaine de romans, notamment *Markurells i Wadköping* (1919) ou *Clownen Jac* (1930). La même force animera l'œuvre de Pär Lagerkvist (1891-1974), futur prix Nobel 1951 qui se découvre en partie aux éditions Stock. *Barabbas* a été salué par les plus grands, et son récit cruel *Le Nain* façonne les âmes à jamais.

L'entre-deux-guerres est marqué par une prise de conscience des problèmes sociétaux dans la pure voie du réalisme : les écrivains issus de milieu prolétaire partagent leur ressenti comme le font leurs chefs de file, Eyvind Johnson (*Écartez le soleil*, *Dolorosa*, *Le Roman d'Olof*, etc.) et Harry Martinson (*Même les orties fleurissent*, *Il faut partir*, *La Société des vagabonds*, etc.), qui seront ensemble couronnés par le prix Nobel en 1974. Cette lucidité nouvelle ne quittera plus les auteurs à en croire les écrits quasi journalistiques du regretté Stig Dagerman (1923-1954) et ceux de Per Olov Enquist (1934-2020) dont l'approche fort documentée aboutit à de remarquables romans à découvrir aux éditions Actes Sud (*Blanche et Marie*, *Le Livre des paraboles*). Les poètes, quant à eux, s'autorisent d'autres visées, tels Gunnar Ekelöf qui goûte au surréalisme, Erik Lindegren qui s'éprend de musique, ou Göran Tunström qui flirte avec le réalisme magique.

TOP 10

LECTURE

Depuis que la vague des polars nordiques a déferlé sur l'Europe, les lecteurs se sont surpris à aimer le mystère des landes désertiques et le secret du huis-clos des villes emmitouflées. La littérature suédoise offre pourtant bien d'autres raisons de frissonner... de plaisir, en découvrant ses classiques et ses nouveaux talents.

LE GRAND VOYAGE DE NILS HOLGERSON

Le grand classique de Selma Lagerlöf (1858-1940) en version illustrée pour que les tout-petits, eux aussi, savourent cette belle histoire.
Catherine de Lasa et Carmen Sole-Vendrell, *éditions Bayard.*

MADEMOISELLE JULIE

© L'ARCHE

Strindberg est à la Suède ce que Ibsen est à la Norvège... ou Corneille à la France, un incontournable génie !
August Strindberg, *Arche éditeur.*

SUÈDE

© DR

Villages colorés, cités majestueuses et paysages à perdre le souffle, autant de photographies d'un magnifique pays.
Sabine Von Kienlin et Udo Bernhart, *éditions Place des Victoires.*

À TABLE AVEC CAMILLA LÄCKBERG

© ACTES SUD

Quand une célèbre écrivaine retrouve un ami d'enfance devenu cuisinier, évidemment ça donne un livre de recettes.
Camilla Läckberg et Christian Hellberg, *éditions Actes Sud.*

MEURTRIERS SANS VISAGES

© POINTS

Première rencontre avec Wallander, un commissaire que l'on aura toujours plaisir à retrouver dans une série devenue culte.
Henning Mankell, *éditions Points.*

SARA OU L'ÉMANCIPATION

© CAMBOURAKIS

À sa publication en 1838, cette histoire entre un©e femme libre et un sergent a provoqué l'indignation. À découvrir avec nos yeux d'aujourd'hui.
Carl Jonas Love Almqvist, *éditions Cambourakis.*

STOCKHOLM 73

© ALLIA

Récit de la prise d'otages survenue à la Kreditbank en 1973 qui a donné naissance au mécanisme psychologique bien connu : le Syndrome de Stockholm.
Daniel Lang, *éditions Allia.*

OISEAU DE NUIT

© CAMBOURAKIS

La première publication d'une artiste montante de la scène underground raconte l'histoire d'Ingrid, 14 ans, qui n'a qu'un rêve : qu'on la laisse tranquille.
Hanna Gustavsson, *éditions Cambourakis.*

NOTRE BESOIN DE CONSOLATION EST IMPOSSIBLE À RASSASIER

© ACTES SUD

Dans le fonds de toutes les bonnes librairies, le dernier texte d'un talentueux auteur qui allait choisir la mort.
Stig Dagerman, *éditions Actes Sud.*

DR B

© GALLIMARD

L'histoire du grand-père de l'auteur dont on se demande s'il fut résistant durant la Seconde Guerre mondiale, ou agent double à la solde des nazis. Entre fiction et réalité.
Daniel Birnbaum, *éditions Gallimard.*

À L'ÉCRAN

Le cinéma suédois est connu en général pour être grave, abordant des thèmes autour de la nature ou de la condition humaine. Cependant, loin de se cantonner aux drames, le septième art suédois a contribué au cinéma mondial de façon remarquable et a offert quelques grands noms : Greta Garbo, icône du cinéma muet et star hollywoodienne des années 1930, mais aussi l'actrice oscarisée à trois reprises, Ingrid Bergman, et surtout l'un des cinéastes les plus significatifs, Ingmar Bergman, auteur prolifique de plus de quarante films. Après les années 1960, profitant d'une réforme qui favorise la production cinématographique, on assiste à l'éclosion de réalisateurs de talent, tels Bo Widerberg, Jan Troell ou Kjell Grede. Côté studios, la Suède est dotée de la commune de Trollhättan, surnommée Trollywood. *Dogville* (2003) du danois Lars von Trier avec Nicole Kidman, ou encore *Fucking Åmål* (1998), grand succès de Lukas Moodysson, y ont notamment été tournés.

Débuts

Le cinéma est arrivé en Suède à la fin du XIXe siècle, avec une première projection à Malmö en 1896. Ernest Florman (1862-1952), un photographe de Stockholm est considéré comme le premier cinéaste de l'histoire suédoise avec *L'Arrivée du roi du Siam à Stockholm*, une courte séquence filmée le 13 juillet 1897.

Le producteur Charles Magnusson, et les réalisateurs Victor Sjostrom et Mauritz Stiller – celui qui découvrit la divine Garbo – lancent le cinéma muet suédois, à travers la compagnie Svensk Biograph, créée en 1907. *The Phantom Carriage* (1921), drame fantastique de Sjostrom est un bel exemple de cet âge d'or.

Ingmar Bergman.

Ingmar Bergman, le maître suédois

Né à Uppsala, en 1918, le cinéaste et metteur en scène de théâtre est sans conteste LE monument du cinéma national suédois. Dès l'âge de 10 ans, il découvre sa vocation grâce à une lanterne magique, un procédé de projection d'images animées développé au XVIIe siècle et couramment utilisé comme jouet au XIXe siècle, avec lequel il mettait déjà en scène des histoires de son invention. Par la suite, il eu une carrière prolifique, avec pas moins de quarante œuvres à son actif, parmi lesquelles : *Le Septième Sceau* (1957), *Au seuil de la vie* (1958), *Persona* (1966), *Cris et Chuchotements* (1972), *Scènes de la vie conjugale* (1973), *Fanny et Alexandre* (1982). Sa filmographie est parcourue de plusieurs thèmes, comme le sens de la vie, le bien et le mal, Dieu, l'incommunicabilité du couple... Marqué par sa relation conflictuelle avec ses parents, il s'inspire inlassablement de ses souvenirs d'enfance. En 2002, Bergman a fait don de ses archives à l'Institut du film suédois. Cet ensemble de documents est géré par la Fondation qui porte son nom.

Période post-guerre

Sans renier le génie du maître Bergman, une nouvelle génération de cinéastes désire tourner la page du cinéma classique et s'imposer par une certaine créativité technique. Bo Widerberg fait partie de ce renouveau. Écrivain devenu cinéaste, il écrit dans les années 1950 des romans et des nouvelles, parmi lesquels *Le Dragon vert* dont il fera un film en 1966. Ses premières œuvres sont d'inspiration réaliste tandis que ses films plus tardifs comme *Ådalen 31* (1963), *Joe Hill* (1971) ou *Elvira Madigan* (1967) adoptent un ton plus lyrique.

Autre figure des années 1960, le réalisateur Jan Troell a débuté sa carrière en tant que directeur de la photographie sur les films de Widerberg.

Avec son œuvre majeure *Utvandrarna* (1971) (The Emigrants) et son sequel *Nybyggarna* (1972) (The New Land), il s'intéresse à la trajectoire d'une famille pauvre de la province de Småland vers le Minnesota au milieu du XIXe siècle.

Nouvelle génération

La génération de cinéastes nés dans les années 1970 met en scène une critique de la société suédoise, entre tragique et comique, parfois clivante. Josef Fares est connu pour sa comédie *Jalla! Jalla!* (2000). Succès du box office mais aussi succès critique, il raconte l'histoire de Roro, joué par son frère, l'acteur libano-suédois Fares Fares, en proie au doute lorsque sa petite copine suédoise et blanche demande à rencontrer sa belle-famille.

Ruben Östlund a su se faire remarquer par son regard à la fois cruel et tendre sur les Suédois. *Happy Sweden* (2008), *Snow Therapy* (2014) ou encore *The Square* (2017) (Palme d'or à Cannes) détricotent les mœurs et les idées reçues des milieux blancs et bourgeois.

Côté documentaires, Malik Bendjelloul s'intéresse à la musique et réalise plusieurs films sur Elton John, Rod Stewart, Björk ou encore, Kraftwerk. Il a reçu l'Oscar du meilleur documentaire en 2013 pour *Searching for Sugar Man*, qui retraçait la carrière atypique du chanteur américain Rodriguez.

Les séries

Les séries suédoises sont nombreuses et bénéficient d'une belle réputation à l'étranger. La trilogie policière *Millénium* de l'écrivain Stieg Larsson, adaptée en Suède à partir de 2009 par Niels Arden Oplev et Daniel Alfredson avec les acteurs Michael Nyqvist et Noomi Rapace, puis aux États-Unis à partir de 2011 par David Fincher avec Daniel Craig et Rooney Mara, a fait un carton au cinéma, si bien qu'une série télévisée en 6 épisodes est sortie en 2010, diffusée par Canal+, avec le même duo d'acteurs suédois.

Citons également *Real Humans* (2012) de Lars Lundström qui est devenu un classique des séries sur les robots humanoïdes, exportée dans plus de 50 pays. Mais on compte encore *The Bridge* (diffusée entre 2011 et 2018), *Jour polaire* (2016), *Svartsjön* (2016), ou encore *Jordskott, la forêt des disparus* (2015). Sur Netflix, les séries *Love and Anarchy* (2020) et *Kalifat* (2020) sont notamment tournées à Stockholm.

Quelques acteurs et actrices

Dès le début du XXe siècle, les acteurs et actrices en provenance de Suède ont su se faire une place de choix dans le cinéma mondial. Propulsée au rang d'icône hollywoodienne par le producteur américain Louis B. Mayer, Greta Garbo obtient son premier rôle important en 1924

© OLGA POPOVA - SHUTTERSTOCK.COM

Ingrid Bergman.

dans le film *La Saga* de Gösta Berling, d'après le roman de Selma Lagerlöf. Parmi ses grands rôles, on peut citer *La Reine Christine*, *Grand Hôtel*, *La Dame aux camélias* et *Ninotchka*.

L'actrice Ingrid Bergman connaît le succès international avec trois films d'Alfred Hitchcock : *La Maison du docteur (1945) Edwardes*, *Les Enchaînés* (1946) et *Les Amants du Capricorne* (1949). Elle tourne *Stromboli* (1950), de l'italien Roberto Rossellini, pour qui elle quitte son mari. Son autobiographie, *Ma vie,* retrace ses mémoires.

Le comédien Max von Sydow, après sa performance dans *Le Septième Sceau,* de Bergman, est devenu un de ses acteurs fétiches. On le retrouve également, entre autres, dans *Pelle le Conquérant*, de Bille August, et *L'Exorciste* de William Friedkin.

Bénéficiant d'une belle carrière dans le paysage du cinéma contemporain, la famille Skarsgård se compose entre autres du père, Stellan, acteur fétiche de Lars Von Trier, avec qui il a joué dans *Dogville*, *Nymphomaniac*, *Breaking the Waves*, et du fils, Alexander, très en vogue depuis qu'il a interprété Eric Northman dans la série *True Blood*, mais aussi Tarzan pour David Yates, et qui joue également pour Lars Von Trier dans *Melancholia*.

Alicia Vikander est une figure montante du cinéma contemporain. Elle a notamment remporté l'Oscar de la meilleure actrice dans un second rôle, pour le film *The Danish Girl* (2015) et poursuit sa carrière avec notamment deux films d'action : *Jason Bourne* en 2016, par Paul Greengrass, avec Matt Damon, et *Tomb Raider* en 2018.

GASTRONOMIE

S'étendant des steppes de Laponie à la lisière du cercle polaire jusqu'aux prairies et aux forêts épaisses du sud du pays, la Suède a su valoriser ses produits, malgré un climat rigoureux. La pomme de terre, le chou, le seigle, les légumes secs et le porc font partie des essentiels de cette cuisine, typiquement nordique. Les Suédois sont des gros consommateurs de produits laitiers et la crème comme le beurre sont abondement utilisés. Les buffets sont une bonne manière de se régaler, notamment de tartines de pain de seigle richement garnies, à moins de préférer le plat du jour (*dagens rätt*). À noter qu'on dîne tôt en Suède, vers 18h, il est mieux ne pas arriver au restaurant trop tard, surtout en dehors des grandes villes. Enfin les locaux adorent le café, presque toujours savouré avec une bonne pâtisserie. Dans les bars on trouvera bien sûr de la bière et de l'aquavit, mais aussi du vin, que les Suédois apprécient de plus en plus.

Histoire, produits et traditions

Avec des hivers particulièrement froids et des étés courts, l'agriculture en Suède a généralement été limitée à quelques céréales et légumes-racines, sans oublier le chou transformé en choucroute, riche source de vitamine C, alors que les baies comme les airelles étaient préparées en confiture. Dans ce contexte la pêche était également une activité cruciale et l'importance du poisson a régi pendant longtemps les échanges commerciaux en Scandinavie. Tout comme le sel qui permettait au poisson d'être séché et préparé en salaison pour assurer sa conservation, alors que les viandes étaient fumées.

À partir de la fin du Moyen Âge, les villes de Stockholm, Visby et Kalmar deviennent des comptoirs commerciaux importants au sein de la Ligue hanséatique, un ensemble de cités marchandes entre la mer du Nord et la mer Baltique, permettant l'enrichissement de l'aristocratie locale. La Suède devient progressivement une grande puissance militaire et à la fin du XVIIe siècle, la couronne règne sur quasiment toute l'Europe du Nord et une bonne partie de la Baltique. Un pouvoir qui permet au pays de se lancer dans des campagnes militaires jusqu'aux portes de l'Empire ottoman où les soldats rapportèrent avec eux des mets alors exotiques, comme le ***kåldolmar*** – chou farci à la viande et au riz – rapporté par le roi Charles XII. Le terme ***dolma*** vient d'ailleurs du turc « farcir ».

La cuisine suédoise fait un usage généreux de viande (porc, agneau, bœuf et volaille), de poissons et de fruits de mer, ainsi que divers légumes-racines (pomme de terre, carotte, navet,

Smörgasbord.

DÉCOUVRIR

rutabaga] et des champignons, de culture ou sauvages. On trouvera également une grande variété de pain comme le dense pain de seigle [*rågbröd*] ou le *knäckebröd*, un type de fine biscotte très croquante. Le blé – plus capricieux que les autres céréales – était régulièrement remplacé par du seigle et de l'orge. Les Suédois sont les 4es plus gros consommateurs de lait au monde. Le beurre est partout, mais l'huile d'olive devient également très populaire. L'usage des épices reste traditionnellement modéré avec le carvi, le genièvre et l'aneth, ainsi que l'immanquable trio cannelle-muscade-gingembre, en pâtisserie. Toutefois les Suédois s'ouvrent de plus en plus aux cuisines exotiques et le pays est une terre d'accueil importante depuis le milieu du XXe siècle.

À l'inverse, le *husmanskost* – que l'on pourrait traduire par «cuisine de l'homme de la maison» – désigne une tendance à un retour aux plats suédois traditionnels avec des ingrédients locaux de la ferme et des recettes campagnardes longuement mijotées, en opposition à la cuisine plus moderne de la ville. Les pommes et les baies sauvages – ou cultivées – sont préparées sous forme de tartes, de gâteux et de compotes.

Les classiques de la cuisine suédoise

Plus qu'un plat, le *smörgasbord* est un symbole de l'identité culinaire de la Suède. Ce buffet froid se compose d'une multitude de plats : petits pains, hareng, saumon, crevettes, moules, huîtres, anguille, œufs de poisson, œufs durs, rosbif, saucisses, boulettes de viande, poulet, pâté de foie [*leverpastej*], charcuterie variée, fromage ainsi qu'une multitude de crudités et de salades [pomme de terre, betterave, concombre, etc.], sans oublier la mayonnaise et la savoureuse *hovmästarsås*, une sauce à base de moutarde, de miel et d'aneth. Ce buffet se décline aussi sous forme de petites tartines de pain de seigle, déjà garnies, appelées *smörgås*, que l'on trouve de partout à l'heure du déjeuner.

Parmi les recettes de viande citons les immanquables *köttbollar* ou boulettes, confectionnées à base de bœuf, de porc et/ou de veau – parfois de volaille – accompagnées d'une sauce à la crème et une purée d'airelles, très commune avec la viande. Assez proche, le *wallenbergare* est un steak haché de veau généralement servi avec de la purée de pomme de terre, des petits pois et une sauce aux airelles. On retrouve également divers types de saucisses comme la *fläskkorv* ou la *falukorv*, similaires à une saucisse de Frankfurt, alors que l'*isterband* ressemblerait à une saucisse de Toulouse fumée. La *prinskorv* sert à garnir les hot-dogs, avec de la moutarde douce [*sötstark senap*].

Les produits de la mer sont communs en Suède. On prépare ainsi le saumon sous forme de gravlax [mariné avec du sel, du sucre et de l'aneth] ou d'*inkokt* [poché avec des légumes]

© BRENT HOFACKER / SHUTTERSTOCK.COM

Köttbolar, spécialité suédoise.

alors que les harengs [*sill*] sont marinés avec des légumes et des épices [*inlagd sill*], frits dans du beurre [*stekt strömming*] ou en salade avec betterave, pomme de terre et crème [*sillsallad*]. Les boulettes de poisson ou *fiskbullar* sont souvent servies avec une sauce à la crème et aux herbes. Venu de la baie de Botnie au nord du pays, le *löjrom* ou caviar de Kalix est préparé avec des œufs de corégone blanc. Les plus aventureux pourront essayer deux spécialités réservées aux estomacs bien accrochés. Le *surströmming* est composé de filet de hareng, salé, que l'on laisse macérer dans un contenant non stérilisé permettant le développement d'une flore bactérienne lui donnant une odeur que beaucoup décrivent comme atroce et que les Suédois eux-mêmes ne consomment que rarement. Autre mets étrange – quoi que moins agressif pour les narines –, le *lutefisk* est composé de filet de morue salée que l'on réhydrate dans une solution à base de soude alimentaire donnant au poisson une texture gélatineuse et une odeur d'ammoniaque. On le fait cuire délicatement et on le sert avec des pommes de terre.

On citera également une multitude de plats paysans ou *husmanskost*, comme la fameuse *ärtsoppa* [soupe au pois et au lard], le *rotmos med fläsk* [poitrine fumée bouillie avec purée de carotte et de rutabaga], les *pitepalt* ou *kroppkakor* [boulettes de pommes de terre bouillies farcies de porc], les *raggmunk* [galettes de pommes de terre], la *pytt i panna* [jardinière de légumes et de saucisse avec œuf frit], le *kalops* [ragoût de bœuf aux carottes], le *bruna bönor och fläsk* [ragoût de haricots bruns avec du bacon] ou encore le *blodkorv* ou boudin noir, à base de sang de porc.

DÉCOUVRIR

Desserts et boissons chaudes

Les pâtisseries suédoises sont riches et variées. Les viennoiseries et les gâteaux qui l'on surnomme souvent *kaffebröd* sont le plus souvent destinées à être servies avec du café lors du fika ou pause-café, un moment très apprécié des Suédois. En effet avec quelque 9 kg par an et par habitant, les Suédois les 6es plus gros consommateurs de café au monde et on trouvera des établissements où siroter un café avec une pâtisserie à tous les coins de rue.

Parmi les classiques, impossible de rater la *kannelbullar* ou brioche roulée à la cannelle, bien moelleuse, à moins de préférer le *kringla*, une sorte de bretzel brioché au sucre perlé. Brioche de Mardi gras, servie en général au dessert le lundi et le mardi du Carême, la *semla* est une petite brioche fourrée de pâte d'amande et décorée de crème fouettée. Pour la Sainte-Lucie, le 13 décembre, on prépare la *lussekatt*, une brioche au safran en forme de S avec des raisins secs. Enfin les *pepparkaka* sont des biscuits en pain d'épices.

On retrouve une multitude de gâteaux, tartes et crumbles (*smulpaj*). Le plus célèbre est le *prinsesstårta*, composé de gâteau génoise, fourré de crème fouettée, de confiture de framboises et recouverte de pâte d'amande verte. Son nom fait référence aux princesses Märtha, Astrid et Margaretha de Suède. Le *napoleonbakelse* est une sorte de mille-feuille à la crème fouettée alors que le *kladdkaka* est l'équivalent local d'un moelleux au chocolat. Le spectaculaire *spettekaka* ou gâteau à la broche est préparé en versant de la pâte sur un cylindre au-dessus des braises, donnant au produit final une forme de tronc d'arbre. L'*ostkaka* est un type de cheesecake à base de fromage blanc. Comme beaucoup de desserts suédois il est servi avec un mélange de fruits rouges (framboises, mûres, fraises, myrtilles, cassis, etc.) et de baies sauvages locales comme la plaquebière, ressemblant à une framboise orange.

© HANS GEEL - SHUTTERSTOCK.COM

Prinsesstårta.

Les Suédois apprécient également les confiseries comme l'étonnante *saltlakrits*, des bonbons à la réglisse traités au chlorure d'ammoniac, leur donnant un goût salé très inhabituel. Les autres sucreries sont plus accessibles comme les *knäck* (caramel mou aux éclats d'amande), les polkagris (sucre d'orge à l'ancienne) ou les *chokladboll* (petites boules au chocolat et aux flocons d'avoine roulées dans de la noix coco râpée). Le *punschrulle* est une douceur à base de chocolat et d'éclats de biscuits parfumée au *punsch*, une liqueur, puis enveloppée de pâte d'amande verte. Enfin les barres chocolatées Daim furent également créées en Suède, en 1953.

Entre bière et aquavit

La Suède fait partie de ce que l'on appelle la «ceinture de la vodka» – aux côtés de la Pologne, de la Finlande ou encore de la Russie – et les boissons distillées ont historiquement fait partie du quotidien des Scandinaves en général. Le mot *brännvin* est le terme suédois pour décrire une eau-de-vie à base de grain et de pomme de terre, équivalent à la vodka, même si l'appellation «vodka» existe également pour désigner un *brännvin* de haute qualité comme l'Absolut Vodka, marque créée en 1879. L'aquavit est un *brännvin* parfumé aux graines de carvi, toujours bu glacé.

Les bières suédoises sont généralement des blondes (lagers) plutôt rafraîchissantes comme la Pripps Blå, la Krönleins, la Mariestads ou la Norrlands Guld, même si on voit apparaître de nombreuses microbrasseries comme Nils Oscar Brewery, Dugges Ale och Porterbryggeri et Närke Kulturbryggeri. La consommation de vin en Suède a augmenté au cours des cinquante dernières années. On retrouve également quelques liqueurs comme le punsch à base d'arak (une eau-de-vie anisée au moût de raisin) et de sucre.

À noter que la Suède possède une politique très stricte en matière d'alcool. En dehors des bars et des restaurants, toute boisson alcoolisée de plus de 3,5° ne peut être achetée que dans des magasins d'État ou *systembolaget*, avec sa carte d'identité attestant que l'on a plus de 20 ans.

Les lussekatt, délicieuses brioches au safran.

AGENDA

Entre folklore traditionnel et cosmopolitisme international, Stockholm réunit ces deux facettes à travers ses multiples festivités et évènements, amenant des milliers de visiteurs chaque année. On y retrouve une relation intime aux saisons et au temps typique des cultures nordiques, où les locaux se réunissent pour célébrer l'arrivée du printemps, la fin de l'hiver ou le solstice d'été, où la lumière devient un élément majeur des pratiques courantes. La ville s'illumine de bougies et d'étoiles aux alentours de Noël alors que la nuit ne tombe jamais pendant les longues journées de juillet. Au-delà de ses traditions uniques, Stockholm devient une ville hôte d'une des plus grandes Gay Pride d'Europe, ainsi que de son fameux marathon qui invite des milliers de visiteurs à défiler dans ses rues. Entre art et culture, cinéma, design, mode, ou prix Nobel, Stockholm garde les bras ouverts au monde qui l'entoure !

DÉCOUVRIR

ÅF OFFSHORE RACE

www.ksss.se

Candidatures ouvertes en décembre, et la course se déroule en juillet.

Le Royal Swedish Yacht Club, KSSS, est le plus grand et le plus ancien yacht-club de Suède et l'un des cinq plus anciens au monde. Il regroupe environ 5 000 membres, dont la moitié sont des juniors. Il a été fondé à Stockholm en 1830 sous le nom Swedish Yacht Club. En 1878, le club a reçu un statut royal et a été rebaptisé Royal Swedish Yacht Club. La société a été créée à Skeppsholmen à Stockholm par certains entrepreneurs de la ville qui souhaitaient organiser des régates dans les environs de Stockholm. ÅF Offshore Race est aujourd'hui un grand classique.

FÊTE DE LA SAINTE-LUCIE

Le 13 décembre.

Cette fête traditionnelle célèbre la mort de Sankta Lucia, catholique morte pour sa foi en l'an 304. Chaque année, chaque ville et village de Suède élit sa Lucia : celle-ci défile, avec d'autres enfants, habillée de blanc, avec une ceinture rouge et une couronne de bougies sur la tête. Puis est entonnée la traditionnelle chanson de Sainte-Lucie et l'on boit du *glögg* et mange des gâteaux au safran pour préparer Noël. Une fête pleine de charme et de douceur, avec souvent une belle chorale qui accompagne le défilé. Frissons assurés !

FESTIVAL DE LA BIÈRE ET DU WHISKY

6 Augustendalstorget

✆ +46 8 662 94 94

www.stockholmbeer.se

A lieu entre septembre et octobre.
Billets disponibles en ligne.

Mi-septembre ou début octobre, l'un des plus grands salons de spiritueux du monde se tient à Nacka, en banlieue nord de Stockholm. Plus de 1 400 exposants... mais l'entrée est payante ! Mais le festival qui, en 2022, fête ses 30 ans, est vraiment amusant et sympathique ! C'est une façon originale de faire connaissance de la culture locale. Vous y trouverez des brasseries et distilleries venant du monde entier, avec des dégustations, des compétitions, et des séances d'apprentissage.

FÊTE NATIONALE SUÉDOISE

Kungliga slottet

Fête nationale célébrée le 6 juin.

Chaque année, le 6 juin, la Fête nationale suédoise célèbre l'indépendance de la Suède (1523), lors du couronnement du roi Gustav Vasa, premier roi de suède. Cette date marque simultanément la fin de l'Union de Kalmar, mettant un terme au règne des Danois sur le royaume de Suède. Aujourd'hui, le 6 juin peut être fêté au palais royal de Stockholm, où le roi invite le grand public à occuper à une grande partie du palais, le tout dans une atmosphère festive et joyeuse. L'hymne nationale *Du gamla, du fria* y est chanté.

FORMEX

1 Mässvägen
✆ +46 8749 41 00
www.formex.se
Ouvert le mercredi et le jeudi de 9h30 à 19h, le vendredi de 9h30 à 18h et le samedi de 9h30 à 17h

Formex est une foire dédiée à la décoration, au design, à l'art de vivre et à la mode. Depuis 1960, elle se tient deux fois par an, début janvier et fin août. Elle présente plus de 800 exposants. Chaque salon accueille environ 20 000 visiteurs et quelque 500 représentants des médias. Outre la possibilité de faire des affaires, le salon donne aux visiteurs des informations sur les tendances, de l'inspiration et des connaissances sur le design. Une occasion de voir de belles choses et peut-être de repartir avec des idées fraîches pour votre décoration !

KULTURFESTIVAL

1 Gustav Adolfs torg
www.kulturfestivalen.stockholm.se
Mi-août.

Vers la mi-août, toute la ville vibre au rythme de la culture pendant 5 jours. Des scènes sont dressées un peu partout, des concerts, spectacles, montgolfières, projections de films, et balades à thème animent Stockholm. Le point central de cette manifestation se trouve à la Kulturhuset, où l'on se procure le programme des festivités. Une période hautement recommandée pour les enfants, avec de nombreuses activités amusantes et folkloriques. Il n'y a pas à payer d'entrée pour le festival, qui accueille tous les ans plus d'un million de visiteurs !

LE FESTIN D'ÉCREVISSES

Deuxième mercredi d'août.

Durant la haute saison, fin août, on trouve de nombreuses écrevisses dans les eaux du pays. Les Suédois en raffolent et ont même une fête réservée à leur dégustation : Kräftskiva. Ainsi, Le second mercredi du mois, les Suédois se réunissent pour déguster les nouvelles écrevisses cuites à l'aneth et arrosées d'un (ou plusieurs) verres d'eau de vie ! Si vous êtes dans le coin à cette période, ne soyez pas surpris de voir des groupes de Suédois ornés de chapeaux de papier colorés trinquer tout en chantant autour d'une table couverte d'écrevisses !

MARCHÉ DE NOËL À SKANSEN

www.skansen.se/en/christmasmarket
Ouvert du vendredi au dimanche entre 10h et 16h, uniquement autour du Noël.

Datant de 1903, faites l'expérience d'un Noël traditionnel et folklorique ! Il commence le premier jour de l'Avent et se termine autour du réveillon. Très populaire, ce marché rassemble chaque année des milliers de Stockholmois et de touristes sur le site du musée en plein air. On y trouve tout ce qui faisait les Noël d'autrefois : artisanat, costumes traditionnels, bonbons, pain à l'ancienne, vin chaud, amandes grillées... En Suède, Noël devient réellement magique. Voici un évènement hautement recommandé pour les enfants et les familles !

MIDNATTSLOPPET

www.midnattsloppet.com
A lieu en août.

Midnattsloppet Stockholm est une course annuelle de 10 km sur l'île de Södermalm. Le départ se fait habituellement sur Ringvägen (en dehors de la piste d'athlétisme Zinkensdamms IP) et l'arrivée sur Hornsgatan. Le parcours est assez difficile, particulièrement la colline menant à l'église de Sofia. Si vous ne voulez pas participer au parcours de 10 km, vous avez l'option de faire uniquement celui de 5 km. Une course festive accompagne ce marathon, appelée *Maskerad*, où l'on court déguisé ! Rendez-vous sur leur site Internet pour en savoir plus.

REMISE DU PRIX NOBEL

Le 10 décembre.

Le jour de l'anniversaire de la mort d'Alfred Nobel, les prix éponymes sont remis à la Konserthuset, sur Hötorget (le prix Nobel de la paix est le seul à être remis à Oslo, en Norvège). Seuls les invités peuvent assister à la cérémonie. Ensuite, le grand dîner et le bal se déroulent dans le grand hall bleu du Stadshus, l'hôtel de ville. Cependant, une certaine effusion règne dans la capitale pendant cette période et souvent, des évènements sont organisés pour le public (parfois des conférences où certaines personnalités sont invitées).

SKÄRGÅRDSBÅTENS DAG

A lieu début juin

La journée des bateaux de l'archipel ! Début juin, toute la flotte de navires à vapeur et autres embarcations de transport de passagers quittent Strömkajen pour rallier l'île de Vaxholm, à une heure et demie de la capitale. Une joyeuse fête se tient alors dans la petite ville. L'occasion de voir la « flotte à vapeur » quitter Stockholm ! Cette festivité fut fêté la première fois en 1964 avec des bateaux à vapeur. Depuis, l'événement s'est agrandi pour inclure plusieurs bateaux de l'archipel et des milliers de passagers et de spectateurs !

STOCKHOLM FASHION WEEK

https://stockholmfashionweek.se

Début février.

Parmi les merveilles du design scandinave se trouve, évidemment, sa culture de la mode, qui est reconnue partout dans le monde non seulement pour son esthétique unique mais aussi pour son industrie courageuse, qui confronte les questions écologiques concernant le futur du domaine. Poussant à imaginer une mode durable et responsable, Stockholm se met en avant en tant que capitale verte de l'industrie du design. Durant la Fashion Week, vous découvrirez de jeunes stylistes issus de milieux différents, à travers des défilés et évènements en ville.

SMAKA PÅ STOCKHOLM

www.smakagoodfoodfestival.se

Début juin.

La première semaine du mois de juin, Kungsträgården se transforme en festival culinaire. Des stands investissent la grande place, et l'on peut goûter à toutes sortes de mets tout en buvant une bière artisanale. Concerts et performances sont au programme, ainsi que duels entre cuisiniers. Les amoureux de la cuisine peuvent même participer à des ateliers pour apprendre à réaliser leurs plats préférés avec des cuisiniers renommés ! Chaque année, vous découvrirez plus de 200 plats différents, préparés par plus de 65 chefs cuisiniers, boulangers et artisans.

STOCKHOLM FILM FESTIVAL

103 62

✆ +46 08677 50 00

www.stockholmfilmfestival.se

Aux alentours de mi-novembre dans différents cinémas.

Le Stockholm International Film Festival a débuté en 1990 et est l'un des principaux festivals de cinéma en Europe. Si vous êtes à Stockholm aux alentours de la mi-novembre, vous pourrez assister à des projections de films du monde entier, dans des cinémas différents à travers Stockholm. C'est une façon amusante et intime de découvrir la vie culturelle à Stockholm, à travers ses cinémas et son public de cinéphiles suédois. Le festival est fréquenté par des centaines de cinéastes, et, depuis sa création, a accueilli des célébrités.

STOCKHOLM DESIGN WEEK

www.stockholmdesignweek.com

La plupart des expositions, soirées et installations sont ouvertes au grand public.

Voici l'événement le plus important de l'année pour le design scandinave ! Stockholmsmässan organise l'incontournable Stockholm Design Week au mois de février (en lien avec Stockholm Furniture & Light Fair) mais aussi Summer Design Week en août (en lien avec Formex). Vous aurez des événements à ne pas manquer pour tous les passionnés d'art et de design. L'évènement se penche sur une célébration du design scandinave, devenant un point de rencontre pour des acheteurs, architectes, designers, et des influenceurs du monde entier. Jusqu'à 400 évènements !

STOCKHOLM JAZZ FESTIVAL

stockholmjazz.se

Mi-octobre.

Traditionnellement organisé sur Skeppsholmen, ce festival qui accueille la crème des artistes de jazz et de blues du monde entier a déménagé en 2011 à Skansen, sur l'île de Djugården. Y étaient alors présents Lizz Wright, Sean Kuti, Cassandra Wilson, Angie Stone… En tout, des dizaines de concerts pendant 3 jours. Depuis 2012, le festival se déroule en intérieur, sur les meilleures scènes de Stockholm. Les derniers concerts sont généralement diffusés en direct par la chaîne de télévision française Mezzo. Le festival se déroule sur plusieurs scènes.

VALBORG [LA NUIT DE WALPURGIS]

www.skansen.se

Chaque année, le 30 avril.

Le 30 avril de chaque année les Suédois célèbrent l'arrivée du printemps lors de la fête de Valborgsmässoafton, plus communément appelée Valborg. À la nuit tombée, on allume des feux partout dans la ville et l'on passe la soirée à chanter et festoyer pour marquer la fin de l'hiver. À Stockholm, le musée de Skansen est l'endroit idéal pour prendre part aux festivités dans un cadre traditionnel suédois. Cependant, la fête a lieu absolument partout dans le pays.

STOCKHOLM MARATHON

www.stockholmmarathon.se

Fin mai, début juin.

Traditionnellement à la fin du mois de mai ou début juin, le marathon de Stockholm accueille des milliers de coureurs en provenance de plus d'une centaine de pays en compétition. Après 42 195 mètres, le *finish* se déroulera comme à l'accoutumée, au stade olympique de Stockholm, là où 83 records mondiaux sont officiellement reconnus en athlétisme. Traversant la ville à travers 14 îles et îlots, la course offre des vues spectaculaires, voyageant entre nature et centre-ville. Un évènement qui fait vibrer tout Stockholm. *Välkommen* !

STOCKHOLM PRIDE

✆ +468 428 421 54

www.stockholmpride.org

Fin juillet.

La Gay Pride de Stockholm est un évènement à ne pas manquer. C'est l'une des plus grandes parades d'Europe, et les habitants de tout le pays font le déplacement afin de célébrer la communauté LGBTQ+. C'est chaque année, à la fin du mois de juillet, pendant quatre jours. Les bars, les restaurants, les bus et les panneaux d'affichages de la ville se mettent aux couleurs de l'arc-en-ciel et la fête bat son plein. Un réseau d'organisations et de volontaires font en sorte que la parade et tous les événements se déroulent dans le meilleur esprit possible.

Valborg.

SE REPÉRER / SE DÉPLACER

Les réseaux de transports de la capitale sont très développés et vous n'aurez aucun problème à circuler, quelle que soit l'heure et quel que soit le jour. Pour le centre-ville, on peut faire beaucoup de choses à pied, à vélo ou même en trottinette électrique. On trouve ces dernières partout en ville, mais attention, le prix de la course peut parfois surprendre ! Les bus sont très pratiques lorsqu'on en a marre de marcher ou si l'on veut plus de confort. Et pour les trajets un peu plus longs, n'hésitez pas à prendre le Tunnelbana, le métro, qui dessert tous les points névralgiques de la ville. Le prix des transports est assez élevé, aussi, si vous prévoyez de les utiliser souvent, il est plus avantageux de prendre un Pass à la semaine ou au week-end. Les tickets et les Pass peuvent être achetés sur l'application SL et il suffit ensuite de scanner le code barre qui apparaît sur votre smartphone pour valider votre ticket !

Djugården et Gärdet
Strandvägen
Villa Källhagen
Djurgårdsbrunnsvägen
Musée Maritime (Sjöhistoriska Museet)
Musée Ethnographique
Museivägen
Techniska Museet
Kaknäsvägen
Hunduddsvägen
Riddargatan
Banérgatan
Narvavägen
Ulrikagatan
Storgatan
Dag Hammarskjölds Väg
Laboratoriег.
Nobelgatan
Nobelparken
Djurgårdsbrunnsviken
Junibacken
Sjöcafeet
Galärparken
Galärvarvsvägen
Josefina
Musée Vasa (Vasamuseet)
Villa Godthem
Flickorna Helin
Rosendalsvägen
Wärdshuset Ulla Winbladh
Rosendals Trädgård
Manillavägen
The Baltic Sea Center
Skansen
Koloniträdgård
Glöd
Vikingaliv (Musée Viking)
Vrak Museum
Musée Nordique
Hazeliusbacken
Café Petissan
Kökträdgård
Liljevalchs (Musée d'Art Contemporain)
Hasselbacken
Tre Byttor
Restaurangen Blå Porten
Hotel Hasselbacken
Skansen Aquarium
Skånegården
Sirishovsv.
Valmundsv.
Djurgården
Skeppsholmen
ABBA The Museum
Pop House Hotel
Skansenbutiken
Musée du Snus et des Allumettes
Allmänna Gr.
Singelbacken
Sollidsbacken
Lilla Allmänna Gränd
Långa Gatan
Mamma Mia ! The Party
Lilla Hasselbacken
Djurgårdsvägen
Bergsjölundsv.
Gröna Lund
Kastellholmen
Svenska Seglarskola
Ryssviksvägen
Skroten Café & Skeppshandel
Oaxen Slip
Café Ekorren
Biskopsvägen
Prins Eugens Väg
Beckholmen
Prins Eugens

Kungsholmen
SCHNITZELEI
AG RESTAURANT ET TAPAS BAR
BOLIA.COM
HAGA TARTCOMPANI & BAGERI
HOTEL FRIDHEM
CAFÉ FIX
KRONOBERGSPARKEN
MISS WARGENTIN
AGNES
CITY HOSTEL
Fridhemsplan
Kronobergsparken
COURTYARD MARRIOTT STOCKHOLM KUNGSHOLMEN
FIRST HOTEL FRIDHEMSPLAN
Rådhuset
Piperska Trädgården
WILMER KAFFEBAR
LODGE32 HOSTEL STOCKHOLM
Pontonjärparken
Rålambshovsparken
BOULEBAR
PETITE FRANCE
MÄLARPAVILJONGEN
BAIGNADE À SMEDSUDDSBADEN
RALIS KAJAK
ORANGERIET
HÔTEL DE VILLE
Borgargården
E4.25
Ångströmsg.
Fleminggatan
Sankt Göransgatan
Sankt Eriksgatan
Kronoberg.
Inedalsgatan
Polhemsgatan
Bärarv.
Mariebergsgatan
Arbetargatan
Fridhemsgatan
Kronobergsgatan
Parkgatan
Celsiusgatan
Hjärneg.
Norra Agneg.
Scheelegatan
Pipersgatan
Finsens Väg
Drottningholms-
Kungsholmsgatan
Kungsgatan
Kungsbron
Klarastrandsleden
Lilla Bantorget
Barnhusg.
Norra Bantorget
Olof Palmes Gata
Vasagatan
Västra Järnvägsgatan
Blekholmsgatan
Blekholmsterr.
Kungsbro Strand
Klarabergsviadukten
Sysslomansgatan
Lilla Västerbron
Karlsviksgatan
Bergsgatan
Kungsklippan
Rålambshovsleden
Norr Mälarstrand
Pontonjärgatan
Södra Agneg.
Hantverkargatan
Parmmätargatan
Kaplansbacken
Västerbron
Västerbronedfarten
Smedsuddsvägen
Pilgatan
Kungsholmstorg
Garvargatan
Skillinggränd
Hantverkarg.
Klara Mälarstrand
Norr Mälarstrandskajen
230 M

Tegelbacken
Fredsgatan
Strömmen
Klara Mälarstrand
Strömgatan
Riksbron
Riksgatan
Mälaren
Vasabron
Strömsborg
Strömsborgsbron
Stallbron
Kanslikajen
Centralbron
Rådhusgränd
Riddarhuskajen
Riddarhusgränd
Myntgatan
Salviigr
Norra Riddarholmshamnen
Schering Rosenhanes Gränd
Arkivgatan
Brantingtorg
PALAIS DE LA NOBLESSE
Riddarhustorget
Tryckerig.
Arkivgatan
Storkyrk
COLLECTOR'S L
SHOGUN
Stora Gråmunkeg
TAKVANDRING SVERIGE
STAMPEN
Evert Taubes Terrass
Evert Taubes Terrass
Riddarholmen
Birger Jarls Torg
E4.25
Birger Jarls Torg
GRÖN HERMITAGE
Ignati
Gåsg
Stora Nyg
Munkbron
Wrangelska Backen
ÉGLISE DE RIDDARHOLMEN
Gåsgränd
Hebbes Trappa
BAKFICKAN DJURET
Gymnasiegränd
Södra Riddarholmshamnen
COLLECTOR'S VICTORY HOTEL
POSTMUSE (MUSÉE DE
Munkbrogatan
GAMLA STANS CYKEL
Munkbrohamnen
Schön
Gamla Stan
M
THE FLYING
Munkbrohamnen
Mälartorg
70 M

Gamla Stan
Musée du Moyen Âge (Medeltidsmuseet)
Norrbro
Strömbron
Slottskajen
Lejonbacken
Logården
Inre Borggården
Yttre Borggården
Högvaktsterrassen
Armurerie Royale
Slottsbacken
Palais Royal de Stockholm
Cathédrale (Storkyrkan)
Hotel
Trångsund
Källargr.
Trädgårdsgatan
Bollhusgränd
Telegrafgränd
Skeppar Karls Gränd
Bredgränd
First Hotel Reisen
Fem Små Hus
Kråkgränd
Österlånggatan 17
Castle House Inn
Brunnsgränd
Österlånggatan
Skeppsbron
Musée Nobel (Nobelmuseum)
Wooden Horse Museum
Stortorget
Köpmangatan
Köpmantorget
Charlotte Nicolin
Brända Tomten
Chokladkoppen
Grillska Huset
Pharmarium
Kaffekoppen
Castanea Hostel
Skottgränd
Hôtel Gamla Stan
Stora Hoparegr.
Drakens Gränd
Hotell Skeppsbron
Ferkens Gränd
Gaffelgr.
Kryp In
Västerlånggatan
Skomakargatan
Kindstugatan
Själagårdsgatan
Baggensgatan
Skräddargr.
Prästgatan
Apartdirect Gamla Stan II
Svartmangatan
Chaikhana
Tyska Skolgr.
Pelikansgr.
Znogg
Tyska Brunnsplan
Stockholm Ghost Walk
Tyska Brinken
Johannesgränd
Archipelago Hostel Old Town
Stiernan Ramen
Packhusgränd
Kagges
Sjätte Tunnan
Handfaste - Magasin Viking
Den Gyldene Freden
Ardbeg Embassy
Lejonstedts Gränd
Mårten Trotzig
Tullgränd
Skeppsbrokajen
Kornhamnstorg
Funckens Gr.
Järntorg.
Järntorget
Norra Bankogränd
Södra Bankogr.
Zum Franziskaner Bakfickan
Munkbroleden
Kolingen
Triewaldsgränd
Järntorgsgatan
Norra Dryckesgr.
Södra Dryckesgr.
Karl Johans Torg

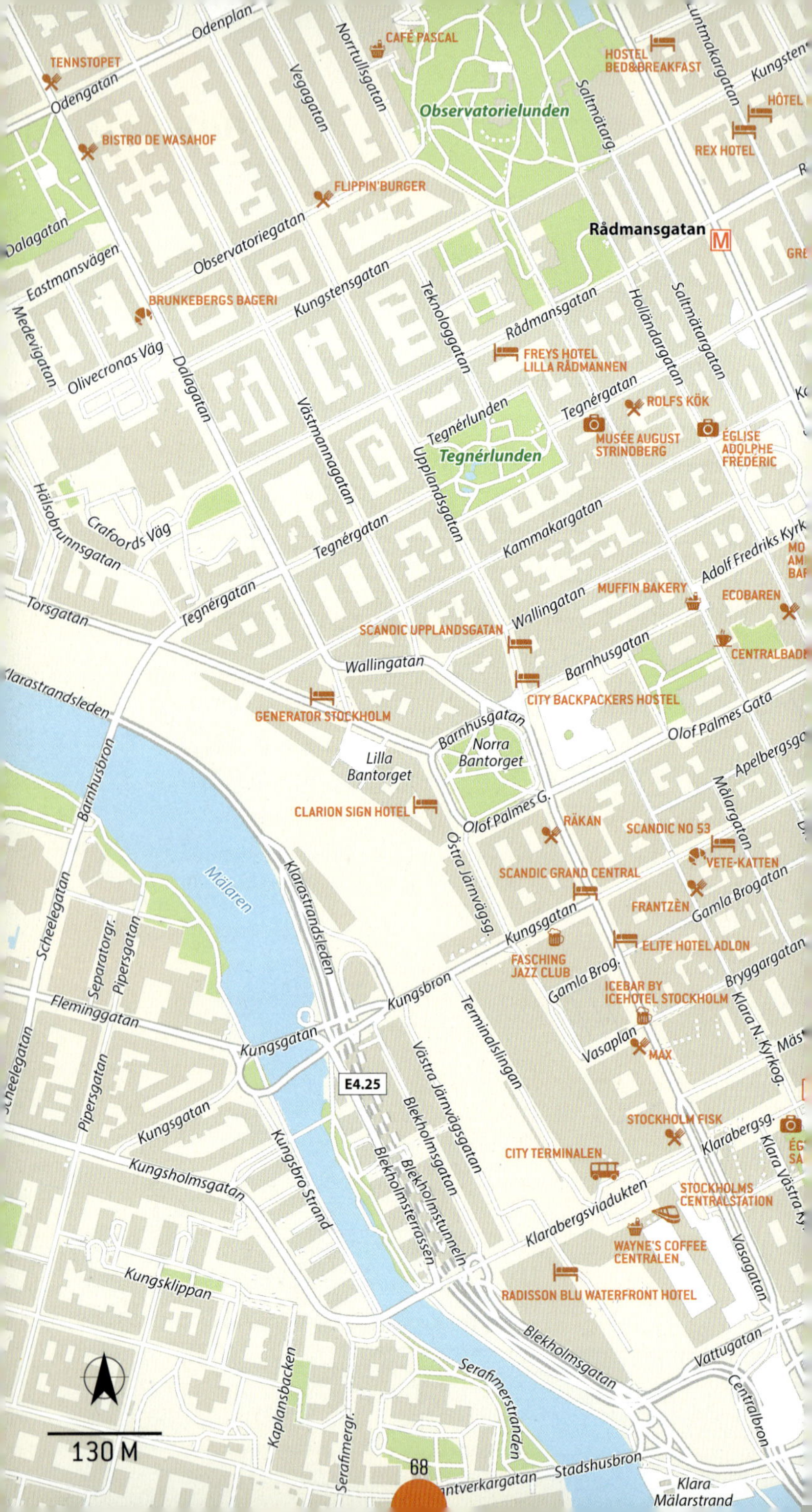
Odenplan
Odengatan
TENNSTOPET
CAFÉ PASCAL
Norrtullsgatan
Vegagatan
Observatorielunden
Saltmätarg.
HOSTEL BED&BREAKFAST
Luntmakargatan
Kungstens
HÔTEL
REX HOTEL
BISTRO DE WASAHOF
FLIPPIN'BURGER
Dalagatan
Eastmansvägen
Observatoriegatan
Rådmansgatan
Kungstensgatan
BRUNKEBERGS BAGERI
Medevigatan
Olivecronas Väg
Dalagatan
Teknologgatan
Rådmansgatan
Holländargatan
Saltmätargatan
FREYS HOTEL LILLA RÅDMANNEN
Västmannagatan
Tegnérlunden
Tegnérgatan
ROLFS KÖK
MUSÉE AUGUST STRINDBERG
ÉGLISE ADOLPHE FRÉDÉRIC
Tegnérlunden
Upplandsgatan
Hälsobrunnsgatan
Crafoords Väg
Tegnérgatan
Kammakargatan
Adolf Fredriks Kyrk
Torsgatan
Tegnérgatan
MUFFIN BAKERY
ECOBAREN
Wallingatan
SCANDIC UPPLANDSGATAN
CENTRALBAD
Wallingatan
Barnhusgatan
Klarastrandsleden
GENERATOR STOCKHOLM
CITY BACKPACKERS HOSTEL
Barnhusgatan
Norra Bantorget
Olof Palmes Gata
Lilla Bantorget
Apelbergsga
Barnhusbron
CLARION SIGN HOTEL
Olof Palmes G.
RÄKAN
SCANDIC NO 53
Målargatan
VETE-KATTEN
Mälaren
Klarastrandsleden
Östra Järnvägsg.
SCANDIC GRAND CENTRAL
FRANTZÈN
Gamla Brogatan
Scheelegatan
Separatorgr.
Pipersgatan
Kungsgatan
FASCHING JAZZ CLUB
ELITE HOTEL ADLON
Gamla Brog.
ICEBAR BY ICEHOTEL STOCKHOLM
Bryggargatan
Fleminggatan
Kungsbron
Terminalslingan
Klara N. Kyrkog.
Kungsgatan
Vasaplan
MAX
E4.25
Scheelegatan
Pipersgatan
Kungsgatan
Västra Järnvägsgatan
STOCKHOLM FISK
Klarabergsg.
Kungsbro Strand
Blekholmsgatan
CITY TERMINALEN
Klara Västra Ky.
Kungsholmsgatan
Blekholmsterrassen
Blekholmstunneln
Klarabergsviadukten
STOCKHOLMS CENTRALSTATION
WAYNE'S COFFEE CENTRALEN
Vasagatan
Kungsklippan
RADISSON BLU WATERFRONT HOTEL
Blekholmsgatan
Vattugatan
Serafimerstranden
Kaplansbacken
Centralbron
Serafimergr.
Stadshusbron
Klara Mälarstrand
130 M

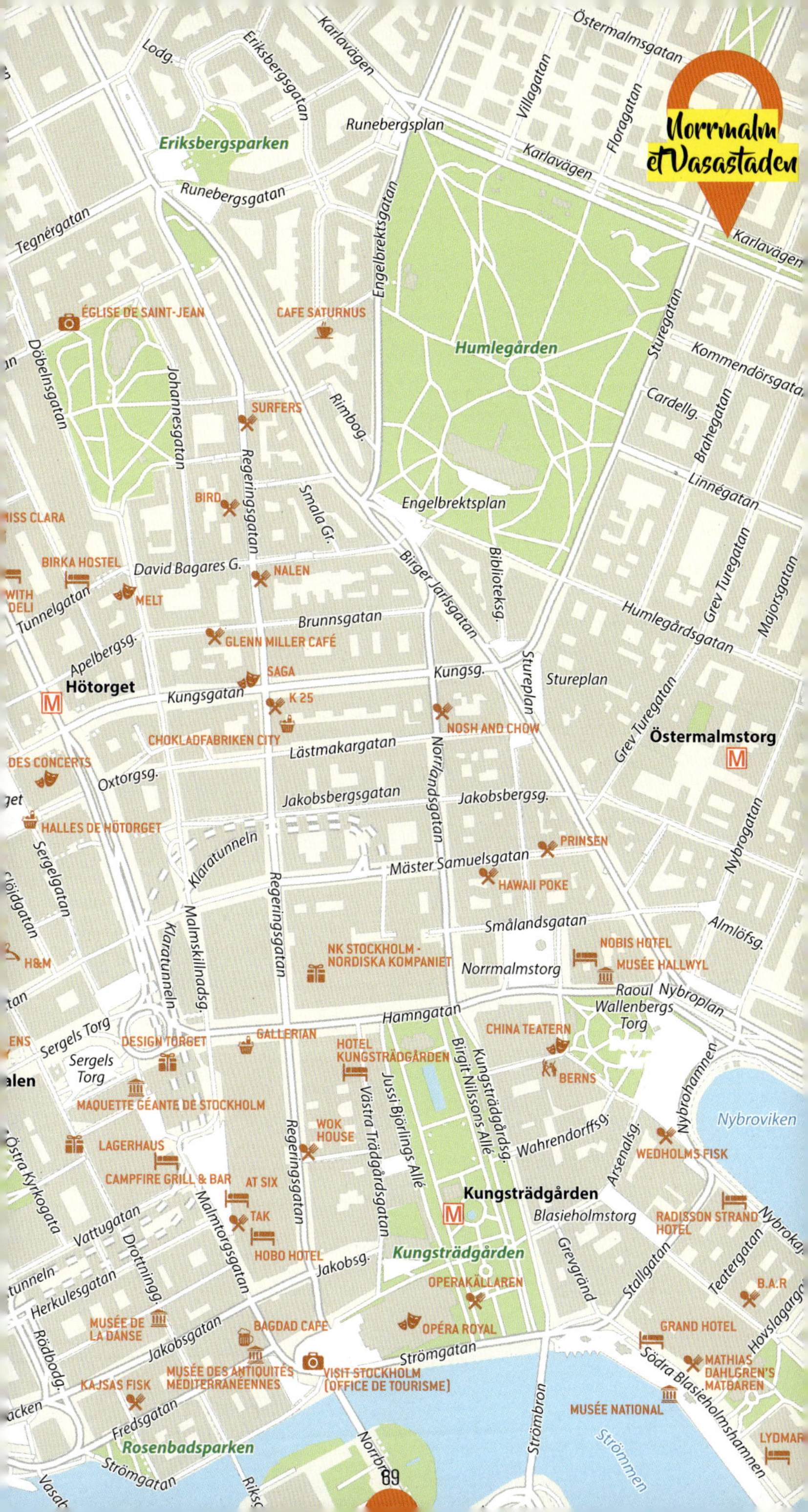
Norrmalm et Vasastaden
Östermalmsgatan
Karlavägen
Lodg.
Eriksbergsgatan
Villagatan
Floragatan
Runebergsplan
Eriksbergsparken
Karlavägen
Runebergsgatan
Tegnérgatan
Engelbrektsgatan
Karlavägen
ÉGLISE DE SAINT-JEAN
CAFE SATURNUS
Humlegården
Sturegatan
Kommendörsgatan
Döbelnsgatan
Johannesgatan
SURFERS
Rimbog.
Cardellg.
Brahegatan
Smala Gr.
Regeringsgatan
Engelbrektsplan
Linnégatan
BIRD
MISS CLARA
BIRKA HOSTEL
David Bagares G.
NALEN
Birger Jarlsgatan
Biblioteksg.
Grev Turegatan
Majorsgatan
WITH DELI
Tunnelgatan
MELT
Brunnsgatan
Humlegårdsgatan
GLENN MILLER CAFÉ
Apelbergsg.
SAGA
Kungsg.
Stureplan
Stureplan
Hötorget
Kungsgatan
K 25
Grev Turegatan
NOSH AND CHOW
CHOKLADFABRIKEN CITY
Östermalmstorg
Lästmakargatan
Norrlandsgatan
DES CONCERTS
Oxtorgsg.
Jakobsbergsgatan
Jakobsbergsg.
HALLES DE HÖTORGET
PRINSEN
Nybrogatan
Klaratunneln
Mäster Samuelsgatan
Sergelgatan
HAWAII POKE
Regeringsgatan
Malmskillnadsg.
Klaratunneln
Smålandsgatan
Almlöfsg.
NOBIS HOTEL
NK STOCKHOLM - NORDISKA KOMPANIET
MUSÉE HALLWYL
H&M
Norrmalmstorg
Raoul Wallenbergs Torg
Nybroplan
Hamngatan
Sergels Torg
DESIGN TORGET
GALLERIAN
HOTEL KUNGSTRÄDGÅRDEN
CHINA TEATERN
Birgit Nilssons Allé
Kungsträdgårdsg.
Sergels Torg
BERNS
Nybrohamnen
MAQUETTE GÉANTE DE STOCKHOLM
Västra Trädgårdsgatan
Jussi Björlings Allé
Nybroviken
Östra Kyrkogata
LAGERHAUS
WOK HOUSE
Wahrendorffsg.
Arsenalsg.
WEDHOLMS FISK
CAMPFIRE GRILL & BAR
AT SIX
Kungsträdgården
Malmtorgsgatan
Regeringsgatan
Blasieholmstorg
RADISSON STRAND HOTEL
Vattugatan
TAK
Grevgränd
Stallgatan
Drottningg.
HOBO HOTEL
Kungsträdgården
Jakobsg.
Teatergatan
Herkulesgatan
OPERAKÄLLAREN
B.A.R
MUSÉE DE LA DANSE
BAGDAD CAFE
OPÉRA ROYAL
GRAND HOTEL
Jakobsgatan
Strömgatan
Rödbodg.
MUSÉE DES ANTIQUITÉS MÉDITERRANÉENNES
VISIT STOCKHOLM (OFFICE DE TOURISME)
MATHIAS DAHLGREN'S MATBAREN
Södra Blasieholmshamnen
KAJSAS FISK
MUSÉE NATIONAL
Fredsgatan
Strömbron
Rosenbadsparken
Strömmen
LYDMAR
Strömgatan
Hovslagargatan
Nybrokajen

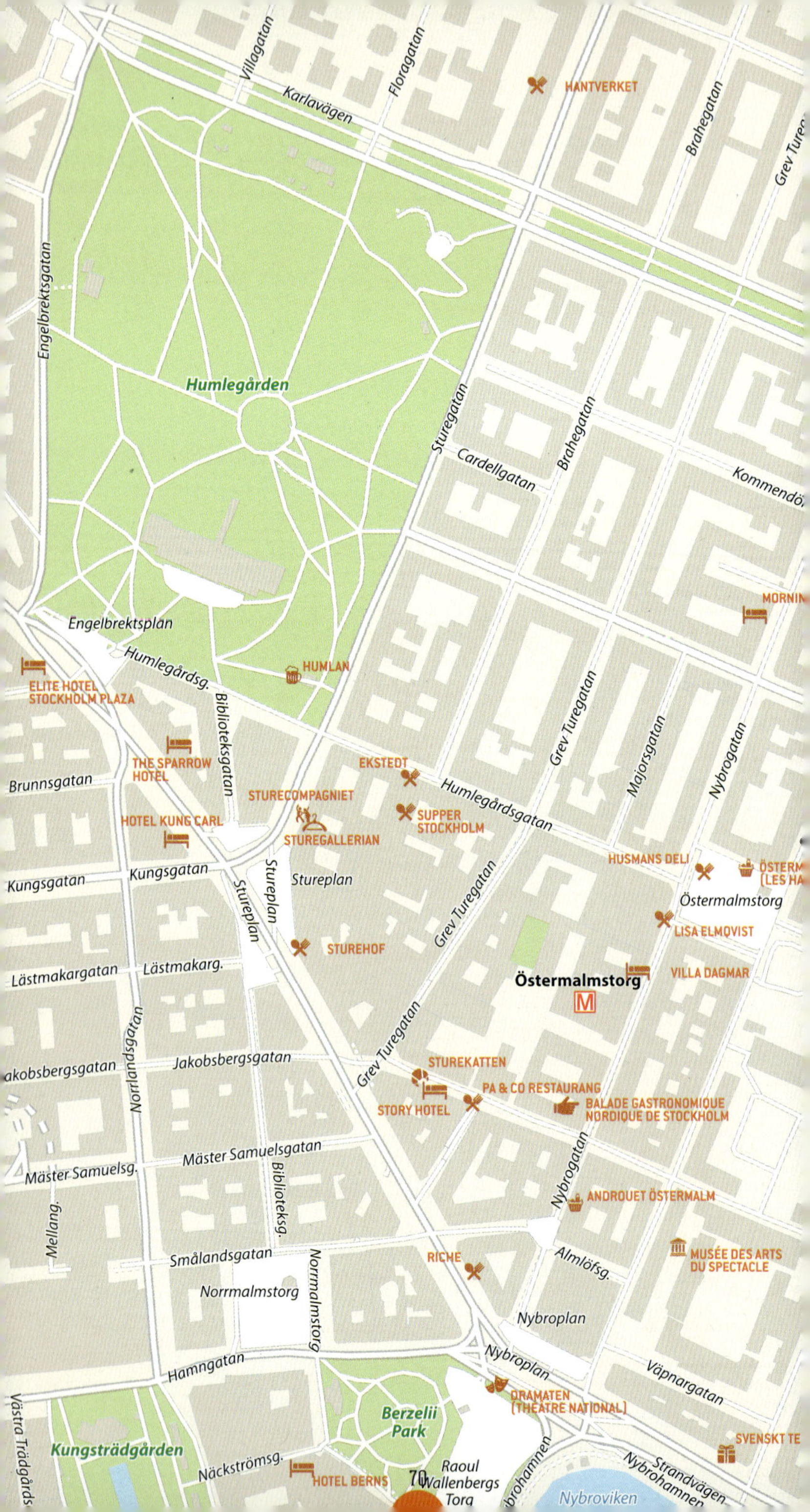
Villagatan
Floragatan
Karlavägen
HANTVERKET
Brahegatan
Grev Turegatan
Engelbrektsgatan
Humlegården
Sturegatan
Cardellgatan
Brahegatan
Kommendörsgatan
MORNING
Engelbrektsplan
Humlegårdsg.
HUMLAN
ELITE HOTEL STOCKHOLM PLAZA
Biblioteksgatan
Grev Turegatan
Majorsgatan
Nybrogatan
THE SPARROW HOTEL
EKSTEDT
Humlegårdsgatan
Brunnsgatan
STURECOMPAGNIET
SUPPER STOCKHOLM
HOTEL KUNG CARL
STUREGALLERIAN
HUSMANS DELI
Kungsgatan
Kungsgatan
Stureplan
Stureplan
Stureplan
Grev Turegatan
Östermalmstorg
LISA ELMQVIST
STUREHOF
Lästmakargatan
Lästmakarg.
Östermalmstorg
VILLA DAGMAR
M
Norrlandsgatan
Jakobsbergsgatan
Jakobsbergsgatan
Grev Turegatan
STUREKATTEN
PA & CO RESTAURANG
BALADE GASTRONOMIQUE NORDIQUE DE STOCKHOLM
STORY HOTEL
Mäster Samuelsg.
Mäster Samuelsgatan
Biblioteksg.
Nybrogatan
ANDROUET ÖSTERMALM
Mellang.
Smålandsgatan
Normalmstorg
RICHE
Almlöfsg.
MUSÉE DES ARTS DU SPECTACLE
Norrmalmstorg
Nybroplan
Hamngatan
Nybroplan
Väpnargatan
DRAMATEN (THÉÂTRE NATIONAL)
Berzelii Park
Västra Trädgårds
Kungsträdgården
Näckströmsg.
HOTEL BERNS
Raoul Wallenbergs Torg
Nybrohamnen
Strandvägen
Nybrohamnen
Nybroviken
SVENSKT TE

Östermalm
Valhallavägen
Erik Dahlbergsgatan
Nybrogatan
Jungfrugatan
BEST WESTERN HOTEL KARLAPLAN
Erik Dahlbergsallén
Bältgatan
Tyskbagargatan
Nybrog.
Nybrogatan
Karlavägen
Karlavägen
Skeppargatan
Gösta
Bohmans Plats
Värtavägen
Grevgatan
STOCKHOLM
Karlaplan
Jungfrugatan
Artillerigatan
Karlaplan
Nybergsgatan
AUBERGINE
Styrmansgatan
Gumshornsg.
CITY APARTMENTS STOCKHOLM
Linnégatan
Narvavägen
Storgatan
TUDOR ARMS
Styrmansg.
Storgatan
MUSÉE HISTORIQUE
DE STOCKHOLM
Skeppargatan
Grevgatan
Styrmansgatan
Grev Magnigatan
Torstenssonsgatan
Kaptensgatan
120 M

LYDMAR
Museikajen
Skeppsholmsbron
Norra Brobänken
Slupskjulsvägen
Kinesiska Trädgården
ÖSTASIATISKA MUSEET
Tyghusplan
Salutbatteriet
Västra Brobänken
Kyrkslingan
Exercisplan
Amiralitetsbacken
STF AF CHAPMAN & SKEPPSHOLMEN
Flaggmansvägen
Holmamiralens Väg
MUSÉE D'ART MODERN
(MODERNA MUSEET)
Flaggmansvägen
Strömmen
Holmamiralens Torg
100 M

Skeppsholmen
Djurgården
Galärparken
Djurgårdsvägen
Saltsjön
Slupskjulsv.
Slupskjulsvägen
Slupskjulsvägen
ÉDOIS POUR
CTURE ET LE DESIGN
Svensksundsvägen
CROISIÈRES STROMMA
dsvägen
LÅNGA RADEN
RESTAURANT
Raden
HOTEL
SKEPPSHOLMEN
Gröna Gången
Amiralsvägen
Östra Brobänken
Örlogsvägen
Kastellholmen
Kastellholmskajen

Södermalm
450 M
Långholmsparken
Långholmen
BAIGNADE À LÅNGHOLMEN
STF VANDRARHEM LÅNGHOLMEN
Västerbron
Söder Mälarstrand
PATRICIA
Torkel Knutssonsgatan
RED BOAT MÄLAREN
ASCENSEUR KATARINA
MUSÉE DE LA VILLE
VIKING LINE
HÔTEL FRANTZ
NYSTEKT STRÖMMING
THÉÂTRE SÖDRA
SÖDRA TEATERN
FOTOGRAFISKA RESTAURANT
Stadsgårdsleden
HERMAN
WOODSTOCKHOLM
CHOKLADFABRIKEN
GREASY SPOON
KAFÉ 44
NOFO HOTEL
Strömmen
Saltsjön
Skeppsbron
Gamla Stan
Bastugatan
Tavastgatan
MAGNOLIA
KAOLIN
Hornsgatan
GALLERI BLÅS & KNÅDA
Götgatan
Bellmansgatan
Kvarngatan
OLIVER TWIST
Repslagarg.
Högbergsg.
MARIE LAVEAU
RIVAL HOTEL
Sankt Paulsg.
DROP COFFEE
Timmermansg.
Mariatorget
HELLSTEN GLASHUS
Maria Prästgårdsgata
MORFAR GINKO
Högbergsgatan
SNAPS
CARMEN
KVARNEN
FILMSTADEN SÖDER
SCANDIC MÄLMEN
Östgötagatan
HOTEL SÖDER
Folkungagatan
MEATBALLS FOR THE PEOPLE
Åsög.
Borgmästarg.
Klippg.
ÖSTGÖTAKÄLLAREN
Åsögatan
SWEDISH HASBEENS
SHANTI SOFT CORNER
Medborgarplatsen
CISSI OCH SELMA
COCTAIL
URBAN DELI
CHUTNEY
GILDAS RUM
PETSOUNDS BAR
FAROS
OCH HIMLEN DARTILL
E4.25
HOTEL POINT
PELIKAN
Renstiernas Gata
Vita Bergen
Gotlandsgatan
Ringv.
Katarina Bangata
Ölandsg.
SKANSTULLS VANDRARHEM
Metargatan
Blecktornsstigen
TEATERN RINGEN SKANSTULL
Bohusg.
Östgötagatan
Skanstullsbron
Söderleden
Tullgårdsgatan
Norra Hammarbyhamnen
Hammarby Sjö
Kaj
TRÄDGÅRDEN
ERIKSDALSBADET
Eriksdalslunden
Gräsg.
Veteg.
Rågg.
Eriksdalsgatan
Rapsg.
Vickergatan
Ringvägen
Blekingegatan
Helgagatan
Hallandsgatan
Tidellusgatan
Siarg.
Magnus Ladulåsgatan
Swedenborgsg.
Stockholm
Stockholms södra
GLADA STINSEN
Rosenlundsgatan
Maria Skolg.
Maria Bang.
Sjukhusbacken
Sachsgatan
Jägargatan
Tantogatan
Tantolundsvägen
BOULEBAR
Tantolunden
Årsta Holmar
Mälaren
Heleneborgsgatan
Skinnarviksringen
Zinkensdamm
Brännkyrkagatan
Lundagatan
HELLSTEN MALMGÅRD
Krukmakarg.
Krukmakargatan
TANTOLUNDEN
Zinkens Väg
HOTELL & VANDRARHEM ZINKENSDAMM
Ringv.
Högalidsg.
Högalidsgatan
Varvsgatan
Verkstadsg.
Slipgatan
Folkskolegatan
Långholmsg.
TJOGET
Hornsbruksgatan
Lignag.
Hornstull
VURMA
Bergsunds Strand
BIO RIO
Liljeholmsbron
Södertäljevägen
Årstaängsvägen

PRATIQUE

SE REPÉRER / SE DÉPLACER

DE L'AÉROPORT AU CENTRE-VILLE

- **L'Arlanda Express** part toutes les 15 minutes de l'aéroport ou de la gare centrale avec un temps de trajet de 20 minutes, et un billet coûte 299 SEK l'allée.

- **Les taxis** ont un prix fixe entre 450 SEK et 500 SEK pour des trajets pour l'aéroport. Il faut toujours vérifier avec son chauffeur avant de confirmer le trajet.

- **Navettes entre Stockholm Central et l'aéroport de Bromma** : entre 89 et 99 SEK l'aller et entre 178 et 198 SEK l'aller-retour pour un adulte de plus de 26 ans – www.flygbussarna.se.

- **Navettes entre City Terminalen et l'aéroport de Stockholm-Arlanda** : entre 109 et 119 SEK (jeunes/adultes) l'aller, et 178 et 198 SEK l'aller-retour. Dès la sortie de l'avion, dans l'espace de dépôt de bagages, se trouvent des machines qui vendent des billets par carte bancaire. Autrement, les billets peuvent être achetés à l'arrêt de bus. Les navettes se suivent toutes les 10 minutes et prennent environ 45 minutes pour atteindre le centre-ville, Cityterminalen, en face de la gare centrale – www.flygbussarna.se.

- **Navettes entre City Terminalen et l'aéroport de Stockholm-Skavsta** : billets jeunes et adultes entre 179 et 199 SEK l'aller, et entre 358 et 398 SEK l'aller-retour. Petite astuce : achetez les billets sur Internet pour des prix plus intéressants ! Le trajet dure environ 1h10 – www.flygbussarna.se.

- **En voiture pour Stockholm-Arlanda,** empruntez l'autoroute E4 en direction du nord et suivre les panneaux indiquant l'aéroport. Depuis Uppsala, prendre l'autoroute E4 vers le sud et surveiller les indications.

ARRIVÉE EN TRAIN

- **Gare centrale de Stockholm (Stockholms Centralstation)** – Centralplan 15. +46 841 06 26 00. www.dinstation.se – info@jernhusen.se. Située dans Norrmalm, sur Vasagatan, le hall central est ouvert du lundi au dimanche, de 3h à 2h15. Achat de billets de trains auprès de SJ Resebutik (+46 771 75 75 75 – www.sj.se – kundservice@sj.se, du lundi au dimanche entre 6h et 22h). WiFi disponible. On y trouve aussi le métro (Tunnelbana), les trains de banlieue et l'Arlanda Express.

- **Aéroport de Stockholm-Arlanda** – 190 45 Stockholm-Arlanda.

- **billets de train** : www.sj.se

ARRIVÉE EN BATEAU

Pour les déplacements vers l'archipel, plusieurs compagnies proposent des départs depuis Nybroviken (Östermalm), Strömkajen (face au Grand Hôtel), Stadshuskajen (en face de l'hôtel de ville) et le palais royal.

- **Värtahamnen Stockholm** – Södra Hamnvägen 46.

- **Frihamnen** – les ferries de Tallink Silja Line partent de Riga (Lettonie). Frihamnen, Magazin 2, Tallink-Terminal.

- **Stadsgarden** – Le terminal Viking Line à Stockholm est situé dans le port Stadsgårdsterminalen.

- **Tallink Silja Line** : Hamnpirsvagen 10. +46 8 22 21 40 – www.tallinksilja.com – internationa.sales@tallinksilja.com. Le service client est disponible du lundi au vendredi de 8h à 16h30. Pour des voyages entre la Suède et la Finlande, ainsi que dans les pays baltes. Départ quotidiens toute l'année depuis le port de Värtahamnen vers Helsinki, Turku et Tallinn. Depuis Stockholm Frihammen vers Riga et Aland.

- **Viking Line** : Stadsgården. +46 8 452 41 00 – www.vikingline.se – reception.vl@vikingline.se. Le service client est disponible du lundi au vendredi de 8h à 20h et le week-end de 9h à 18h. Viking Line est une compagnie maritime finlandaise qui dessert en ferry la Finlande, l'île d'Åland, l'Estonie et la Suède.

TRANSPORTS EN COMMUN

Les transports en commun, que ce soit le métro, bus ou bateau, n'utilisent pas de ticket mais des paiements sans contact avec une carte bancaire. Cependant, il n'est pas recommandé d'utiliser votre carte bancaire pour les transports en commun car vous risquez d'être débité d'un frais supplémentaire dû au changement de devise. Il est mieux de prendre un pass transport approprié au temps de votre séjour. Pour un séjour long, vous pouvez faire comme les locaux : payer 970 SEK pour 30 jours avec un accès illimité au Tunnelbana, aux bus et au Pendeltåg (le RER local). Pour un séjour court vous avez plusieurs options : le pass Stockholm, le ticket à l'unité, billets sur application mobile, ou une carte SL. Une carte de transport pour la semaine, qui fonctionne aussi sans contact, coûte 430 SEK.

Tunnelbana : représenté par un grand T bleu sur fond blanc, le métro de Stockholm s'organise autour de trois lignes principales (rouge, verte et bleue) qui se croisent toutes à la gare centrale, T-Centralen. Il y a des tarifs réduits pour les moins de 20 ans et les plus de 65 ans.

Bus : City Terminalen est la gare routière de Stockholm, (72 Klarabergsviadukten – www.cityterminalen.com) et reste ouverte de 3h00 à 2h15.

Stockholm SL : https://sl.se – pour horaires, trajets et infos.

Le pass Stockholm : (Go Stockholm Pass) dure entre 1 et 5 jours. Un pass de 1 jour coûte entre 1 205 SEK (enfant) 2 465 SEK (adulte), avec lequel vous pouvez visiter autant de musées et d'attractions que vous voulez. Attention, ce pass ne comprend pas les transports (à acheter séparément).

Le ticket à l'unité : 32 SEK, 22 SEK tarif réduit – Chaque trajet coûte 2 coupons. On peut se les procurer au guichet ou à un distributeur automatique. Attention, un ticket directement acheté au conducteur sur la ligne de tramway 7 coûtera 64 SEK. Sans ticket, vous encourez une pénalité de 1 500 SEK plus le prix d'un ticket journée.

Billets sur application mobile : en téléchargeant l'application SL, vous n'aurez pas besoin de carte supplémentaire pour payer vos trajets, qui ont le même prix sur l'application mobile. Vous y trouverez des pass d'une semaine ou même de 30 jours. Pour un billet de 24h : 165 SEK, pour 72h : 330 SEK, et pour une semaine : 430 SEK.

La carte SL : La smart card SL sur laquelle vous pouvez ajouter des trajets coûte 20 SEK pour activer. Le tarif est équivalent à l'ajout de tickets à l'unité sur une même carte.

Tarifs réduits pour les enfants, personnes de moins de 20 ans, étudiants de plus de 20 ans, et les personnes âgées.

VÉLO, TROTTINETTE & CO

Stockholm est une ville idéale pour se balader à vélo. La topographie s'y prête bien, ainsi que les dizaines de kilomètres de pistes cyclables et la sérénité du trafic qui permettent de circuler en grande sécurité. Il est possible de se rendre de Odenplan (nord) à Skanstull (sud de Södermalm) en moins de 20 minutes. Toutefois, le vélo est un moyen de transport moins sûr et évidemment moins agréable en hiver, avec les chaussées rendues glissantes et les projections des véhicules.

Trottinettes électriques : Stockholm regorge de trottinettes électriques de style *Lime* ou *Jump*, que l'on retrouve aussi dans les grandes métropoles comme Paris ou Londres. Ce moyen de transport est très pratique, vous autorisant à naviguer la ville librement et rapidement, en vous arrêtant où vous voulez, quand vous voulez, grâce à l'application mobile. Cependant, ce moyen de transport est assez cher, coûtant 10 SEK pour mettre en marche, et puis 3 SEK par minute. Pour un trajet de 10 minutes, vous finissez par payer 30 SEK, soit presque 3 euros. Comparé au métro, un billet coûte 38 SEK et est valide pour 75 minutes, et vous amène aussi loin que vous souhaitez. Les trottinettes sont ainsi plus pratiques pour des trajets courts et pour faire le tour des quartiers historiques de Stockholm à votre rythme.

Vélos & Co : Vous pouvez louer des vélos sur place chez des loueurs de vélos. Certains loueurs de vélos offrent des vélos différents : vélos de course, de montagne, électriques, ou des vélos de ville. Parfois, ils proposent même de louer des kayaks ou des canoës, option amusante pour les aventuriers à la recherche d'une exploration de l'archipel.

AVEC UN CHAUFFEUR

Pour un trajet d'environ 10 minutes, en journée et dans le centre-ville, vous pouvez compter environ 140 SEK. Le prix par minute est d'environ 8 à 10 SEK, et le prix au kilomètre entre 12 et 14 SEK. Tout taxi comprend aussi une charge initiale de 45 SEK. Ce mode de transport est surtout pratique pour des trajets hors horaires des transports publics, c'est-à-dire après 1h du matin.

Vous pouvez également utiliser Uber qui peut proposer des prix plus intéressants. Les prix varient selon les heures, et restent fixes une fois réservés. Pour un Uber à quatre places, comptez environ 90 SEK pour un trajet entre T-Centralen et Gamla Stan.

EN VOITURE

Stockholm a des règles de circulation strictes. Les rues de Stockholm peuvent être très étroites dans les vieux quartiers de la ville, avec des pistes séparées pour les cyclistes et les piétons. Les zones résidentielles ne dépassent pas les 30 km/h et les zones urbaines maintiennent la vitesse maximale en dessous de 50 km/h.

▶ **Trouver un parking** en ville est assez difficile, ils sont presque tous payants. Le stationnement en semaine peut coûter entre 10 et 30 SEK l'heure. Le dimanche, la plupart des parkings sont gratuits. Une fois que vous avez acheté un ticket de stationnement, placez-le derrière le pare-brise de votre voiture pour éviter une amende de stationnement qui peut coûter entre 500 et 1 200 SEK.

▶ **Le péage urbain** est un système de péage pour circuler dans le centre-ville. Chaque véhicule immatriculé en Suède est détecté lors de son passage par l'un des 18 points de contrôle placés aux portes de la ville et son propriétaire reçoit à la fin du mois une facture récapitulative. Le prix de l'entrée varie selon les heures, s'élevant à 20 SEK pendant les heures de pointe pour devenir gratuit entre 18h30 et 6h30. Les différents passages sont additionnés mais ne peuvent s'élever à plus de 60 SEK par jour et par véhicule. Ce projet a déjà atteint ses objectifs : le trafic automobile a diminué de plus de 20 % depuis sa mise en service en 2006.

ACCESSIBILITÉ

À Stockholm, presque tous les accès sont adaptés aux fauteuils roulants (rampes, ascenseurs, escaliers mécaniques et trottoirs rabaissés). La plupart des hôtels et musées sont aux normes pour l'accueil des personnes handicapées. Les feux tricolores sont équipés de signaux sonores pour les non-voyants. Si vous présentez un handicap physique ou mental ou que vous partez en vacances avec une personne dans cette situation, différentes associations s'adressent à vous.
Pour les voyageurs avec des enfants, la plupart des hôtels et restaurants possèdent des chaises pour bébé. Les musées et sites touristiques proposent la plupart du temps des salles pour changer les couches. Voyager avec des enfants en bas âge ne constitue donc pas un problème, d'autant que la ville et ses transports sont parfaitement équipés en ascenseurs et rails pour les poussettes dans les escaliers. Les musées sont souvent gratuits pour les moins de 18, voire 25 ans.

LES PHRASES CLÉS

Bonjour, comment puis-je me rendre à…
Hej, hur kan jag ta mig till...

Est-ce loin à pied ? Y a-t-il le métro ou un bus... pour y aller ?
Är det långt till fots? Finns det en tunnelbana eller en bus jag kan ta för att ta mig dit?

Pouvez-vous me montrer cet endroit sur la carte s'il vous plait ?
Kan du visa mig den här platsen på kartan, är du snäll.

Où puis-je acheter les tickets de transport ? Est-ce que je peux payer en carte de crédit ?
Vart kan jag köpa transportbiljetter? Kan jag betala med kreditkort?

Où est la sortie ? A gauche, à droite ou tout droit ?
Vart finns utgången? Vänster, höger eller rakt fram?

Je suis perdu et je suis en retard, s'il vous plait, aidez-moi ! Merci beaucoup !
Jag är vilse och jag är sent ute, snälla hjälp mig! Tack så hemskt mycket!

QUARTIERS DE STOCKHOLM

Chaque quartier de Stockholm (ou presque) correspond à une petite île, ce qui rend le repérage assez facile. En effet, à chaque fois que vous empruntez un pont et changez d'île, c'est sans doute aussi que vous changez de quartier ! Les quartiers du nord de la ville (Norrmalm, Vasastaden, Skeppsholmen, Östermalm) sont assez huppés : population aisée, boutiques de luxe, bars branchés, galeries et magasins de design. On y apprécie les rues spacieuses et l'architecture harmonieuse. La vieille ville se concentre sur les charmantes îles de Gamla Stan, qui sont presque réservées au tourisme aujourd'hui. Au sud, Södermalm est le quartier bobo branché par excellence : c'est là que les artistes vivent et qu'il fait bon flâner. C'est aussi l'île incontournable pour les sorties nocturnes. Enfin, Djurgården est une île de culture, et on y trouve la plupart des musées de la ville, ainsi que de très beaux espaces verts.

SE REPÉRER / SE DÉPLACER

Norrmalm, Vasastaden et Skeppsholmen

Norrmalm. Construits entre 1950 et 1970, les immeubles modernes qui composent Norrmalm (appelé City) ont balayé l'ancien quartier de Klara dont ne subsiste aujourd'hui que l'église du même nom. Son clocher s'élève entre les murs des grands magasins, car Norrmalm est le paradis des accros du shopping. On y trouve de grands centres commerciaux tels que NK, Gallerian ou Åhlens.

Venant de la vieille ville, la rue piétonne Drottninggatan, bordée de boutiques de souvenirs et de restaurants, traverse tout le quartier jusqu'au sommet du parc de l'Observatoire. Au numéro 85 se trouve le **musée August Strindberg** (p.93), fameux écrivain local dont on peut visiter l'appartement. La gare centrale (T-Centralen) et le terminal des bus se trouvent à l'est de Norrmalm. Le centre-ville pourrait être situé à Sergels Torg, immense place accueillant la Kulturhuset (Maison de la culture) et Plattan, esplanade où ont lieu toutes sortes de rassemblements.

© MAURIZIO RELLINI

L'île de Skeppsholmen au soleil couchant.

Il faut suivre Hamngatan vers l'est pour trouver la verdure du Jardin royal (Kunsträgården), ses fontaines et ses allées de graviers, ses petites haies qui encadrent des pelouses incitant à la halte, face au château royal. Sur la grande scène du jardin se produisent régulièrement des groupes de musique ou des danseurs. L'hiver, une grande patinoire anime les lieux jusque tard le soir, sous la silhouette rougeâtre de l'église St Jakob et de l'Opéra. Au nord du jardin se trouve la très distinguée place Norrmalm, d'où part le vieux tramway historique.

En montant vers le nord, Sveavägen mène à Hötorget où se trouve (et se visite) la Maison des concerts (Konserthuset). Là se tient un marché quotidien et, en sous-sol, se trouvent les halles. La rue Kungsgatan traverse le quartier d'est en est et propose des solutions pour les noctambules : la plupart des cinémas y sont concentrés, ainsi que de nombreux cafés. Pour les sorties, la zone comprise entre Sveavägen et Birger Jarls Gatan héberge un nombre important de restaurants, pubs et autres discothèques. À l'extrême sud-est du quartier, le petit parc Berzelii abrite le Berns, institution des fêtards, et marque la frontière avec le quartier chic d'Östermalm.

Vasastaden. Un quartier en pleine expansion qui a troqué son statut historique de banlieue pour devenir une zone animée et florissante du nord de la ville. Elle affiche un caractère plus attrayant que Norrmalm, grâce à la hauteur limitée de ses constructions (5 étages au maximum) qui permettent à la lumière de baigner les rues, plus larges que dans le centre. Au cœur de ces tracés perpendiculaires se situent la Bibliothèque nationale (Stockholms Stadsbibliotek), bâtiment au crépi orangé dont la rotonde abrite une magnifique salle de lecture, les grands parcs de Vanadis et de Vasa ainsi que la butte verdoyante de l'Observatoire, du haut de laquelle la vue sur les toits de la ville est intéressante. Sur la place Odenplan, le trafic est constant et il est facile de trouver un endroit où dîner. L'église Gustav Vasa, aux airs de temple antique, laisse couler le flot des bus et des piétons devant sa façade immaculée.

Au nord-ouest, le quartier des Montagnes rouges (Rödabegen) tranche avec le tracé rectiligne de Vasastaden : des blocs d'immeubles bas aux couleurs chaudes contrastent avec la rigueur des bâtiments environnants.

Les grands axes Odengatan et St Eriksgatan se coupent à St Eriksplan, place autour de laquelle l'on trouve une animation décontractée, de nombreux bars, cafés et restaurants. Le coin rappelle par certains aspects l'ambiance paisible et branchée de Södermalm. St Eriksgatan mène à l'île de Kungsholmen par le pont de St Erik (St Eriksbron). Ici se trouvent la plupart des magasins de musique d'occasion du nord de la ville.

Skeppsholmen. Petit îlot qui eut autrefois une importance stratégique et militaire de premier plan, Skeppsholmen est aujourd'hui une île très calme où il fait bon se promener entre les bâtiments historiques, comme la maison de l'Amiralité ou le vieux château d'eau. On y accède par un pont au centre duquel deux couronnes royales brillent et offrent des possibilités de photos typiques. Le quai ouest de cette île, avec son trois-mâts *Af Chapman*, converti en auberge de jeunesse, offre une vue somptueuse sur la vieille ville. Le lieu est surtout connu pour ses trois musées (d'architecture, d'art moderne et est-asiatique) et, en juillet, s'y tient le très réputé festival de jazz et de blues de Stockholm.

Gamla Stan

Littéralement « la vieille ville », Gamla Stan possède trois îles qui forment la frontière naturelle entre le lac Mälaren et la mer Baltique : Stadsholmen, la plus grande, où se situent le château royal et la cathédrale ; Riddarholmen, à l'est, abrite l'église où reposent les rois de Suède ; l'îlot de Helgeandsholmen, au nord, est le siège du Parlement. Mais de manière générale, on parle de Gamla Stan pour définir cette zone fondatrice de Stockholm, autour de laquelle s'est développée la ville telle qu'elle est connue aujourd'hui. Entourée par les eaux, Gamla Stan occupe une surface très restreinte, étirée sur seulement 500 m de l'est à l'ouest et sur 800 m du nord au sud. Gamla Stan est un quartier historique mais aussi un quartier vivant où travaillent de nombreux Stockholmois et où les cafés, pubs et bars de nuit sont pleins le week-end.

Stadsholmen. L'île principale s'organise autour de deux rues piétonnes assez fréquentées : Västerlånggatan et Österlånggatan, qui se rejoignent au sud sur la petite place Järntorget (la place du Fer, où se tenait le marché des métaux du temps où les navires chargeaient et déchargeaient leurs cargaisons dans le port de Gamla Stan). La première de ces ruelles fait partie du circuit touristique classique car y ont pignon sur rue les traditionnelles boutiques de souvenirs, ainsi que des cafés et des restaurants aux prix souvent exagérés. La seconde, Österlånggatan, plus large et moins encombrée, propose surtout des galeries d'art et de petites boutiques d'artisanat. De l'autre côté de la vieille ville, à l'est, les rues jumelles Stora Nygatan et Lilla Nygatan, plus larges, alignent des restaurants, des pubs et des magasins plus fonctionnels et descendent en ligne droite vers Kornhamnstorg, où se trouvent la plupart des bars de nuit.

Riddarholmen. Au nord-est de Stadsholmen, cet « îlot des chevaliers » est accessible par Riddarholmsbron, ou depuis Slussen et Stadhuskajen en suivant le pont piéton qui longe la voie des trains. Fortifiée au XVIe siècle par Gustav Vasa pour prévenir toute attaque (les deux tours qui composaient les défenses sont encore visibles), l'île abrita à partir de 1270 un monastère de moines franciscains qui furent chassés à la Réformation. Principal attrait du site, l'église de Riddarholmen, bâtie à l'emplacement du monastère, qui abrite les sépultures de la plupart des rois de Suède.

Helgeandsholmen. Ce tout petit îlot assure le lien entre Stadsholmen et Norrmalm. C'est sur ce bout de terre qu'a été construit le Parlement suédois, ou Rikstad, dans un style néoclassique du début du XXe siècle.

Södermalm

Ancien quartier ouvrier qui servi à désengorger la surpeuplée Gamla Stan, Södermalm est devenue, avec le temps, une partie de Stockholm à part qui cultive sa différence, sa diversité joyeuse et son caractère désinvolte. Branché mais détendu, Mecque des noctambules, détenteur de secrets historiques nombreux, Söder comme on le surnomme se distingue des autres quartiers de la capitale par ses airs de tranquillité et l'impression qu'ici le temps passe plus lentement. Södermalm sera ici divisée en trois parties : Slussen, Medborgarplatsen et les hauteurs de Katarina ; SoFo et Vita Berget ; et enfin le quartier de Maria, Hornstull et Långholmen.

© ADISA - ISTOCKPHOTO

Façades de Gamla Stan.

Slussen, Medborgaplatsen et les hauteurs de Katarina. Commençons par Slussen, au nord de l'île, nœud de communication entre la vieille ville et Södermalm, imbroglio monstrueux de béton que les années ont fini par user et qui devrait prochainement afficher un visage neuf et moderne. Là se croisent les lignes de train et de métro, la voie rapide automobile, les dizaines de bus dont le terminal se trouve dans les entrailles d'asphalte... Dessiné et réalisé dans les années 1930, le lieu est dominé par l'ascenseur Katarina, jonction entre les quais et les hauteurs de Mosebacke, et réputé pour son musée de la Ville, situé dans l'ancienne mairie de Södermalm. Slussen constitue pour les Stockholmois un lieu de passage régulier car on y attrape toujours un bus, à moins que l'on y croise un ami en changeant de ligne de métro. De là commence Götgatan qui, jusqu'à Medborgarplatsen, est partiellement piétonne. Cette artère étale ses innombrables cafés, pubs et magasins de mode dans une bruyante animation qui atteint son paroxysme les soirs de week-end. Colonne vertébrale de Södermalm, elle coupe l'île en deux. À l'est, des rues montent vers la place Mosebacke, hôte du bar-concert-discothèque réputé du même nom, et ses petites rues adjacentes et charmantes offrent de jolis points de vue. L'église Katarina, son jardin et ses environs proches gardent la mémoire du XIXe siècle, avec des maisons basses en bois et des ruelles grossièrement pavées. En redescendant, on tombe irrémédiablement sur Medborgarplatsen, dit Médis, lieu de rendez-vous obligé, place où tout se passe, avec ses halles et ses baraques à frites, où il fait bon boire une bière fraîche à la terrasse du Snaps (p.142) par un après-midi ensoleillé.

SoFo et Vitaberget. Au sud de la rue Folkungagatan (South of Folkungagatan), vers les rues Bonde et Skåne, se trouve le repaire des artistes et des créateurs de la ville. Hipster par-ci, hipster par-là, SoFo est un quartier à l'ambiance branchée et décontractée, où fourmillent boutiques de créateurs, friperies et petites galeries. Incontournable tant pour son architecture (éclectique), que pour ses habitants et sa douceur de vivre, on y ressent une atmosphère unique qui invite à la pause dans l'un des cafés originaux du coin. Le soir, des dizaines de restaurants qui proposent une cuisine du monde entier permettent à chacun de trouver son bonheur. Plus au sud, le quartier de la Montagne blanche, Vita Berget, (p.103) s'intègre à SoFo. Organisé autour du parc coiffé de l'église Sofia, cette zone, extrêmement pauvre au début du siècle, garde des vestiges nombreux de l'ère industrielle de la fin du XIXe avec toute une rue intacte de cette époque et plusieurs anciens bâtiments et jardins qui n'ont pas bougé depuis plus de cent ans. Une balade par Nytorget et Malmgårdsvägen permet de découvrir ce patrimoine intelligemment conservé.

Quartier de Maria, Hornstull et Långholmen. Traversée par Hornsgatan, avenue historique et cosmopolite, la partie ouest de Södermalm s'organise autour de l'adorable place Maria (Mariatorget), ses petites pelouses et sa superbe fontaine représentant l'épisode mythologique de la partie de pêche au cours de laquelle le dieu Thor combattit le serpent du monde, Jörmungandr. De là, Bellmansgatan monte vers les hauteurs de Montelius et coupe Brännkyrkagatan, pittoresque rue à demi-niveaux, pavée à l'ancienne. La promenade Monteliusvägen offre un joli panorama sur la baie et Kungsholmen. Hornsgatan rejoint, à l'ouest de Söder, le quartier de Hornstull. On y trouve plusieurs parcs comme Högalidsparken et surtout Tantolunden, immense havre de verdure étalé au bord de l'eau. En gravissant le chemin qui monte jusqu'aux rochers, on s'offre l'assurance d'un beau point de vue sur les banlieues Liljeholmen et Årstaberg. Västbron, le pont qui relie Södermalm à Kungsholmen, enjambe Långholmen, le paradis des baigneurs. En été, c'est ici que l'on se sent en vacances à Stockholm : verdure, vastes pelouses, rochers, plages, criques... On peut s'y baigner dans une eau propre, bronzer, faire du sport, dormir dans l'ancienne prison convertie en auberge de jeunesse... Bref, Långholmen c'est, avec un rayon de soleil, la station balnéaire décontractée et populaire du sud de la ville.

Östermalm

L'histoire d'Östermalm est singulière : pâture pour les vaches royales au XVe siècle avant d'être ouverte aux paysans éleveurs, la zone devient un camp d'exercice militaire au XVIIe siècle et servit de logement pour les soldats jusqu'à la fin du XIXe. Ce n'est que vers 1880 qu'un plan urbain moderne fut dessiné par l'architecte Lindhagen. Ses tracés rectilignes, le style des immeubles bourgeois de quatre ou cinq étages (notamment ceux qui s'alignent fièrement sur Strandvägen), la présence de grands parcs... rappellent clairement les grands boulevards parisiens. Les rues piétonnes Nybrogatan et Biblioteksgatan et la très parisienne Norrmalmstorg proposent des enseignes réputées, des bars où les terrasses s'emplissent de jeunes gens radieux en été. Au sud, le quai de Strandvägen est toujours très fréquenté, c'est le seul chemin qui relie le quartier de City à l'île de Djugården, où se trouvent de nombreux musées. Niveau sorties, c'est Stureplan, place célèbre pour son Svampen, le « Champignon », un abri au nom sans équivoque devenu symbole de cet endroit à l'allure bourgeoise. Restaurants de luxe, clubs aux files d'attente interminables... C'est ici qu'il faut être pour voir et être vu, pour profiter de la nuit en flambant pour se sentir « part de ce monde ».

Djugården et Gärdet

Cette partie de la ville est incontestablement la plus verte de Stockholm. Séparés l'un de l'autre par un bras d'eau où la pratique du kayak est recommandée, le parc Gärdet et l'île de Djugården sont les poumons de la capitale et le commencement du fameux Ekopark qui s'étend vers le nord sur plusieurs dizaines de kilomètres.

Djugården. Parc de chasse royal jusqu'au XVIIIe siècle, l'île de Djurgården est aujourd'hui un immense espace englobant à la fois de vastes pelouses à l'anglaise, des bois, mais aussi le parc d'amusement Gröna Lund (p.105), le musée Vasa (p.108), le Musée nordique, le musée d'Art de Waldermarsudde, Aquaria, ainsi que Skansen (p.111), musée de plein air qui occupe à lui seul presque un tiers de la surface de l'île. On accède à celle-ci de Djurgården en bateau, à partir des quais Slussen et Nybroplan, mais aussi en bus ou, plus agréablement encore, à pied, en longeant le quai et le boulevard Strandvägen. De magnifiques balades sont possibles à Djugården.

Gärdet. On y accède en suivant Strandvägen, laissant Djugården sur la droite pour s'enfoncer dans le charmant parc Nobel en longeant les eaux. La grande réserve contient plusieurs lieux culturels : le Musée ethnographique, le Musée technique, le musée de la Police et le musée de l'Histoire maritime, tous groupés. Plus loin, la tour de télévision Kaknäs est l'un des plus hauts bâtiments de toute la Scandinavie. De son sommet, la vue est imprenable sur toute la capitale. Gärdet est aussi une réserve sur laquelle s'étendent de vastes plaines où broutent des chevaux.

Kungsholmen

D'abord peuplée par des moines franciscains qui vivaient de la pêche et de l'élevage et y établirent une fabrique de briques dès les années 1500 (d'où le nom d'origine Munklägret, le « camp des moines »). Aujourd'hui, Kungsholmen ne possède pas d'attrait majeur, si ce n'est l'hôtel de ville et ses briques rouges (Stadshus), construit au début du XXe siècle dans un style unique mêlant baroque italien et national-romantisme, et dont les trois couronnes de la grande tour dominent Stockholm de leurs 106 mètres. Le grand Rålambshovparken, à l'ouest de Kungsholmen, est un lieu de rassemblement populaire (c'est ici que les footballeurs suédois avaient fêté leur médaille de bronze à leur retour de la Coupe du monde 1994) où l'on pique-nique, boit entre amis, joue à la pétanque ou au frisbee lorsque la météo est clémente.

Le parc de Djugården.

AÉROPORT DE BROMMA

Bromma Stockholm Airport
✆ +46 10 109 40 00
www.swedavia.se/bromma

Le terminal est ouvert du lundi au vendredi, de 5h à 22h, le samedi de 7h30 à 17h et le dimanche de 10h30 à 22h.

L'aéroport de Bromma Stockholm est l'un des plus grands aéroports suédois en volume de passagers. Il est situé à seulement 9 km du centre-ville de Stockholm. L'aéroport est principalement destiné aux vols domestiques (vers Göteborg, Visby), mais il assure également quelques liaisons internationales (vers la Belgique et le Royaume-Uni notamment avec les compagnies Brussels Airlines, British Airways). Navettes jusqu'à Stockholm Central (www.flygbussarna.se) : 75 SEK l'aller et 150 SEK l'aller-retour pour un adulte de plus de 26 ans.

AÉROPORT DE STOCKHOLM-ARLANDA

190 45 Stockholm-Arlanda
✆ +46 10 109 10 00
www.swedavia.com/arlanda

C'est l'aéroport principal de la capitale, avec 4 terminaux et de nombreux commerces.

L'aéroport international de Stockholm, Arlanda est le plus grand aéroport de Suède et constitue un carrefour important pour la région de Stockholm et toute la Scandinavie, grâce à des vols vers 181 destinations. À la sortie, des navettes vous conduisent dans le centre de Stockholm : jeunes/adultes, aller de à 99 SEK, aller-retour à 198 SEK. Si vous êtes pressé, le train Arlanda Express vous conduit au centre de Stockholm en 20 minutes pour 295 SEK (570 SEK aller-retour).

AÉROPORT DE STOCKHOLM-SKAVSTA

Stockholm Skavsta Airport AB
✆ +46 155 28 04 00
www.skavsta.se/en

L'aéroport est situé à une centaine de kilomètres de Stockholm.

C'est l'aéroport des compagnie lowcost par excellence, donc si vous choisissez Ryanair ou WIzz Air vous y atterrirez pour sûr ! Il est assez éloigné de la ville, il faut donc compter environ 1h10 pour rejoindre le centre-ville. Des navettes relient l'aéroport à City Terminalen Stockholm, situé à côté de la gare centrale, au centre-ville. Jeunes et adultes : aller de 119 à 139 SEK, aller-retour de 238 à 278 SEK. Les prix sont plus intéressants si l'on achète ses billets sur Internet.

SJ

10 Vasagatan
www.sj.se

Les tarifs varient selon le jour, l'heure et la destination. Le mieux est de réserver à l'avance sur le site.

SJ est la compagnie ferroviaire nationale. 160 gares en Suède sont desservies par cette compagnie chaque jour, mais il est aussi possible de se rendre à Oslo, Narvik et Copenhague. Les trains sont très confortables, rapides et propres, et les paysages que l'on traverse à leur bord sont parfois à couper le souffle. C'est de loin la meilleure option pour se déplacer à l'intérieur du pays. Au niveau des prix, les tarifs sont abordables (surtout si on s'y prend à l'avance) et des réductions existent pour les jeunes, les étudiants et les seniors.

STOCKHOLMS CENTRALSTATION

15 Centralplan
✆ +46 77 192 19 21
www.dinstation.se

La gare centrale de Stockholm est familièrement nommée Centralen par la population locale.

Centralen est la gare ferroviaire, où l'on trouve aussi le métro, les trains de banlieue et l'Arlanda Express qui relie l'aéroport au centre de Stockholm. Elle est organisée sur deux étages : du rez-de-chaussée, on accède aux trains grandes lignes, et le sous-sol permet de rejoindre le Pendeltåg (sorte de RER) et le Tunnelbana (le métro).

L'étage réservé aux trains se compose également de petits cafés-restaurants, c'est donc parfait pour un casse -croûte avant le départ.

CITY TERMINALEN

72 Klarabergsviadukten
✆ +46 70236 61 00
www.cityterminalen.com

Le terminal est ouvert de 3h à 00h15.

City Terminalen est un bâtiment moderniste situé dans le centre-ville de Stockholm (juste en face de T-centralen). C'est la gare routière la plus grande de la ville. Chaque jour, environ 800 bus utilisent City Terminalen comme point d'arrivée et de départ. De là, vous pouvez voyager dans toute la Suède, ainsi qu'en Europe. Vous trouverez ici les navettes pour les aéroports de Skavsta, Bromma et Arlanda. Des cafés-restaurants, un bureau de change, un bureau des objets trouvés (en cas de perte de bagages à l'aéroport), et les guichets des compagnies de bus.

TALLINK SILJA LINE

72 Klarabergsviadukten
✆ +49 040 547 541 222
www.tallinksilja.com

Le service client est à votre disposition par téléphone, du lundi au vendredi, de 8h à 16h30.

Voyagez confortablement entre la Suède et la Finlande, ainsi que dans les pays Baltes, à bord des paquebots de croisière Tallink Silja Line. Départs quotidiens toute l'année depuis chaque port. De Stockholm, port de Värtahamnen vers Helsinki, Turku, Tallinn. Et depuis Stockholm Frihammen vers Riga et Aland. Plusieurs types de cabines, un choix varié de restaurants, boutiques hors taxes, animation internationale, salon de beauté et casino vous attendent à bord. Vous pouvez réserver des croisières d'une journée pour faire des visites rapides depuis Stockholm.

VIKING LINE

Stadsgården
✆ +358 600 415 77
www.vikingline.se

Le service client est à votre disposition par téléphone ou sur le site.

Viking Line est une compagnie maritime finlandaise qui dessert en ferry la Finlande continentale mais également l'île d'Åland, l'Estonie et bien évidemment la Suède. Se déplacer à bord d'un bateau d'un pays à un autre en Scandinavie est une expérience à faire au moins une fois dans sa vie. Sur ces paquebots, deux choix s'offrent à vous : profiter du confort de sa cabine, du spa ou du sauna ou bien partir s'aventurer dans l'énorme centre commercial, dévaliser les *duty-free,* jouer aux machines à sous... Il vaut mieux toujours prévoir des vêtements chauds.

AUTO BILUTHYRNING

2 Karlavägen
✆ +46 8 791 880 0
www.autobiluthyrning.com

Voitures cinq places à partir de 625 SEK par jour.

Service rapide et efficace. En été, pensez à contacter l'agence à l'avance si vous souhaitez louer un véhicule pour une durée supérieure à une semaine. Ils offrent une variété de voitures différentes, entre Volkswagen, Audi, BMW, Toyota, et Volvo. Ils proposent la location de voitures électriques entre 945 et 1 095 SEK par jour, ainsi que des minibus entre 1 450 et 1 625 SEK la journée. Leurs bureaux sont à Nacka, Södermalm, et Frihammen. La location de voiture est recommandée pour ceux qui envisagent de sortir de Stockholm.

EUROPCAR

27 Östra Järnvägsgatan
✆ +468210650
www.europcar.se

Ouvert du lundi au jeudi de 7h à 18h, vendredi entre 7h et midi, et le week-end entre 8h et 14h.

Europcar fait des offres variables, compter environ 1 500 SEK pour une voiture cinq places. Ils ont des Volkswagen, Skoda, Audi, etc., des voitures hybrides ou des vans à plus de cinq places. Les voitures mis à disposition sont en parfait état, mais le service est parfois un peu lent. Vérifier des offres de réduction en ligne sur leur site Internet. Ils ont aussi des bureaux ouverts aux aéroports de Stockholm Bromma et Arlanda, ainsi qu'à Liljeholmen et Täby. La location de voiture est recommandée pour ceux qui envisagent de quitter Stockholm.

HERTZ

71 Mäster Samuelsgatan
✆ +46 8 454 62 50
www.hertz.se

Ouvert tous les jours de 6h à 23h.

Hertz est une compagnie de location de voitures qui existe dans toute l'Europe. Hertz comprend d'autres adresses dont des bureaux aux aéroports de Bromma, Arlanda, et Skavsta. Les réservations prépayées peuvent être annulées sans frais si elles sont annulées avant minuit deux jours avant le retrait. On vous propose des voitures cinq places de marques différentes telles que Renault, Toyota, Kia et Volvo. Il n'est pas nécessaire d'avoir de voiture sur place, sauf si vous planifiez une escapade à l'extérieur de Stockholm (ce qui est fortement recommandé).

ASCENSEUR KATARINA (KATARINAHISSEN)

Statsgården 1

Ascenseur public reliant Slussen à Södermalm.

Katarinahissen est visible depuis Södermalm, faisant face au carrefour qui relie l'île à Gamla Stan. Peu esthétique, il fut construit en 1881 afin de relier Slussen avec les hauteurs de Södermalm, qui étaient difficilement accessibles à pied. L'élévateur fut pourvu d'un moteur électrique en 1915 mais on détruisit ce vieux système en 1933 pour le remplacer par un nouvel ascenseur et une passerelle plus moderne. Le panorama visible du haut de Katarinahissen est très intéressant.

BUS DE STOCKHOLM

https://sl.se

Billet aller simple adulte : SEK 39, tarif réduit : SEK 26.

Le réseau de bus est très dense et relie très bien tous les points de la ville. Il existe des plans de bus affichés à presque tous les arrêts. Pour se procurer les billets, même système que pour le métro. Il y a trois types de bus : Bus bleus à 1 chiffre (lignes 1, 2, 3, 4) qui ont des parcours directs et rapides. Bus rouges à 2 chiffres qui circulent au sein de Stockholm Kommun et ont des parcours locaux. Bus rouges à 3 chiffres qui desservent la banlieue. Un service de nuit permet de rentrer chez soi à toute heure, même si l'attente peut être un peu longue.

CYKELSTALLET

15 Scheelegatan

✆ +46 8 651 00 66

www.cykelstallet.se

Ouvert du lundi au vendredi 9h-18h. Pour une location de 24 h, comptez 225 SEK et 400 SEK pour deux jours.

Avec un emplacement central à Kungsholmen, ce magasin de location est un bon point de départ pour les excursions. En plus des modèles de vélos classiques, vous trouverez des remorques, des tandems, des vélos électriques, des vélos pour enfants, du matériel (casques...) voir même des patins pour l'hiver (350 SEK la journée). Une excellente alternative pour louer des bicyclettes. Cykelstallet est aussi un réparateur de motos et de vélos. Les prix de location de vélos varient selon le type de vélo, standard, vélo de montagne ou vélo électrique.

GAMLA STANS CYKEL

10 Lilla Nygatan ✆ +46 8 411 16 70

www.gamlastanscykel.se

Ouvert du lundi au vendredi de 10h à 18h, et le samedi de 11h à 16h. 150 SEK pour deux heures, 250 SEK la journée.

Un loueur de vélo basé au cœur de la vieille ville. Les vélos sont à trois vitesses, et vous pouvez profiter des pistes cyclables qui traversent la ville. Les balades recommandées comprennent une balade sur Djurgården, ainsi que d'autres itinéraires entre parcs et quartiers commerçants. Le cadenas et le casque sont inclus dans le prix. Malheureusement, le personnel n'est pas toujours sympathique et un manque d'organisation règne dans ce petit établissement, mais il n'en demeure pas moins que c'est une bonne adresse pour trouver des vélos à louer sur Gamla Stan.

SJÖCAFEET

2 Galärvarvsvägen

✆ +46 8 661 448 8

www.sjocafeet.se/en

80 SEK/h à vélo, 450 SEK la journée de kayak une place, 600 SEK la journée de kayak deux places, canoë à 400 SEK.

Ce loueur de vélos, de kayaks et de canoës, se trouve à l'entrée de Djugården, au bord de l'eau, juste après le pont sur la droite. C'est une adresse très pratique étant donné sa localisation, qui offre de multiples façons de visiter cette capitale nordique et son magnifique archipel. La location dépend du temps et de la saison, et la réception est ouverte d'avril à septembre à partir de 1 h. Sinon, il faut leur envoyer un e-mail ou les appeler directement. L'établissement est près du centre d'accueil de Djurgården, où vous pourrez trouver des infos pratiques.

TAXI KURIR

✆ +46 8 30 00 00

www.taxikurir.se

Téléchargez l'application smartphone pour réserver facilement.

Taxi Kurir comprend une application smartphone sur laquelle vous pouvez mettre votre destination, suivre votre taxi, et être donc assurés de pouvoir vous déplacer librement et ponctuellement à travers Stockholm. Il faut compter environ 292 SEK le week-end et en semaine, entre 9h et 15h. Après 21h et avant 5h du matin, comptez 323 SEK. Chaque voiture a une capacité de 1 à 4 personnes, et reste un mode de transport qui assure la sécurité de ses passagers. Le métro s'arrêtant vers 1h du matin, il est parfois nécessaire de prendre un taxi !

TUNNELBANA

https://sl.se

Le ticket à l'unité (38 SEK/25 SEK réduit). Tarifs réduits pour les -20 ans et les +65 ans.

Le réseau métropolitain de Stockholm (Tunnelbana, représenté par un grand T bleu sur fond blanc) s'organise autour de trois lignes principales (rouge, verte et bleue) qui se croisent toutes à la gare centrale, T-Centralen. La plupart des habitants de la capitale qui empruntent les transports en commun utilisent des cartes d'abonné SL qui offrent un accès illimité au Tunnelbana, aux bus et au Pendeltåg (830 SEK par mois). Téléchargez dans l'App Store ou Google Play, l'application « SL-Biljetter » qui permet d'acheter vos billets.

Stockholm, c'est le prestige royal et ses fleurons de Drottningholm, l'atmosphère étonnante de Södermalm, consacrée par le best-seller *Millenium*, sans oublier Gamla Stan, cœur de la ville posé sur son propre îlot, et qui a conservé ses rues étroites et piétonnes, ses murs ocre qui respirent le temps passé, son imposant Palais royal et des clochers dont le cuivre s'est oxydé avec les siècles. Ville lumière, paradis des photographes lorsque le soleil rase l'horizon, vous aimerez la ville sous la neige de décembre, lorsque les chants et les marchés de Noël lui donnent ce romantisme traditionnel, au cœur de l'été, quand la clarté baigne la nuit et que les rues animées ne dorment jamais. Stockholm en résumé, c'est la vitalité de sa scène artistique, sa population cosmopolite, ses cuisiniers étoilés, sa multitude de parcs bordés d'eau, une « Venise du Nord » décidément bien agréable à vivre.

À VOIR / À FAIRE

PRATIQUE

A VOIR / A FAIRE

HORAIRES

Les musées sont généralement ouverts du mardi au dimanche, souvent fermés le lundi et/ou le dimanche. Généralement ouverts de 10h à 18h. Les musées plus petits sont plus rarement ouverts durant la semaine. Pour accéder à Djurgården, il est recommandé d'utiliser la ligne 7 de tram, accessible de Hamngatan ou Nybrokajan.

A RÉSERVER

Pour les visites guidées en ville (Ingmar Bergman, balade gastronomique, ou autre) il est recommandé, voire impératif de réserver à l'avance. Pour les visites guidées au musée, il est possible de s'y prendre à la dernière minute durant votre visite. Cela dit, les visites guidées des musées ont souvent des horaires fixes, à vérifier en ligne.

BUDGET / BONS PLANS

Les musées à entrée gratuite : Accelerator, Arkdes, Moderna Museet, le Musée ethnographique, le musée de la Ville, le Musée national, le musée des Antiquités méditerranéennes, l'Östasiatiska Museet, le musée Halwyll, le Musée médiévial... Certains de ces musées ont parfois des collections permanentes gratuites mais des expositions temporaires payantes.
Pour les musées payants, les prix varient autour de 70 ou 120 SEK (prix adulte). La plupart des musées payants sont gratuits pour les moins de 18 ou 19 ans, et offrent des réductions pour les étudiants ou personnes âgées.
Rendez-vous sur le musée numérique Stockholms Läns Museum (www.stockholmslans-museum.se) où vous trouverez plus d'informations sur la commune de Stockholm. Ils vous proposent des itinéraires de balades, des collections en ligne, et des expositions à ne pas rater. Un musée dans la poche !

LES ÉVÉNEMENTS

La période précédant Noël est systématiquement pleine d'évènements et de festivités, avec des repas ou concerts spéciaux et ouverts au public. La ville se métamorphose de l'intérieur comme de l'extérieur. Sinon, Skansen est souvent un lieu qui accueille de nombreuses festivités et traditions tout au long de l'année, tel que la Sainte-Walburge en avril. L'été offre aussi toute une série de festivals autour de la musique et de la culture.

VISITES GUIDÉES

Il y a des visites guidées pour tous les goûts, avec des thématiques différentes, entre cinéma, gastronomie, littérature, ou visite de Stockholm en kayak !
Rendez-vous sur le site Internet www.toursofstockholm.com où vous trouverez pléthore de visites guidées locales.

LES PHRASES CLÉS

Bonjour, puis-je avoir deux entrées adultes et un enfant s'il vous plait ?
Hej, kan jag få två vuxen och två barn-biljetter tack?

Le tarif enfant est jusqu'à quel âge ? Et pour les seniors, est-ce qu'il y a une réduction ?
Vilken ålder räknas som barn? Har ni pensionärsrabatt?

Est-ce qu'il y a des visites guidées en français ou un audioguide ?
Finns en guidad visning på franska, eller en audioguide, tillgänglig?

Combien de temps faut-il pour faire la visite ?
Hur lång tid tar besöket?

J'ai du mal à monter les escaliers, avez-vous un ascenseur ?
Jag har problem med trappor, har ni snälla en hiss?

Excusez-moi, pouvez-vous me dire où sont les toilettes ? Merci beaucoup.
Ursäkta mig, kan du berätta vart toaletterna finns är du snäll? Tack så mycket.

VISIT STOCKHOLM [OFFICE DE TOURISME]

✆ +46 8 508 28 508
www.visitstockholm.com
Contact par téléphone : du lundi au vendredi de 9h à 18h, le samedi et dimanche de 9h à 15h.

Stockholm Visit est l'office de tourisme officiel de la ville. Bien qu'on ne puisse pas leur rendre visite directement, il est possible de les contacter par mail, téléphone, Facebook ou Instagram. On s'adresse à eux pour les renseignements mais aussi pour des bons plans. Le personnel est très serviable et agréable et répond rapidement à toutes les demandes d'informations. Ils parlent plusieurs langues, dont le français, et pourront donc vous renseigner facilement.

BALADE À PIED DANS GAMLA STAN

17 Svensksundsvägen
✆ +46 8 12 00 40 00 - www.stromma.se
200 SEK/pers., demi-tarif pour les 6-15 ans. S'adresser à l'office de tourisme pour avoir une visite en français.

Une promenade guidée dans les dédales des étroites ruelles de Gamla Stan. Vous saurez tout sur l'histoire de la ville, de sa fondation, aux environs du XIe siècle, jusqu'à nos jours en passant par le bain de sang de 1520 et les épopées des héros Sterne Sture et Birger Jarl... C'est une belle occasion d'en savoir plus sur cette île centenaire, dont l'histoire et l'ambiance charment autant les visiteurs que les habitants de la capitale. Profitez-en pour acheter quelques souvenirs !

BALADE GASTRONOMIQUE NORDIQUE DE STOCKHOLM

11 Östermalm torg
✆ +46 45 50 123645
De lundi à samedi à 10h.
Visite guidée en anglais. 900 SEK par personne.

Rendez-vous à 10h du matin au Östermalm Saluhall où votre guide vous attendra à l'entrée du marché couvert, le plus vieux marché de Stockholm. Imprégnez-vous de délices culinaires scandinaves à travers sept dégustations différentes, la balade se terminant à Gamla Stan. Évidemment, vous vous régalerez de boulettes de viandes suédoises garnies d'airelles rouges, suivies d'une pause fika l'après-midi ! Des options végétariennes sont disponibles sur demande.

BIKE HIKE

✆ +46 86 49 01 86
www.bikehike.se
Visite guidée de 3 heures à vélo sur la grande et verdoyante île de Djugården. 300 SEK par personne, vélo compris.

Avec six haltes aux points d'intérêt principaux, à partir de l'ancien terrain de chasse royal, cette longue promenade à vélo est l'occasion de réaliser combien, à Stockholm, la ville et la nature cohabitent en harmonie. Le vélo, le casque, un poncho en cas de pluie, une carte de l'île... tout est compris ainsi qu'une halte pour boire un rafraîchissement et discuter avec le guide. Il suffit juste de réserver une heure pour pouvoir profiter de commentaires en français... Une très belle balade ! Entre juin et septembre, tous les mercredis à 14h.

CROISIÈRES STROMMA

17 Svensksundsvägen
✆ +46 8 12 00 40 00
www.stromma.se
Les points de vente de billets sont à proximité des quais des bateaux. On peut aussi acheter les billets en ligne.

Cette compagnie propose plusieurs circuits (les commentaires sont le plus souvent en suédois et en anglais, se renseigner avant d'acheter les billets). Le tour historique vous mène autour de la grande île de Kungsholmen, en passant par Långholmen et Reimersholme. Le circuit «Sous les ponts de Stockholm» vous balade près des îles de Södermalm, de Djugården, Essingen et de la vieille ville en passant sous plusieurs ponts qui connectent les différentes parties de la capitale. On peut aussi faire des tours le long des canaux royaux ou dans l'archipel.

FÖRENINGEN STOCKHOLMS AUKTORISERADE GUIDER ★★

www.guidestockholm.com

L'association des guides agréés de Stockholm (FSAG), à but non lucratif, fut fondée en 1953. Son objectif est d'encourager l'industrie touristique de Stockholm à travers plusieurs formats possibles de visites guidées dans une trentaine de langues différentes, y compris la langue des signes. L'association offre la possibilité aux clients de contacter les guides par leur site Internet ou bien à l'aide d'un catalogue qui est distribué aux offices de tourisme chaque année.

INGMAR BERGMAN ET STOCKHOLM

Ryssgården

✆ +46 8 508 31 620

En semaine de 9h à 16h : 2 900 SEK.
Le week-end ou en soirée : 3 500 SEK.
Durée de 2 heures.

Si vous êtes un fan des films du fameux Ingmar Bergman, ou si vous êtes curieux de découvrir le monde cinématographique d'une icône culturelle suédoise, rendez-vous en ville pour retrouver les scènes de films imprimées dans la mémoire suédoise. De Östermalm jusqu'à Gamla Stan, la visite guidée Ingmar Bergman vous offre une promenade agréable accompagnée d'une rétrospective cinématographique. Il faut réserver à l'avance soit par mail ou par téléphone.

LE MILLENNIUM TOUR ★★★

✆ +46 8 508 316 20

www.stadsmuseum.stockholm.se

Le musée de la ville organise des visites guidées (2 heures - 130 SEK) sur le thème des 4 tomes de Stieg Larsson.

Vu le succès mondial du thriller et de son adaptation cinématographique, le musée de la Ville a décidé de suivre le mouvement et propose un tour qui entraîne le visiteur sur les différents sites phares du roman. Il est aussi possible de se procurer la carte où sont indiqués ces lieux et de réaliser la balade à son rythme, principalement dans le quartier de Södermalm où vivent les héros du roman, mais aussi sur Kungsholmen (station centrale de police, appartement de l'agent Monica Figuerola...), et à Norrmalm (bureau et appartement de l'avocat Nils Bjurman).

STOCKHOLM ADVENTURES

21 Kungsbro Strand

✆ +46 8 33 60 01

www.stockholmadventures.com

Activités variées, tarifs sur le site, à partir de 490 SEK.

Vous rêvez d'aventures dans les pays scandinaves ? En été, chassez l'ordinaire et partez en safari pour découvrir la faune sauvage aux alentours de Stockholm, optez pour une visite guidée de la ville en Segway ou en vélo, ou encore enfilez votre maillot de bain pour un tour en canoë. En hiver, chaussez vos patins et partez en rando sur les nombreux lacs gelés qui entourent la capitale ! Ici, on vous propose une grande diversité d'activités de plein air toute l'année et qui sortent de l'ordinaire. Le service est impeccable et le prix presque toujours *all inclusive*.

STOCKHOLM GHOST WALK

13 Tyska Brinken

✆ +46 76 146 66 00

www.stockholmghostwalk.com

Départ depuis Järntörget, au sud de la vieille ville. 220 SEK par personne, Réservation indispensable par téléphone.

Sur les pas de l'un des quatre guides drapés de noir et coiffés de chapeaux hauts de forme, cette promenade nocturne (départ 16h30, 18h, 18h30 ou 19h selon les jours) fait découvrir la vieille ville à travers ses meurtres, mystères, exécutions, maladies et fantômes... En explorant les rues sombres et les ruelles qui composent la vieille ville, vous aurez l'occasion de voir, toucher et sentir l'histoire ! Un tour d'une heure et demie, pour l'instant uniquement en suédois et en anglais... Pour les horaires exacts, se renseigner sur le site Internet.

STORY TOURS

✆ +46 704 906 269

www.storytours.eu

Tarifs entre 195 SEK par personne (120 SEK pour les étudiants et gratuit pour les enfants de moins 12 ans) à 2 250 SEK.

Toutes les histoires, les faits et les anecdotes qu'ils racontent ont un lien avec les charmantes rues, bâtiments historiques comme la place de la Vieille ville de marché, l'Église allemande, les étroites ruelles de Stockholm, la maison qui était autrefois le foyer de deux membres d'ABBA, le palais royal et la cathédrale. Lydie, guide française, vous apportera bien plus qu'une simple découverte. Plusieurs types de tours sont proposés, pensez à réserver à l'avance pour garantir de la place. Une valeur sure pour le seul tour guidé en français de la ville.

STRÖMMA KANALBOLAGET

17 Svensksundsvägen

✆ +46 8 12 00 40 00

www.strommakanalbolaget.se

Cette compagnie de visites en bateau date de 1809, sur des bateaux confortables et d'époque. Leur top 5 : un dîner sur l'eau, une croisière de Noël, des croisières en dégustant des crevettes fraîches, des croisières en dégustant un brunch, ou le fameux *Royal Canal Tour* avec le fika à bord ! Les croisières de Noël sont disponibles en hiver, et proposent de naviguer dans l'archipel de Stockholm en dégustant un buffet à volonté. Ce tour est un classique car l'on peut voir la ville entière s'illuminer pour les festivités ! C'est magique.

TAKVANDRING SVERIGE

1 Munkbron
✆ +46 822 30 05
www.takvandring.com
Service client ouvert tous les jours de 11h à 15h. Tours guidés en anglais pour 595 SEK par personne. Durée : 1 heure.

Une manière aérienne de découvrir la vieille ville, en grimpant sur le toit de l'ancien Parlement. Arnaché, casqué, sécurisé avec du matériel d'alpinisme, vous suivrez le guide jusqu'à plus de 40 m de hauteur. Le long des parapets, dominant le lac Mälaren et les ruelles, le tour est agrémenté par les commentaires d'un guide spécialiste sur l'histoire de Gamla Stan. Seules contraintes à cette activité : mesurer au moins 1,50 m, peser moins de 120 kg, ne pas avoir de problèmes cardiaques et, évidemment, ne pas avoir le vertige...

TRUE NATURE SWEDEN

18 Ystadsvägen
✆ +46702458811
www.truenaturesweden.com
Du lundi au vendredi de 9h à 17h, et ouvert 24h le week-end. Se renseigner sur le site Internet pour les disponibilités.

Après avoir sillonné le monde à travers de nombreux voyages, William Gilman décida de créer True Nature Sweden. Idéal pour les amoureux de la nature, les amateurs de sensations fortes, les aventuriers en herbe qui veulent respirer l'air pur de l'archipel ou l'air frais et boisé des forêts. Les guides, passionnés et passionnants, vous raconteront comment reconnaître les différentes espèces d'animaux et variétés de plantes, mais aussi comment survire en milieu sauvage. Les visites se font à travers un tas d'activités sportives, adaptées à tous les niveaux.

VISITE GUIDÉE ARTISTIQUE DU MÉTRO ★★★

✆ +46 8 600 10 00
Une visite guidée par semaine.
Le jour, l'heure et le point de rendez-vous changent chaque semaine. Voir site. Gratuit.

Les stations de métro de Stockholm ont toutes été décorées par des artistes, dans une volonté de faire des transports souterrains un théâtre d'expression. Il s'agit, selon le terme local, de « la plus longue galerie d'art du monde ». Grâce à des guides certifiés et spécialistes de l'art urbain et de la décoration dans le Tunnelbana, il est possible de comprendre les messages qu'ont voulu faire passer les décorateurs et de mieux saisir leurs œuvres. Les visites durent environ une heure.

WAXHOLMS BOLAGET

100 Lindhagensgatan
✆ +46 8 600 10 00
www.waxholmsbolaget.se

Waxholms Bolaget est un transport public sur l'eau pour aller vers les îles de l'archipel baltique de Stockholm. Que vous soyez un visiteur ou un des locaux, vous pouvez découvrir les paysages magnifiques de l'archipel de Stockholm. Les services font partie du système de transport public et fonctionnent toute l'année, donnant la possibilité aux résidents, aux entreprises et aux visiteurs de voyager entre les îles. Pas besoin de réservation : il suffit de se présenter au port et de monter à bord du bateau. Les horaires changent selon la saison.

STOCKHOLMANIA TOURS

Hägerstensvägen 295
✆ +46 721 980 984
www.stockholmania.tours/francais
Accessible aux fauteuils roulants, et aux personnes à mobilité réduite.

© STOCKHOLMANIA TOURS

Stockholmania Tours est une agence de tours et visites guidées, fondée par Federico (italien) et co-gérée par Isabelle (française), tous deux tombés amoureux de Stockholm. Au programme, des visites guidées, des excursions et tours thématiques, à pied, à vélo et en transports publics. A minima, en 2 heures ou une demi-journée, seul, à deux ou en petit groupe, vous aurez l'occasion de découvrir Stockholm et ses environs autrement ! De la passion, des connaissances, de l'expérience, mais surtout une profonde humanité, qui rendent leurs tours très singuliers.

BALADE

PROMENADE DANS NORRMALM

Cette balade d'environ 2 heures vous emmène dans le quartier moderne de Norrmalm, transformé entre les années 1950 et 1970, à travers parcs et édifices, le long de ses artères rectilignes. Départ de Serglestorg, lieu de la Kulturhuset. Empruntez Hamngatan, bordé de grands magasins, vers l'est. Kungsträgården, les jardins royaux, s'ouvrent à vous. Suivez les quais vers l'est et tournez à gauche sur Stallgatan, avant le Grand Hôtel. Au bout se trouve Nybroviken, l'un des plus jolis bassins de Stockholm. Remontez vers le parc Berzelii où se situe le Théâtre national ainsi que le musée Halwyll. Remontez, vers le nord, Birger Jarlsgatan, marquant la frontière entre Norrmalm, à gauche, et Östermalm, à droite. Traversez Stureplan jusqu'au parc de Humlegården, où se situe la Bibliothèque royale. Empruntez, sur votre gauche, David Bagares Gata. Tournez à droite sur Malmskillnadsgatan jusqu'à l'église Sankt Johannes, où se dresse le plus vieil édifice en bois de cette partie de la ville. Repartez par Döbelnsgatan vers le nord et tournez à gauche sur Kammakargatan jusqu'à l'avenue Sveavägen. Dans l'église Fredrik Adolfu se trouve la sépulture du Premier ministre Olof Palme, assassiné ici même en 1986. Continuez sur Sveavägen jusqu'au parc de l'Observatoire. Montez au sommet et profitez de la vue !

CENTRE SUÉDOIS POUR L'ARCHITECTURE ET LE DESIGN ★★

4 Exercisplan ✆ +46 8 520 235 00
www.arkdes.se
Ouvert du mardi au dimanche de 10h à 18h. Entrée gratuite.

Musée situé sur l'île de Skeppsholmen, Arkdes nous emmène à la découverte de l'architecture et du design suédois à travers les âges. Ce lieu accueille une formidable collection permanente constituée de nombreuses maquettes, de projections et de plans de bâtiments en tous genres, construits en Suède ou à l'étranger par des architectes suédois. La visite n'est pas très longue mais présente un réel intérêt pour les passionnés d'architecture, de design et d'urbanisme scandinave.

LES ÉCURIES ROYALES

1 Väpnargatan
✆ +46 8 402 610 5
www.kungligaslotten.se
Ouvert dans le cadre des visites guidées les samedis et dimanches à 13h en anglais. Entrée adulte 100 SEK.

Plusieurs des propriétés royales sont ouvertes au public, parmi lesquelles l'on peut visiter des écuries. Vous y trouverez chevaux, carrosses, l'histoire des écuries, et un café pour la pause fika l'été. Le musée peut être visité en visite guidée qui dure entre 45 minutes et une heure. Les premières écuries royales furent construites en 1535 par Gustav Vasa, répondant aux besoins du roi pour les transports quotidiens et cérémoniels. Aujourd'hui, il y a moins de chevaux puisque la majorité des transports se font en voiture, mais cette tradition reste importante.

ÉGLISE ADOLPHE FRÉDÉRIC [ADOLF FREDRIKS KYRKA] ★★

16 Holländargatan ✆ +46 8 20 70 76
www.svenskakyrkan.se/adolffredrik
L'eglise est ouverte tous les jours sauf le samedi, les horaires varient en fonction des évènements qui ont lieu.

Une église bâtie entre 1768 et 1774, rénovée à plusieurs reprises jusqu'en 1997. Elle mérite une courte halte pour son intérieur néoclassique et ses ornements rococo, la fresque de son dôme et le *Monument de Descartes*, sculpture de l'artiste Johan Tobias Sergel dédiée au philosophe français qui est décédé à Stockholm après son passage à la Cour de Suède pendant le règne de la reine Christine. Dans le cimetière qui entoure l'édifice repose le Premier ministre assassiné Olof Palme.

ÉGLISE DE SAINT-JEAN [JOHANNES RÖDAKORSKRETS] ★★★

12 Kammakargatan
✆ +46 77 119 95 00
Ouvert du mardi au samedi de 11h à 16h.

Édifiée sur une excroissance de terrain rocheux appelée Brunkebergsåsen, l'église Saint-Jean a été bâtie en six années seulement et achevée en 1890. L'intérieur, dans un style néogothique pur, vaut largement le coup d'œil. L'orgue et les vitraux sont superbes, les couleurs brunes et orangées qui ornent les piliers et les ogives sont suffisamment originales pour surprendre le visiteur. Autour de l'église, le parc est plutôt joli et les Stockholmois y font bronzette l'été.

Église de Saint-Jean.

ÉGLISE DE SAINTE-CLAIRE [SANKT KLARA KYRKA] ★★

37 Klarabergsgatan
✆ +46 8 411 73 24
www.klarakyrka.se
Ouvert tous les jours de 8h à 17h. Entrée libre.

Bâtie à l'emplacement de l'ancien couvent Sainte-Claire fondé en 1280, l'église actuelle date des XVIIIe et XIXe siècles. Cette belle construction de briques rouges, plantée au cœur du centre moderne, est parée du plus impressionnant (et sans doute du plus haut) clocher de la ville. Fraîchement rénové, il lance une flèche de cuivre vers le ciel et abrite le plus gros carillon de Stockholm. La façade sud est couverte de lierre, donnant au jardin une touche poétique.

GALERIE BJÖRKHOLMEN

2 Rödbodtorget
✆ +46733125573
www.bjorkholmengallery.com
Ouvert du mardi au samedi de midi à 17h, et le dimanche de midi à 16h. Fermé dimanche et lundi.

Si vous aimez l'art contemporain, alors voici une super adresse. La Suède compte de nombreux artistes renommés dans le monde entier, parmi lesquels se trouvent aujourd'hui beaucoup de jeunes artistes contemporains. La galerie Björkholmen représente à la fois des artistes internationaux et suédois, et est considérée comme l'une des principales galeries d'art de Stockholm. La galerie est située à l'Académie Royale des Beaux-Arts, juste en face de Gamla Stan et à côté de la galerie Magnus Karlsson. Une bonne adresse pour faire une pause en trajet.

ÉGLISE GUSTAVE VASA [GUSTAF VASA KYRKA] ★★

1-5 Karlbergsvägen
✆ +46 8 508 886 00
www.svenskakyrkan.se/gustafvasa
L'église est ouverte du lundi au jeudi de 11h à 18h, du vendredi au dimanche de 11h à 15h.

La façade, en forme de croix grecque, évoque les temples antiques. Inaugurée en 1906, cette église abrite un intérieur calme et spacieux. Le dôme, décoré d'une fresque représentant la transfiguration du Christ, dégage un vaste puits de lumière. Sont représentés, à l'intersection des transepts, les quatre évangélistes. L'autel avait été originellement créé pour orner la cathédrale d'Uppsala mais fut finalement installé ici après un long séjour au Musée nordique de Skansen.

GALERIE D'ART CONTEMPORAIN BONNIER ★★

19 Torsgatan ✆ +46 87 36 42 48
www.bonnierskonsthall.se
Du jeudi au dimanche, de 12h à 17h, mercredi de 12h à 20h. Fermé lundi et mardi. Entrée 100 SEK. Vendredi gratuit.

Le plus grand musée privé de Stockholm et aussi l'une des plus importantes galeries d'art contemporain de Suède. Il est la propriété du puissant empire médiatique de la famille Bonnier, et a été créé à l'initiative de Charlotte Bonnier en mémoire de sa défunte fille qui étudiait l'art. Y est exposée la collection privée de la famille pour qui l'art est devenu un trait de caractère. Vous y trouverez aussi des expositions d'artistes contemporains provenant du monde entier.

À VOIR / À FAIRE

Eglise Sainte-Claire.

GALERIE MAGNUS KARLSSON

12 Fredsgatan
✆ +4686604353
www.gallerimagnuskarlsson.com
Ouvert du mardi au vendredi entre midi et 17h, et le samedi entre midi et 16h.

Présente depuis 1990 et située au rez-de-chaussée de l'Académie royale des beaux-arts de Suède, la galerie Magnus Karlsson a gagné une belle réputation avec les années; elle est considérée comme une des galeries les plus uniques d'art contemporain. Elle est spécialisée dans les œuvres de nouveaux artistes qui se singularisent de plus en plus, faisant de cette adresse un bon endroit pour se familiariser avec le monde artistique suédois d'aujourd'hui. Pourquoi ne pas aller y jeter un coup d'œil pendant une balade dans le centre-ville !

MAQUETTE GÉANTE DE STOCKHOLM ★

Kulturhuset
Maison de la culture ouverte en semaine de 9h à 19h et le week-end de 11h à 17h.

Au rez-de-chaussée de la maison de la culture (au niveau de la grande fontaine de Sergels Torg) est visible une immense maquette de la ville, à l'échelle 1 : 10e, qui permet de constater la topographie étonnante de l'agglomération et de mieux se repérer lors de la découverte de la ville. Le visiteur peut se déplacer tout autour de cette reproduction très réaliste, colorée et accessible gratuitement. Des affichages lumineux permettent de pointer les lieux-clefs de Stockholm.

MAISON DES CONCERTS (KONSERTHUSET) ★★★★

8 Hötorget
✆ +46 8 786 02 00
www.konserthuset.se
Ouvert du lundi au vendredi de 8h30 à 17h, et selon les horaires de spectacles.
Visite guidée Nobel (en anglais) l'été.

Inauguré en 1926, cet imposant bâtiment au crépi bleu et aux hautes colonnes grises qui domine Hötorget est l'un des symboles de Stockholm. C'est ici que sont remis, chaque 10 décembre, les prix Nobel, récompensant les hommes et femmes ayant apporté à l'humanité, selon les différents comités, les plus grandes avancées dans les domaines de la physique, la chimie, la médecine et la littérature. Par contre, le prix Nobel de la paix est décerné, selon les volontés d'Alfred Nobel, à Oslo. La Maison des concerts se visite tous les jours lors de la visite Nobel, en anglais. L'immense fontaine élevée sur les marches de l'édifice est une œuvre du sculpteur suédois Carl Milles, réalisée en 1936 et représentant Orphée.

Chef-lieu de l'Orchestre Philharmonique. Le reste de l'année, c'est l'Orchestre philharmonique royal de Stockholm qui s'y produit, ainsi que de nombreux artistes et orchestres internationaux. Composé de 105 musiciens et dirigé par le chef d'orchestre finlandais Sakari Oramo, l'orchestre philharmonique de Stockholm est réputé dans le monde entier. Né en 1902 avec la création de l'orchestre de la Concert Society, le nom changera une cinquantaine d'années plus tard, en 1957, pour l'orchestre philharmonique de Stockholm pour finalement statuer comme le Royal Philharmonique. Pour la petite anecdote, le compositeur Allan Pettersson fut membre de l'orchestre en 1940 et 1953. Aujourd'hui, le Konserthuset organise plus d'une centaine de concerts par an.

MUSÉE AUGUST STRINDBERG (STRINDBERGSMUSEET) ★★

85 Drottningatan
✆ +46 8 441 91 70
www.strindbergsmuseet.se
Ouvert du mardi au dimanche de midi à 16h.
Entrée : adulte 75 SEK. Visite guidée pour 20 SEK de plus par personne.

Le numéro 85 de Drottningatan fut la dernière demeure du plus célèbre auteur suédois. Il y emménagea en 1908. Il loua aussi au septième étage du même immeuble une pièce où il installa sa bibliothèque, riche d'environ 6 800 volumes. C'est dans la tour Bleue, appelée ainsi à cause de la couleur de l'escalier, qu'il écrivit en 1909 sa dernière pièce de théâtre *La Grand-Route*. 1910 et 1911 furent les années de la querelle Strindberg, querelle autour des quelque 500 articles politiques où il prit parti pour la classe ouvrière. Et c'est ici qu'il reçut, le jour de ses 60 ans, un premier hommage massif des couches populaires. Plus tard, lorsqu'on comprit qu'il ne recevrait pas le prix Nobel, une collecte fut organisée. Elle procura 45 000 couronnes, et constitua une sorte de prix anti-Nobel du peuple. Cette somme lui fut remise à l'occasion de son 63e anniversaire et, dans la soirée du 22 janvier 1912, les ouvriers de Stockholm formèrent d'Odenplan à Tegnérslunden une marche aux flambeaux qui regroupa 20 000 personnes. Strindberg apparut à son balcon, souleva son haut-de-forme et remercia. Il mourut quelques mois après, le 14 mai, et 60 000 personnes l'accompagnèrent jusqu'à sa dernière demeure. L'appartement de Strindberg a été reconstitué d'après des témoignages et des photographies de l'époque. Par souci de préservation, la visite de l'appartement impose que vous vous soumettiez à une petite contrainte : enfiler des chaussons afin de protéger le parquet original des lieux.

MUSÉE D'ART MODERNE [MODERNA MUSEET] ★★★

Exercisplan 4
✆ +46 8 520 235 00
www.modernamuseet.se
Mardi & vendredi 10h-20h. Mercredi, jeudi et le week-end de 10h à 18h. Fermé le lundi. Entrée gratuite.

Niché dans un long bâtiment de plain-pied de l'époque industrielle, ce musée d'art moderne jouit d'une réputation mondiale. C'est ici que le célèbre Andy Warhol a exposé en son nom pour la première fois en Europe. Il offre, outre différentes expositions temporaires, la collection d'œuvres modernes la plus importante du pays. Environ 6 000 peintures, sculptures et installations, 25 000 aquarelles et dessins, ainsi qu'une très belle collection de près de 100 000 photographies. Parmi cette collection se trouvent des œuvres de Picasso, Matisse, Salvador Dalí, Duchamp et Robert Rauschenberg, pour n'en citer que quelques-uns. Ce musée fut fortement soutenu par le gouvernement suédois, qui contribua il y a quelques années à hauteur de 5 millions SEK afin de soutenir des artistes femmes, tel que Louise Bourgeois et Susan Hiller, dont des œuvres furent ajoutées à la collection. Vous pourrez y découvrir également une abondance d'œuvres d'artistes suédois pour faire connaissance avec l'art moderne nordique. Sa collection s'étend au-delà des espaces d'exposition intérieurs. Dispersées sur l'île de Skeppsholmen se trouvent des œuvres en plein air, dont des sculptures de Niki de Saint Phalle et de Pablo Picasso, ce qui fait de l'île une superbe destination pour une balade culturelle. Le musée propose aussi des expositions temporaires (entrée payante) à trouver en ligne sur leur site Internet. S'y trouve également un restaurant avec une superbe vue sur la ville !

MUSÉE DE LA DANSE [DANSMUSEET]

17 Drottninggatan
✆ +46 8 441 76 51 - www.dansmuseet.se
Ouvert tous les jours sauf le lundi. 120 SEK par adulte, 80 SEK par étudiant et gratuit pour les moins de 18 ans.

Installé depuis 1999 sur la place Gustav Adolf, à côté de l'Opéra et face au palais royal, le musée de la Danse est facilement accessible via les stations de métro Kungsträdsgården ou T-Centralen. C'est un musée unique en son genre qui expose des collections de costumes et d'esquisses du Ballet suédois, mais aussi des tenues et des masques chinois, africains, thaïlandais, russes... Des expositions temporaires traitent de divers thèmes relatifs à la danse, mais sont payantes.

MUSÉE DES ANTIQUITÉS MÉDITERRANÉENNES ★★★

2 Fredsgatan
✆ +46 10 456 12 98
www.medelhavsmuseet.se
Ouvert du mardi au vendredi de 11h à 20h, et le week-end de 11h à 17h. Entrée gratuite.

Ici, à deux pas de la place Gustav Adolf, sont présentés les vestiges de plusieurs cultures antiques méditerranéenne et du Moyen-Orient, collections d'objets datés pour certains de 5 000 ans av. J.-C. Chypre, Égypte, Iran, empires romain et grec, Maghreb... Le musée vous entraîne dans un passé fascinant. Les points les plus marquants de la visite sont sans doute les deux salles égyptiennes avec leurs magnifiques sarcophages et leurs momies humaines et animales.

MUSÉE HALLWYL

4 Hamngatan
✆ +46 8 402 309 9
www.hallwylskamuseet.se
Ouvert du mercredi au dimanche, horaires variables selon les mois de l'année. Mis à jour en ligne. Entrée gratuite.

Visitez la maison du comte et de la comtesse Hallwyl, aujourd'hui devenu l'un des musées les plus excentriques de Stockholm. Ici, vous voyagez dans le temps, non seulement grâce au décor, mais parce que absolument tout dans la maison a été conservé en l'état. Parmi les objets se trouvent des choses personnelles dont un morceau de barbe du comte et une tranche de leur gâteau de mariage. L'entrée est gratuite, sauf pour les expositions temporaires (90 SEK), et les visites guidées les samedis à 13h30 (90 SEK). Un musée pas comme les autres !

© PHILIPPE GUERSAN

MUSÉE NATIONAL [NATIONAL MUSEUM] ★★

Södra Blasieholmshamnen
✆ +46 8 519 543 00 - www.nationalmuseum.se
Mardi, mercredi, samedi et dimanche de 11h à 17h, jeudi de 11h à 21h et vendredi de 11h à 19h. Entrée gratuite.

Le Nationalmuseum est le premier musée d'art et de design de Suède. Son fonds est principalement constitué de peintures, sculptures, dessins et gravures allant de la Renaissance au XIXe siècle. La collection d'arts appliqués et de design s'étend de la fin du Moyen Âge à nos jours. Rouvert récemment (octobre 2018) et magnifiquement rénové, il comprend à présent beaucoup plus d'œuvres qu'auparavant ainsi qu'une nouvelle « salle aux trésors ». Un must depuis sa réouverture.

ÖSTASIATISKA MUSEET

Tyghusplan
✆ +46 10 456 12 97
www.ostasiatiska.se
Ouvert du mardi au mercredi entre 11h et 20h et du jeudi au dimanche entre 11h et 17h. Entrée gratuite.

L'Östasiatiska Museet est le musée des antiquités de l'Extrême-Orient. Ce musée se spécialise sur les cultures d'Extrême-Orient, et possède environ 100 000 objets de cultures asiatiques. L'histoire du musée remonte au début du XXe, lors de la découverte de la poterie chinoise préhistorique. Étalée à travers plusieurs salles, la collection permanente contient armes, vaisselle, sculptures, et meubles, retraçant l'évolution culturelle et religieuse des cultures en question. Vous pourrez aussi y voir des expositions temporaires.

SVEN-HARRYS KONSTMUSEUM [MUSÉE D'ART]

10 Eastmansvägen
✆ +46 8 511 600 60 - www.sven-harrys.se
Ouvert mardi, mercredi et vendredi de 11h à 19h. Jeudi jusqu'à 20h, et samedi et dimanche jusqu'à 17h. Fermé le lundi.

Ouvert depuis 2011, le musée est d'une architecture sophistiquée et moderne, dressé le long de Vasaparken. Il comprend trois salles d'expositions temporaires ainsi qu'une terrasse sur le toit, présentant des sculptures et une jolie vue sur Vasastan. S'y trouve aussi la copie exacte de la résidence du collectionneur Sven-Harry Karlsson, un manoir du XVIIIe siècle, comprenant ainsi l'une des plus grandes collections d'art nordique. Le musée possède un café ouvert au public.

VASAPARKEN

11C Dalagatan
Ouvert 24h/24.

Le parc Vasa est, en été, largement fréquenté par les habitants de Norrmalm. Difficile alors d'imaginer que durant la Première Guerre mondiale le site était utilisé pour faire pousser des pommes de terre afin de nourrir certaines classes de population affamée. Lorsque viennent les beaux jours, les pelouses sont couvertes de monde et les terrasses des petits cabanons ne désemplissent pas. On y trouve un grand terrain de football synthétique et une aire de jeux pour enfant. La statue *Arbetaren* (le travailleur) est une œuvre en hommage à la classe ouvrière.

Vasaparken.

L'ARMURERIE ROYALE (LIVRUSTKAMMAREN)

3 Slottsbacken
✆ +46 8 402 30 30
https://livrustkammaren.se
Ouvert tous les jours de 11h à 17h, sauf le lundi.

500 ans d'armes et d'armures, ainsi que de somptueux carrosses royaux et des vêtements d'époque. Dans ce musée, vous découvrez l'histoire de la Suède à travers la monarchie et les personnes qui y sont liées, de Gustav Vasa à nos jours. L'exposition permanente comprend des approches interactives avec parfums, matériaux et sons qui donnent envie de se plonger dans cette époque. Séparé en plusieurs sections, vous avez l'ère Vasa, l'ère d'expansion de la Suède, les guerres, etc.

ÉGLISE DE RIDDARHOLMEN (RIDDARHOLMSKYRKAN) ★★

Kungliga slottet
✆ +46 8 402 61 30
www.kungahuset.se
Ouverte tous les jours.
Adulte : 50 SEK, réduit : 25 SEK

Riddarholmskyrkan (l'église des Chevaliers) est la seule église médiévale encore visible à Stockholm. Elle abrite les sépultures des rois de Suède. C'est ici que reposent Gustave II Adolf, Charles XII, Charles XIV Jean, Gustave V et leurs épouses. Y sont aussi exposés les blasons des chevaliers de l'ordre royal du Séraphin, qui tapissent une partie des murs de l'édifice. L'église, à l'origine un monastère franciscain, fut construite en 1280. Son clocher domine l'île de Riddarholmen.

MUSÉE DU MOYEN ÂGE (MEDELTIDSMUSEET) ★★

3 Strömparterren
✆ +46 8 508 316 20
Ouvert du mardi au dimanche de 12h à 17h et jusqu'à 20h le mercredi, fermé le lundi. Entrée gratuite.

Un très beau musée, situé dans les entrailles de Helgeandsholmen, sous le vieux pont (Norrbro), qui passionnera adultes comme enfants car il parcourt l'Histoire de manière ludique du XIIIe siècle, période de fondation de la cité sur Stadsholmen, au début du XVIe siècle et l'accession de Gustav Vasa au trône, en 1523. Une étape incontournable pour les mordus d'histoire urbaine mais aussi pour tous ceux qui cherchent à percer les secrets du passé de la capitale suédoise.

CATHÉDRALE (STORKYRKAN) ★★★★

1 Trångsund ✆ +46 87 23 30 00
www.stockholmsdomkyrkoforsamling.se
Ouvert tous les jours, de 10h à 18h. Entrée 60 SEK et gratuite pour les moins de 18 ans.

La Storkyrkan, la cathédrale de Stockholm, est la deuxième plus ancienne église de la ville. Elle se situe dans le cœur médiéval de la vieille ville, près du Palais royal. L'histoire raconte qu'au XIIIe siècle, le fondateur de la ville, Birger Jarl, a fait construire sur le point le plus élevé de Stadsholmen (actuelle Gamla Stan), une chapelle en bois. La construction brûla et à son emplacement fut bâtie une église plus vaste, inaugurée en 1306. Agrandie, élevée et embellie dans le style gothique au cours du XVe siècle, elle devient la « Cathédrale aux 5 nefs ». Puis, lors de la réformation suédoise, l'église perd nombre de ses objets, aboutissant ainsi à sa transition vers une église luthérienne en 1527.

L'église actuelle est baroque de l'extérieur mais gothique de l'intérieur. Elle demeure belle et impressionnante, ornée de voûtes en briques rouges et de boiseries ravissantes, où vous pouvez voir la sculpture dramatique de saint George terrassant le dragon, œuvre sculptée en 1471 lors de la victoire contre le royaume du Danemark. L'église contient aussi une copie de la plus ancienne représentation connue de Stockholm : la peinture *Vädersolstavlan*.

Aujourd'hui, Storkyrkan est au cœur de la vie religieuse et politique suédoise, accueillant chaque automne la cérémonie d'ouverture de l'année parlementaire.

L'église est aussi reconnue pour sa culture musicale, attirant certains des meilleurs organistes et chefs de chœur de Suède. Des concerts y ont lieu chaque semaine, auxquels vous pouvez, vous aussi, assister.

MUSÉE JUIF [JUDISKA MUSEET]

19 Själagårdsgatan
✆ +46 8 301 500
https://judiskamuseet.se
Ouvert du mardi au dimanche de 11h à 17h, et le vendredi jusqu'à 16h.

Un nouveau musée a ouvert ses portes et invite tout un chacun à découvrir l'histoire de la pensée juive, des pratiques juives et de l'histoire suédoise à tous ceux qui sont curieux de connaître l'histoire de l'héritage judéo-suédois. En 1795, la congrégation juive emménagea dans une ancienne salle des ventes à Själagårdsgatan 19, là où le musée a été rénové aujourd'hui. Le bâtiment était le centre de la vie juive en Suède pendant près d'un siècle.

PALAIS DE LA NOBLESSE [RIDDARHUSET] ★★★

10 Riddarhustorget
✆ +46 08 723 39 90
www.riddarhuset.se
Ouvert du lundi au vendredi de 11h à 12h.
Plein tarif : 60 SEK, étudiants et seniors : 40 SEK.

Dans la vieille ville, juste avant le pont qui mène à Riddarholmen. Riddarhuset, ou palais de la Noblesse, fut construit entre 1641 et 1674, dans un style baroque allemand, par l'architecte français Simon de La Vallée, puis par l'Allemand Justus Vingboons. Le bâtiment, de couleur abricot, aux colonnes blanches et aux fenêtres ornées, appartient encore aujourd'hui à la noblesse de Suède. Il est gardé par l'imposante statue du roi Gustave Vasa, haute de plus de 5 m !

WOODEN HORSE MUSEUM

14 Stortorget
✆ +46 8 206 089
www.woodenhorsemuseumsweden.se
Ouvert tous les jours de 10h à 18h, sauf le vendredi.

Le Wooden Horse Museum (le « musée du cheval de bois ») est un petit musée qui a l'allure d'une boutique de souvenirs où vous pouvez contempler une collection gigantesque de petits chevaux de bois appelés, à l'origine, des chevaux *dala*. Les chevaux dala étaient des jouets pour enfants originaires de la région de Dalécarlie en Suède. Cet objet typiquement suédois se retrouve partout : sur les sapins de Noël, en décoration de table, imprimé sur un oreiller, etc. L'entrée est gratuite et vous pouvez vous acheter votre propre petit cheval de bois.

MUSÉE NOBEL [NOBELMUSEUM] ★★★★

2 Stortorget ✆ +46 8 534 818 00
www.nobelmuseet.se
Ouvert du jeudi au dimanche, 11h - 17h.
Audioguide en français sur l'application du musée.
Adultes : 130 SEK.

Situé sur la jolie place de Börshuset aux maisons étroites et hautes, vertes, rouges et jaunes, que l'on retrouve sur tous les magnets souvenirs. Derrière les murs de l'ancienne bourse, le musée présente la vie d'Alfred Nobel et l'histoire des prix et des lauréats depuis 1901, date de la remise des premières récompenses. Depuis plus d'un siècle, des personnalités ayant apporté la plus grande contribution aux domaines de la physique, de la chimie, de la médecine, de la littérature et de la paix lors de l'année écoulée sont récompensées par ce prix mondialement connu. Depuis 1969, un sixième prix est décerné, récompensant les plus grands économistes. Il faut préciser que le prix Nobel de la paix n'est pas décerné à Stockholm, mais à Oslo selon la volonté d'Alfred Nobel.

▸ **Avant le musée, Alfred Nobel.** Si la dynamite a fait sa renommée, Alfred Nobel, né à Stockholm en octobre 1833, fut dépositaire de 350 brevets scientifiques de son vivant. Issu d'une famille d'ingénieurs, Alfred Nobel passe son adolescence à Saint-Pétersbourg, puis étudie la chimie aux États-Unis. Il vivra de longues années à Paris avant de déménager en Italie, où il mourra d'un AVC en 1896. Un an avant, le 27 novembre 1895, dans son bureau au cercle suédois et norvégien de la rue de Rivoli, Alfred Nobel décidait de léguer par testament une fortune colossale pour la création d'un prix décerné à ceux qui auront rendu service à l'humanité dans les domaines de la paix, la diplomatie, la littérature, la chimie, la physiologie/médecine, la physique ; et ne tenant absolument pas compte de la nationalité des lauréats. Événement mondial dès sa création, voilà comment est né le prix Nobel.

▸ **Un musée instructif.** Comptez 45 minutes pour la visite. Le musée est séparé en deux parties : l'une consacrée à la vie de Nobel, inventeur de la dynamite, et l'autre aux lauréats du prix depuis sa création. Des visites guidées ont lieu plusieurs fois par jour et sont comprises dans le prix du billet. Visites en suédois et en anglais. Audio-guide disponible en français. Le musée Nobel est également un lieu où vous pourrez trouver de très belles expositions temporaires.

▸ **Pause café ou déjeuner.** Inspiré par la culture des cafés viennois, parisien et berlinois, le musée est aussi un lieu idéal pour faire une pause et déguster l'incontournable glace spéciale Nobel, accompagnée entre autres de son petit médaillon en chocolat. Et entre nous, vous serez surpris de ce que vous trouverez sous les chaises du restaurant.

PALAIS ROYAL DE STOCKHOLM [KUNGLIGA SLOTTET] ★★★★

1 Slottsbacken
✆ +46 08 402 61 00
www.royalpalaces.se
Entrée : ticket total (château, trésor, musée Tre Kronor et musée des Antiquités seulement l'été) 160 SEK/adulte.

Le Palais royal (Kungliga Slottet) est la résidence officielle de la famille royale à Stockholm, un bâtiment baroque dessiné par l'architecte Nicodème Tessin le Jeune qui comprend plus de 600 pièces. Outre les appartements, vous pourrez découvrir trois musées d'histoire : le musée du Château (Tre Kronor Museum), dédié à l'histoire médiévale du palais, le Trésor (Skattkammaren) et le musée des Antiquités de Gustav III (Gustav IIIs antikmuseum) avec ses sculptures antiques. Ne manquez pas la relève des gardes à 12h15 du lundi à samedi (13h15 le dimanche).

Edifié peu à peu, à partir d'un donjon datant de la fin du XIIe siècle, le château de Stockholm ne cessa de s'agrandir avec le temps. Le roi Gustave Ier Vasa (1521-1560), fondateur de l'Etat moderne suédois, compte parmi ceux qui renforcèrent la défense de l'ancien château fort. Son fils, Jean III (1569-1592), s'intéressait plutôt à l'aspect esthétique et fit remanier la sévère construction médiévale dans un opulent style Renaissance. Au cours du XVIIe siècle, Tre Kronor, qui était le nom de la tour d'origine et parfois aussi utilisé pour nommer l'ancien château, abritait difficilement les services administratifs d'un Etat devenu une grande puissance européenne, et le roi Charles XI (1660-1697) confia à l'architecte Nicodème Tessin les travaux d'agrandissement du château. Il fallait créer une résidence magnifique, digne du monarque absolu de la Suède. L'aile nord fut élevée pendant les années 1692-1695 et, dans un même élan, on entreprit d'aménager l'étage supérieur en salons de réception, tels qu'on peut les voir aujourd'hui. Le 7 mai 1697, un incendie éclata, ravageant l'ancien château dans sa presque totalité. Seule fut sauvée l'aile nord nouvellement construite. La prenant pour point de départ, Tessin conçut un plan pour un palais entièrement nouveau. La reconstruction, rapide au début, fut freinée par le manque de moyens car les guerres de Charles XII (1697-1718) avaient dévoré toutes les ressources financières. Un peu avant sa mort, en 1728, Tessin eut le bonheur de voir assurer la continuation de son œuvre par la création d'un impôt spécial. La tâche de Nicodème Tessin, en sa qualité de responsable artistique et administratif, incomba à son fils Charles-Gustave. Mais c'est l'architecte Charles Hårleman qui devint le vrai directeur des travaux. S'il suivit fidèlement les plans originaux de Tessin, il appliqua toutefois aux appartements du rez-de-chaussée le style rococo de son époque. En 1754, Adolphe-Frédéric (1751-1771) et Louise-Ulrique purent quitter leur résidence provisoire sur l'île de Riddarholmen et s'installer au palais royal, ou plus exactement dans la partie inférieure des deux grands étages de l'aile nord, appelée aujourd'hui « appartements Bernadotte ». Leurs fils, les princes Gustave (III), Charles (XIII) et Frédéric-Adolphe, reçurent successivement leur propre demeure dans les ailes est et ouest. Le château, devenu un véritable palais, fut entièrement aménagé vers 1770.

▸ **La chambre d'apparat de Gustave III.** Le plafond aux riches motifs allégoriques a été exécuté dans les années 1690 par Fouquet et Chauveau. Les autres décors de la chambre, d'après des dessins de J.-E. Rehn, datent des années 1772-1779. C'est ici que, pour la première fois, le classicisme Louis XVI se déploie pleinement dans la décoration d'un intérieur suédois. Dans l'alcôve qui abritait autrefois la couche royale, on peut admirer une tapisserie rococo de la manufacture des Gobelins, fort bien conservée et reproduisant une scène de l'opéra Roland, de Quinault et Lully. Elle fut offerte à Gustave III à Paris, en 1784. L'alcôve renferme trois cabinets exécutés par l'ébéniste parisien Adam Weisweiler en 1784, décorés de panneaux de laque japonais et de pierre dure, mosaïque de pierre en relief. Enfin, sur les consoles, deux bustes : ceux de Charles XII et de Gustave III.

▸ **La galerie de Charles XI.** Elle forme le centre de l'appartement d'apparat royal créé par Tessin. Sa décoration originale, commencée dans les années 1690 et portant la marque de l'influence que Tessin a subie au temps de ses études en France sous Louis XVI, n'a pas été sensiblement modifiée. Seul le stuc marbré des murs est d'origine plus récente (1819-1820). Les allégories du plafond sont un hommage à Charles XI et à son épouse Ulrique-Eléonore. Les bustes du couple royal se retrouvent d'autre part au-dessus de l'entablement.

▸ **Le salon de Don Quichotte.** Il doit son nom à ses tapisseries murales qui retracent des scènes de la vie du héros de Cervantès. Cette suite de tapisseries, ainsi que le revêtement des sièges, figurait parmi les nombreux cadeaux offerts par Louis XVI à Gustave III lors de la visite de ce dernier à Paris, en 1784. Le plafond, représentant Junon et les Quatre Vents, est de Taraval. Les dessus-de-porte aux riches encadrements exécutés d'après les esquisses de Rehn ont été peints par F. Boucher dans les années 1740.

▸ **La galerie Bernadotte.** Des riches décors rococos d'origine, il reste aujourd'hui le plafond de Taraval ainsi que la cheminée, les fenêtres et les portes. La galerie a été partiellement vidée de ses ornements dès l'époque de Gustave III pour faire place à une partie de l'importante collection de peintures cédée par Charles-Gustave Tessin à Frédéric Ier. On peut y voir, entre autres, des portraits de la dynastie Bernadotte.

Garde du palais royal.

BALADE

PLONGÉE DANS GAMLA STAN

Cette promenade débute sur **Slottsbacken**, devant l'aile nord du château et au pied de l'obélisque. Engagez-vous ensuite dans **Källargrand**, puis débouchez sur la grande place, **Stortorget**.

Dirigez-vous vers **Köpmansgatan**, l'une des rues les plus anciennes de Stockholm. Revenez sur vos pas pour longer **Själagårdsgatan** qui vous conduit à une placette calme et ombragée. Continuez dans cette ruelle puis descendez pour rejoindre **Österlånggatan**.

En suivant **Österlånggatan** vers le sud, vous rejoignez **Järntorget**. Les deux rues **Öster** et **Västerlånggatan** se rejoignent. Engagez-vous dans cette dernière. Sur la droite, une ruelle étroite remonte vers les hauteurs de Gamla Stan. C'est l'artère la plus étroite de toute la ville. Continuez de remonter Västerlånggatan puis plongez à gauche dans Tyskabrinken après avoir contemplé l'église allemande (Tyska kyrkan). Vous atteignez bientôt **Stora Nygatan**. Suivez-la vers le nord.

Parmi la multitude de ruelles qui montent vers la droite, l'une se nomme **Gåsgrand** et débouche sur une petite place. En remontant la ruelle, on passe sous un tunnel très bas pour retomber sur **Västerlånggatan**. Il s'agit maintenant de remonter vers la cathédrale par **Kakbrinken**. Arrêtez-vous à l'intersection entre Kakbrinken et Prästgata.

FABRIQUE DE SOIE [ALMGRENS SIDENVÄVERI] ★★

15A Repslagargatan ✆ +46 86 42 56 16
www.kasiden.se

Les horaires varient selon la saison.
Adulte : 75 SEK, moins de 12 ans : gratuit.
Appeler pour visite en français.

Une fabrique de soie a occupé ce bâtiment dont l'essentiel a été préservé depuis sa fermeture. Ouvert par Knut Augst Almgren, l'atelier de production fut l'un des plus importants du pays et fournissait la cour royale, la bourgeoisie et la noblesse de Stockholm. La visite propose de découvrir cette manufacture, témoin de l'histoire précoce de l'industrialisation en Suède. Le premier étage expose les machines d'époque tandis qu'au grenier, on en apprend plus sur l'histoire de la soie.

FIBERSPACE

40 Katarina Bangata
✆ +46 70 929 76 22
https://fiberspace.se

Ouverture de la galerie le jeudi et vendredi de midi à 18h, et le samedi de midi à 16h.

Situé dans le quartier branché de Sofo, la galerie Fiberspace se spécialise dans l'art et le design de la fibre, comprenant des expositions de textiles de toute sorte : contemporains ou traditionnels, conceptuels ou d'artisanat. L'histoire du textile scandinave est singulier, et a influencé l'industrie mondiale. Il est fort probable que vous ayez un tapis avec un motif suédois sans le savoir, car ces designs scandinaves se vendent mondialement, notamment dans les collections d'IKEA. Fiberspace offre aussi des séances d'apprentissage sur réservation en ligne.

TANTOLUNDEN

Zinkens Väg

Gratuit.

Un immense parc qui se trouve au sud-ouest de l'île de Södermalm. Très animé les jours de soleil et dominé par de grands rochers. D'en haut la vue est très belle. Le parc de Tanto propose quelques curiosités comme cette maison en bois rouge construite autour d'un gros arbre, ou les dizaines de cottages et leurs adorables jardins qui ont fleuri le long des pentes de la colline depuis 1915. Une petite plage permet de piquer une tête au passage... C'est le lieu de rencontre incontournable des Stockholmois qui s'y retrouvent en groupes pour passer un bon moment.

+ monter sur colline de Södermalm, à Monteliusvägen

+ colline Skinnarviksberget

MUSÉE DE LA VILLE [STADSMUSEET] ★★

Ryssgården
✆ +46 8 508 31 620
www.stadsmuseum.stockholm.se

Entrée gratuite. Ouvert de mardi à dimanche jusqu'à 17h, et le mardi et jeudi jusqu'à 20h.

Le musée de la ville de Stockholm se trouve dans l'enceinte de l'ancienne mairie, bâtie en 1685, situé à Slussen, en face de Gamla Stan. Ce musée est dédié à la préservation et documentation de l'histoire de la capitale suédoise. L'exposition permanente, ou « l'exposition de Stockholm », retrace l'histoire de Stockholm depuis le règne de Gustav Vasa jusqu'à nos jours, comprenant également une exposition qui présente les futurs projets d'aménagements urbains. L'exposition permanente est accessible à tous et l'entrée y est gratuite. Sa rétrospective historique est très enrichissante, permettant non seulement de découvrir le passé dynamique de cette ville, mais aussi d'imaginer son avenir. On comprend mieux comment Stockholm a évolué depuis une petite ville nordique jusqu'à devenir une capitale mondiale. Le deuxième étage est consacré à des expositions temporaires, et le dernier étage nous invite à faire connaissance avec un habitat familial emblématique du début du XXe siècle : la maison familiale Pihlqvist. Le musée propose par ailleurs des visites guidées, des promenades en ville et d'autres activités d'extérieur qui élargissent l'apprentissage et l'immersion des visiteurs. Vous trouverez aussi un café, une boutique et une salle de documentation sur place. Le café propose des sandwichs, des gourmandises, du thé et du café, ou des plats plus consistants, le tout jusqu'à 16h30. Adresse incontournable afin de mieux comprendre la ville de Stockholm d'aujourd'hui !

TREKANTSPARKEN

Métro Liljeholmen

Descendez du métro Liljeholmen pour trouver un lac paisible et bucolique entouré de forêt. C'est ici qu'en été vous pourrez profiter des eaux rafraîchissantes du lac pour vous baigner et bronzer au soleil à la plage de Trekantsbadet. Avec un sentier de promenade le long du lac, vous pouvez faire du jogging autour du parc suivi d'une bonne baignade dans l'eau fraîche. En hiver, lorsque le lac est gelé, pourquoi ne pas faire du patin à glace ? À Stockholm, c'est une activité très populaire parmi les locaux, et la préférée des enfants !

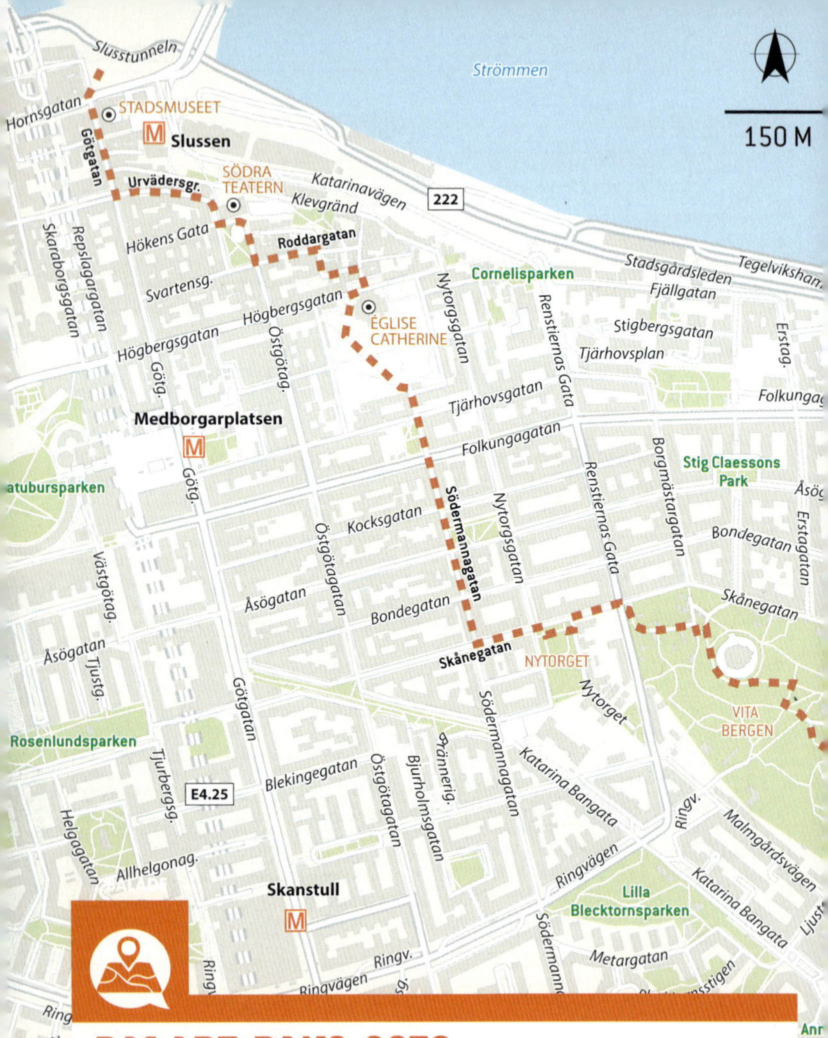

BALADE DANS SOFO

Si vous êtes à Stockholm le dernier jeudi du mois, il est recommandé de faire cette balade dans SoFo, où les bars, boutiques et restaurants restent ouverts pour SoFo-Night, soirée qui fait vibrer le quartier. Départ à Slussen, tournez à gauche, face au Stadsmuseet, pour rejoindre la rue principale de Götgatan. Montez la rue en tournant le dos à Gamla Stan, et tournez à gauche sur Urvädersgrand jusqu'à Mosebacke Torg, à droite. Là se situe Södra Teatern qui, à sa droite, contient un café-terrasse avec une super vue de Stockholm. Longez la terrasse jusqu'au bout pour joindre la ruelle de Fiskargatan, puis à gauche à Roddargatan, et à droite sur Katarina Kyrka, église ravissante. Traversez le parc entourant l'église vers le sud pour rejoindre Södermannagatan, rue vivante et conviviale, cœur de SoFo. Tournez à gauche à Skånegatan, et faites un tour de Nytorget, avec ses maisons anciennes et bons restos. Retrouvez Skånegatan vers l'est où vous trouverez le parc de Vita Bergen, avec un escalier d'accès. Pénétrez le parc pour plonger dans le folklore de maisonnettes en bois rouge, anciennes habitations d'ouvriers du début du XXe siècle. Longez les chemins pour rejoindre Sofia Kyrka, église dressée sur une colline, environnée de pelouses qui, en été, accueillent de nombreux locaux !

QUARTIER DE VITA BERGEN ★★★

Vitabergsparken

Le quartier de Vita Bergen (la Montagne blanche) fut l'un des plus pauvres de la banlieue de Stockholm jusqu'au début du XXe siècle. Plusieurs installations industrielles y furent implantées au XVIIIe siècle et sont toujours visibles, notamment dans la rue Malmgårdsvägen, où les bâtiments qui abritaient un abattoir, une brasserie et une fabrique textile sont encore debout. On peut même accéder à l'arrière cour et aux jardins de ces bâtisses (par la porte surmontée d'une lanterne), devenues appartements. L'impression de remonter le temps est évidente. Portes basses, escaliers de bois, jardins paisibles et parfumés... On entre ensuite dans le parc Vitabergsparken, construit sur une butte au sommet de laquelle se dresse l'église Sainte-Sofia (élevée en 1904). Arrivé devant l'église, on note les nombreuses petites maisons de bois rouge Falun qui s'alignent dans la pente. Il s'agit de Bergsprängagränd, l'une des rues de cet ancien quartier d'artisans pauvres. La route n'est pas bétonnée et presque toutes les maisons y ont été conservées telles qu'au début du siècle. Une petite promenade dans ce cœur historique de Södermalm permet d'imaginer plus facilement le fossé qui sépare la vie à Stockholm en 1910 de celle de nos jours. On pourra profiter de cette visite pour faire des petites emplettes, puisque de nombreux magasins très mignons se trouvent dans ce quartier. Il est aussi impératif de s'accorder un *fika* dans l'une des petites rues du quartier, car c'est l'un des lieux préférés des Suédois.

LE MUSÉE DE LA PHOTO

Ici sont montrés des clichés, mis en valeur par des éclairages et des ambiances adaptées à chaque artiste. Le Fotografiska propose également des ateliers photo, pour qui voudrait découvrir, se perfectionner ou simplement s'amuser un peu. Plus on sillonne les expositions, plus l'on se rapproche du restaurant. Une table dirigée par le chef Paul Svensson et qui a remporté, avec sa cuisine entièrement à base de plantes biologiques, le Gold Dragon Award. Côté bar, on peut surprendre des conversations passionnées sur la photographie ou débattre sur les expositions précédentes. Sur le chemin de la sortie se trouve la boutique du musée, qui propose une sélection de 300 photos.

MUSÉE DE LA PHOTO (FOTOGRAFISKA MUSEET) ★★★

22 Stadsgårdshamnen

✆ +46 8 50 900 500

www.fotografiska.eu

Ouvert du dimanche au mercredi de 9h à 23h, du jeudi au samedi jusqu'à 1h.

Entrée : 145 SEK, réduit : 115 SEK.

À quelques dizaines de mètres du métro Slussen, sa façade en briques rouges est intacte. Fotografiska est l'un des plus grands lieux dédiés à la photographie contemporaine. Ouvert en 2010, ce musée est un bonheur pour les passionnés de photographie. Au cœur d'un bâtiment du début du XXe siècle, ce sont 5 500 m^2 d'espace moderne qui accueillent quatre grandes expositions et une vingtaine plus petites chaque année. La scénographie est agréable et fluide. À ne pas manquer !

© DR

© DR

À VOIR / À FAIRE

ANDRÉHN-SCHIPTJENKO

31 Linnéagatan
✆ +46 86 12 00 75
www.andrehn-schiptjenko.com
Galerie ouverte du mardi au vendredi de 11h à 18h et le samedi de 12h à 16h. Galerie souvent fermée l'été.

De nombreux artistes talentueux vivent dans la capitale, et si on veut acquérir une œuvre d'art lors de son voyage à Stockholm, il n'y a que l'embarras du choix. Ouverte en 1991, Andrehn Schiptjenko est l'une des galeries d'art contemporain les plus importantes du pays et expose le travail de multiples peintres et photographes suédois et internationaux. Cela vaut le détour, rien que pour voir ce qui se fait dans le monde de l'art suédois, s'imprégner de l'ambiance du lieu ou discuter des dernières tendances avec de vrais connaisseurs !

ARTIPELAG

1 Artipelagstigen
✆ +46 8 570 130 00
www.artipelag.se
Ouvert du jeudi au dimanche de 11h à 17h, et le mercredi jusqu'à 19h. Entrée gratuite, expositions entre 50 et 225 SEK.

Nature et art s'entrelacent dans ce site culturel. L'exposition permanente de «sculptures dans la nature» est une exposition en plein air, entre plage, forêt, et sentiers, qui se découvre graduellement selon son propre rythme. À partir de début décembre, vous pourrez déguster un repas de Noël servi sur place. Des plats traditionnels sont servis, dont les ingrédients sont livrés par des producteurs locaux de Värmdö et des environs. Vous pouvez également participer à un «bain de forêt», exercices de bien-être avec un instructeur, dans la forêt.

HUMLEGÅRDEN

26 Humlegårdsgatan

Ce grand parc ombragé par des rangées de gros platanes a été créé dès le XVIe siècle par le roi Johan III. Dans le temps, il servait à d'importantes cultures de houblon. Lieu populaire de récréation et de repos, il s'étend aujourd'hui derrière l'imposante Bibliothèque royale. En son centre, une statue est dédiée au naturaliste Carl von Linné. Un bon endroit pour pique-niquer ou faire une petite sieste. Promenez-vous le jour de la fête nationale car des concerts improvisés s'y déroulent. Se trouve à quelques mètres du fameux Sturebadet.

MUSÉE DES ARTS DU SPECTACLE [SCENKONSTMUSEET]

2 Sibyllegatan
✆ +46 8 519 567 00
www.scenkonstmuseet.se
Ouvert du mardi au dimanche de 11h à 17h. Entrée : 140 SEK. Gratuite pour les -20 ans et le mercredi pour tous.

C'est dans le plus ancien bâtiment industriel préservé de la ville, qui abrita tour à tour, la grande boulangerie de la Couronne, un magasins d'armes puis un autre de bois, que se trouve l'un des principaux musées d'Europe consacré à la création artistique sous toutes ses formes. Le musée des Arts de la scène [Scenkonstmuseet] vous introduit dans le monde du théâtre, de la danse et de la musique sur la scène et dans les coulisses. Le musée détient une vaste collection de 50 000 objets, dont les plus anciens datent du XVIe siècle, le tout sur trois étages. Cette dernière est composée d'instruments de musique, de maquettes de scénographie, de costumes, d'objets d'art, d'accessoires de théâtre ou encore de marionnettes. L'espace d'exposition s'étend sur trois étages et comprend un grand espace pour des spectacles, ainsi qu'un studio et un showroom. En plus de donner un aperçu du monde des arts de la scène, les expositions interactives du musée permettent au visiteur de faire partie de l'expérience en s'installant sur scène avec un groupe de danse virtuel, en essayant des masques de théâtre imaginatifs ou encore en mixant sa propre musique. L'établissement dispose aussi d'un café-restaurant avec une très agréable terrasse tout le long du bâtiment ainsi qu'à l'intérieur. Un musée vivant, innovant et interactif, à voir absolument. Émouvant, ce musée rend hommage à une des caractéristiques humaines les plus remarquables qu'est la créativité artistique.

MUSÉE HISTORIQUE DE STOCKHOLM [HISTORISKA MUSEET] ★★★

13-17 Narvavägen ✆ +46 8 519 556 00
www.historiska.se
Ouvert du mardi à dimanche de 11h à 17h, et mercredi de 17h à 20h entre septembre et mai, puis de 10h à 17h l'été.

Le musée historique de Stockholm propose des collections uniques, regroupées autour de cinq thèmes majeurs : la Préhistoire, les Vikings, l'art médiéval, le textile et l'or. La section la plus visitée est celle qui est dédiée au peuple viking, où se trouvent entre autres une immense maquette de la ville fortifiée de Birka [l'une des plus anciennes de Suède], des restes de navires et une collection abondante de bijoux, d'armes et outils de ces brillants navigateurs nordiques.

ABBA THE MUSEUM ★★★★

68 Djurgårdsvägen ✆ +46 7 717 575 75
www.abbathemuseum.com
Ouvert tous les jours.
Voir horaire selon saison. Entrée : 250 SEK pour les adultes. Guide audio 20 SEK.

ABBA The Museum est un musée consacré au célèbre groupe pop suédois, depuis sa création en 1970 jusqu'à sa séparation en 1983. Depuis son ouverture en 2013, il fait un carton ! On y découvre les costumes, les instruments, les disques d'or et d'autres objets ayant appartenu au groupe. On y entre en marchant et on en sort en dansant…

Vous marcherez sur les traces d'ABBA, à travers les répliques exactes des lieux où ABBA a vécu et travaillé, également à travers les objets personnels d'ABBA et vous pourrez même vous glisser dans la peau d'un membre du groupe !

GRÖNA LUND ★★

9 Lilla Allmäna Gränd
✆ +46 1 0708 91 00
www.gronalund.com
Ouvert de fin avril à début septembre, horaire à vérifier sur le site. Entrée simple : 120 SEK.

Sur l'île de Djurgården, les grands huits éclairent la Baltique. Consacrer une île entière à l'amusement, seule Stockholm pouvait le faire ! A la nuit tombée, les passants s'attroupent sur la rive opposée pour contempler les lumières multicolores du parc et écouter les cris (de peur ou de joie) de ceux qui se sont aventurés sur l'Eclipse ou le Insane. Parmi les attractions on trouve des carrousels, des tombolas, des champs de tir, une maison hantée, un train amoureux, des montagnes russes et plein d'autres choses pour amuser les petits et les grands.

LILJEVALCHS (MUSÉE D'ART CONTEMPORAIN)

60 Djurgårdsvägen ✆ +46 8 508 313 30
www.liljevalchs.se
Ouvert tous les jours de 11h à 17h. Ouvert jusqu'à 20h le mardi et jeudi. 120 SEK, gratuit pour les moins de 18 ans.

Les expositions sont étalées sur deux bâtiments, dont le deuxième vient seulement d'ouvrir en 2021. L'ancien bâtiment fut la première galerie indépendante et publique d'art contemporain en Suède, fondée en 1916. Le nouveau bâtiment fut très controversé, son style architectural rejeté par certain Stockholmois qui voulaient garder précieusement l'esthétique de l'ancien bâtiment. Cela dit, une fois à l'intérieur, le nouveau bâtiment est très lumineux, mettant en valeur les œuvres.

MUSÉE DE LA TECHNOLOGIE (TECHNISKA MUSEET)

7 Museivägen
✆ +46 8 450 56 00
www.tekniskamuseet.se
Ouvert tous les jours de 10h à 22h. 150 SEK en ligne, et 160 SEK à l'entrée.

Le musée de la Technologie est un musée très moderne et innovant, offrant des expositions instructives sur l'évolution technologique humaine, dans un format accessible et compréhensible pour tous. Contrairement à l'idée d'un musée générique, celui-ci ne se visite pas en absorbant passivement l'information présentée, mais plutôt en réfléchissant à une question posée. A quoi ressemblerait la vie sur Mars ? Qu'est-ce que l'Anthropocène et quel est son impact pour notre civilisation ? Que se passe-t-il lorsque la technologie nous permet de concevoir nos enfants en utilisant l'édition du génome ? Voici quelques questions posées à travers certaines de leurs expositions. Le plus souvent, l'expérience offerte lors de ces expositions est une mise en scène interactive, où plus vous découvrez des choses sur le sujet, plus vous développez vos propres questions, vos sensations et réactions devenant un élément de l'exposition. En le présentant ainsi, le musée permet que le dialogue ne soit pas l'apanage des spécialistes ou des politiciens mais celui d'un public plus large, invitant les citoyens du monde à prendre part aux décisions futures. Vous avez aussi la possibilité de découvrir certaines inventions suédoises et leurs inventeurs. Qui sont les femmes et hommes derrières ces techniques qui ont changé le monde ? Le plus connu étant, évidemment, Alfred Nobel. Il y a aussi Anders Celsius, inventeur des degrés Celsius, un système utilisé universellement de nos jours.

MUSÉE DU SNUS ET DES ALUMETTES

51 Djurgårdsslätten
✆ +46 7 214 401 44
www.snusochtandsticksmuseum.se
Ouvert du vendredi au dimanche de 11h à 15h. Vérifier le site Internet pour les évènements de la semaine.

Parmi les choses que l'on découvre en Suède, le snus semble être une de ces pratiques suédoises les plus étranges, ce qui explique peut-être pourquoi ils en ont fait un musée. Pourquoi pas en savoir plus sur cette façon de consommer la nicotine, interdite partout ailleurs. Une zone est destinée au snus, l'autre aux allumettes, et une autre aux fondateurs de snus. Les expositions présentent objets et photographies. Vous aurez fait le tour en moins d'une heure !

MUSÉE ETHNOGRAPHIQUE [ETNOGRAFISKA MUSEET] ★★

34 Djurgårdsbrunnvägen
✆ +46 10 456 12 99 - www.etnografiska.se
Ouvert du mardi au dimanche de 11h à 17h, mercredi de 11h à 20h (fermé le lundi). Entrée gratuite.

C'est un temple des cultures et traditions, des peuples et de leurs rites des XIXe et XXe siècles. On découvre les modes de vie à travers des instruments, armes, vêtements, moyens de transport et autres objets usuels et rituels. Vous verrez des masques indonésiens, les costumes de carnaval chinois, un kayak pour enfant inuit, des flèches et coiffures de tribus indiennes, des gravures béninoises… L'atmosphère sonore et visuelle permet de se plonger dans les différents contextes.

MUSÉE MARITIME [SJÖHISTORISKA MUSEET] ★★

24 Djurgårdsbrunnvägen
✆ +46 8 519 549 70
www.sjohistoriska.se
Ouvert du mardi au dimanche de 10h à 17h. Entrée gratuite.

C'est un paradis pour les passionnés d'histoire navale et de maquettes de navires. Ici sont exposées les reproductions de magnifiques trois-mâts du XIXe siècle, de voiliers marchands et autres vaisseaux de guerre, de sous-marins modernes, de croiseurs du début du XXe siècle… Des photos, objets de navigation de toutes sortes et peintures retracent l'histoire de la navigation suédoise et internationale à travers les âges. Peu d'explications en anglais (aucune en français), dommage.

SKANSEN AQUARIUM [SKANSEN AKVARIET]

49 Djurgårdsslätten
✆ +46 8 666 10 00
www.skansen-akvariet.com
7j/7 de 10h à 16h. Horaires variables en fonction du mois. Adulte : 140 SEK, 6-15 ans : 80 SEK.

Situé à l'intérieur de Skansen, cet aquarium qui permet aux visiteurs de plonger dans la vie sauvage n'a cessé de s'agrandir depuis sa création en 1978 et propose aujourd'hui plus de 200 espèces d'animaux telles que des singes, des scorpions, des perroquets ou encore des grenouilles. L'aquarium en lui-même permet de se familiariser avec toutes sortes d'espèces tropicales. Il dispose également d'un centre d'élevage pour singes en voie de disparition.

MUSÉE NORDIQUE [NORDISKA MUSEET] ★★★

6-16 Djurgårdsvägen
✆ +46 8 519 56 00
www.nordiskamuseet.se
Ouvert tous les jours de 10h à 17h et en été, de 9h à 18h. Le mercredi jusqu'à 20h. Entrée adulte : 140 SEK.

Le plus grand musée d'histoire culturelle de Suède. Un énorme bâtiment de style Renaissance qui abrite des collections consacrées aux populations nordiques et à leur vie au fil des époques. L'une des salles d'exposition retrace l'histoire du seul peuple indigène de Suède, les Samis, au travers d'objets du quotidien documentés.

L'imposant bâtiment fut édifié entre 1889 et 1907 par Isak Gustaf Clason. Son architecture, à l'instar des châteaux du XVIe siècle, arbore des cimes dorées en cuivre. C'est Artur Hazelius, créateur du musée de plein air Skansen, qui commença une collection ethnographique en 1873. Celle-ci, considérablement enrichie par de nombreux dons, a permis l'ouverture du Musée nordique en 1907. On y trouve costumes, ustensiles de cuisine, photographies, outils, meubles, tapisseries, jouets, bref, tout ce qui fait le cadre de vie des Suédois depuis 1520, un témoignage précieux de l'histoire culturelle du pays. La présentation des collections, conçue de manière vivante, met en scène des moments de la vie quotidienne. Le rez-de-chaussée est consacré à la culture lapone ; le 2e étage à l'art populaire, avec une galerie de costumes, d'alimentation et de jouets ; et au 3e étage se tient une rétrospective des meubles et de l'habitat du pays. Dans le hall d'entrée du 1er étage, et sous l'œil attentif du roi Gustave Vasa dont la statue fut édifiée en 1925 par Carl Milles, on découvre le musée des enfants ainsi qu'une librairie et un restaurant.

THE BALTIC SEA CENTER

Skansen Foundation
✆ +46 8 442 820 0
www.skansen.se
Ouvert tous les jours de 10h à 16h dans le parc Skansen. L'entrée à Skansen de 70 SEK à 220 SEK (adulte).

Skansen et BalticSea2020 se sont associés afin de créer un tout nouveau centre unique, consacré à la mer Baltique. Expositions, aquariums, salles de classe et laboratoires : les visiteurs pourront y rencontrer des poissons mais aussi différents types de vie végétale et en apprendre ainsi davantage sur le milieu marin. L'objectif est de sensibiliser la population sur l'avenir de la mer Baltique afin d'en comprendre la situation et les enjeux. À travers l'exposition « Le long de la côte », le centre rappelle l'impact de nos choix sur l'avenir de la mer.

PRINS EUGENS WALDEMARSUDDE

6 Prins Eugens väg
✆ +46 8 545 837 00
www.waldemarsudde.se
Ouvert du mardi au dimanche.
Entrée adulte : 150 SEK, étudiant et senior : 120 SEK, gratuit pour les moins de 19 ans.

La villa Waldemarsudde était à l'origine le domicile du Prince Eugène (1865-1947), fils du roi Oscar II. Parti dans les années 1880 pour Paris afin d'étudier les arts, Le Prince était l'un des meilleurs peintres paysagistes de son époque, ainsi qu'un collectionneur d'art de premier plan, orienté surtout vers l'art suédois, nordique et français. Au fil des années et au cours de ses nombreux voyages, il se mit à acquérir des dizaines d'œuvres contemporaines désormais exposées au sein du musée pour notre plus grand plaisir. La visite se fait en deux parties.

- **La galerie.** Une grande partie de la collection personnelle d'Eugène. On y trouve, un peu pêle-mêle, les créations paysagistes du Prince, de nombreuses toiles d'artistes suédois dont les plus célèbres sont Anders Zorn (*La Frileuse*, *Sur le port d'Alger*) ou de Carl Larsson (*Karin* et *Biito*).
- **Le manoir.** Bâti entre 1903 et 1905, il est aujourd'hui presque entièrement visitable. Les pièces sont toujours meublées comme du temps d'Eugène et décorées d'œuvres comme celles d'André Lothe ou d'Anders Zorn. Profitez de la superbe vue qu'offre la pièce des fleurs ! Les deux autres étages sont consacrés à des expositions temporaires, comme celles sur les centaines de photos prises par le prince lors de ses voyages en Norvège, en France ou en Italie. Le très fleuri parc de sculptures qui encadre le musée offre une vue magnifique sur le chenal qui relie Stockholm à la mer. Une attraction en soi à ne manquer sous aucun prétexte.

THIELSKA GALLERIET

8 Sjötullsbacken
✆ +46 8 662 588 4
www.thielskagalleriet.se
Ouvert tous les jours de midi à 17h, sauf le lundi.
130 SEK, gratuit pour les moins de 19 ans.

L'édifice datant du début du XXe siècle fut la résidence d'Ernest Thiel, un grand collectionneur d'art scandinave de l'époque. De grands artistes ont fréquenté sa résidence, dont Edvard Munch, Carl Larsson, et même Paul Gauguin ! Vous y trouverez les couleurs de l'hiver ainsi que les couleurs d'été, entre le bleu froid des hivers enneigés et les rouges éclatants des couchers de soleil. Dans le Grand Nord, la vie bascule entre manque de lumière ou lumière infinie, et ça se sent dans la peinture... Café au deuxième étage où vous pouvez faire une pause fika !

JUNIBACKEN ★

8 Galärvarvsvägen
✆ +46 8 587 230 00
www.junibacken.se
Ouvert l'été tous les jours sauf le lundi.
Entrée : 149 SEK pour les enfants et 179 SEK pour les adultes.

Cet espace ludique et éducatif est un vrai paradis pour les enfants : le train magique les mène à travers les histoires d'Astrid Lindgren, auteure de la célèbre Fifi Brindacier. On y rencontre tous les personnages merveilleux des récits de l'écrivaine : Zozo la tornade, Bertrand du pays des lutins ou Ronya, fille de brigand... Le parcours, conté en français, s'achève chez les frères Cœur de Lion. Les enfants peuvent aussi s'amuser dans la maison aux mille illusions de leur rouquine favorite et se prendre pour les héros des contes. Un restaurant sur place.

© DR

© DR

MUSÉE VASA [VASAMUSEET] ★★★★

14 Galärvarsvägen ✆ +46 8 519 548 80
www.vasamuseet.se
Jan-mai/sept-déc 10h-17h (20h mer). Juin-août 8h30-18h. 24, 31/12 10h-15h. 25-26/12 & 01/01, 10h-17h. 150 SEK.

Ce musée (le plus visité du pays) expose le seul navire du XVIIe siècle conservé à 98 %. À l'intérieur, outre l'immense navire visible de tous les endroits du musée, on peut trouver des squelettes de marins morts durant le naufrage, des films sur l'histoire du vaisseau royal, des centaines d'objets retrouvés dans l'épave, des simulateurs informatiques pour voir si vous auriez pu éviter au bateau de couler dès sa sortie inaugurale…

Pratique. Les expositions illustrent sous de multiples angles l'histoire du navire et de son époque. L'auditorium diffuse continuellement un film consacré au Vasa, projeté en français à 10h40, 14h et 15h40. Les visites guidées, qui durent 25 minutes, sont en anglais mais il est possible de télécharger un audioguide en français sur l'application du musée.

Depuis l'arrière-cour du musée, la vue donne sur les belles îles de Skeppsholmen et Kastellholmen, et derrière le musée sont amarrés deux autres navires, plus modernes ceux-ci, qu'il est aussi possible de visiter. L'un est un bateau-phare et l'autre un brise-glace.

Le nouveau musée Vasa a été inauguré en 1990 par le roi Charles XVI Gustave. Cet édifice de 12 540 m², unique en son genre, constitue désormais l'une des attractions majeures de Stockholm. Le vaisseau, placé dans le fond d'un vieux bassin de radoub de 1879, trône au centre de la vaste salle. L'entrée est au niveau de la ligne de flottaison supposée, et le sol pavé fait penser à un quai. Le plafond de béton s'élève très haut au-dessus du pont, pour donner place aux deux bas-mâts originaux et aux copies du bas-mât d'artimon et de beaupré. Le plafond s'abaisse ensuite en draperie pour atteindre presque le niveau du sol sur l'un des côtés de l'édifice. Les parties supérieures des mâts, qui manquent, sont évoquées à l'extérieur par la mâture très stylisée qui surmonte le toit en cuivre du musée. Des galeries sont aménagées pour le public sur sept niveaux, de la quille au sommet du château arrière. Les murs sont en béton brut ou peint. Outre les sections pavées, les sols sont en pin et en pierre calcaire.

Histoire du vaisseau royal Vasa. Une véritable œuvre d'art. Le 16 janvier 1625, le roi Gustave II Adolphe signe avec le constructeur de navires Henrik Hybertsson le contrat de construction de Vasa. Plus de mille chênes sont abattus en vue des travaux. L'année suivante, la mise en chantier du Vasa débute à Skeppsgården, sur Blaiseholmen, en plein cœur de Stockholm, quai Nybrokajen. Quatre cents hommes y participent et on commence à couler les canons de bronze. À la mort du constructeur, en 1627, la suite des travaux est confiée à Hein Jakobsson. Trois ans durant, charpentiers, scieurs, cordiers, verriers, voiliers, peintres, buffetiers, sculpteurs sur bois et autres hommes de métier travailleront à la construction du nouveau vaisseau de la marine, un vaisseau royal, nom réservé au XVIIe siècle aux plus grands des bâtiments de guerre. Le Vasa, avec ses 64 canons de gros calibre et ses mâts de plus de 50 m de hauteur (qui sont les seules pièces ajoutées du bateau), est appelé à en être le fleuron. Non seulement ses canons mais la profusion de ses sculptures rendent le navire particulièrement impressionnant : une tête de lion rugissant, des anges, des démons, des guerriers, des ménétriers, des empereurs et des dieux… Au total, 400 figures sculptées et 300 ornements en bois taillé. Le lion symbolisait le roi et la puissance suédoise dans sa lutte contre les catholiques et l'empereur allemand. Gustave II Adolphe était pour ses contemporains le Lion du Nord.

En 1628, le navire est amarré au pied du château royal et l'on achemine à son bord lest, boulets et canons. Le 10 août, un dimanche, le Vasa entame son voyage inaugural. Ce sera le dernier… Car sous l'effet d'une soudaine bourrasque, le navire chavire et coule à la hauteur de l'île de Djurgården, après un trajet de 1300 m. Personne ne portera la responsabilité de la catastrophe. Les tentatives de renflouer le navire échoueront.

La découverte et le renflouage. Au cours des années 1950, Anders Franzén, un ingénieur et grand amateur d'archéologie, se met à la recherche du Vasa dans les eaux de Stockholm, avec l'espoir de le récupérer en bon état. Les recherches ne sont pas une mince affaire. Durant des années, les eaux du port ne livrent que vieux vélos, fourneaux rouillés, sapins de Noël ou cadavres de chats. En 1956, les efforts de Franzén, aidé du scaphandrier Per Edvin Fälting, aboutissent enfin : le vaisseau est repéré devant l'îlot de Beckholmen. Les deux hommes déploient alors toute leur énergie pour assurer son sauvetage. Et, en 1957, la Marine nationale et la société Neptun décident de participer au renflouage. Des scaphandriers creusent des tunnels sous le bâtiment, et des sculptures bien conservées sont ramenées à la surface. En 1959, d'épais filins sont passés sous le navire et la société Neptun le ramène en eau moins profonde. Le 24 avril 1961 a lieu le renflouage définitif. Quand, après 333 ans, le navire refait surface, les coffres des marins sont encore chargés de vivres, de vêtements et de menus objets personnels. Des barils de viande sont rangés dans la cale, la table de l'amiral est en place dans sa cabine. Tout est là : les beaux services d'étain des officiers, les chandeliers de bronze, les lanternes… ! Au cours des années suivantes, les scaphandriers continueront à fouiller les fonds d'où ils ramèneront des centaines de sculptures sur bois. Le Vasa a été installé sur un ponton en béton qui servira de musée provisoire.

Musée Vasa.

BALADE

TOUR DE DJUGÅRDEN EN CANOË

Cette balade de 3 heures s'adresse à des personnes un minimum entraînées. Il faut louer un canoë ou kayak au Djugårdsbron Sjöcafé (situé après le pont de l'île de Djugården ; 400 SEK la journée). Portez un gilet de sauvetage et ne vous éloignez pas des rives. Départ de Djugårdsbron, en commençant par le large bras d'eau qui sépare Djugården et Gärdet. À gauche, le parc Nobel et, à droite, Skansen. Ramez une vingtaine de minutes pour atteindre le canal de Djugården, avec ses pelouses et ses saules pleureurs, qui mène dans une baie marquant le début de la Baltique, où vous rencontrez quelques vagues. Pas d'inquiétude si vous voyez des paquebots et ferries au loin. Longez les rives à droite en passant l'extrême sud-est de Djugården. Vous trouverez une petite plage où faire une halte pour piqueniquer. Remontez ensuite la côte sud en profitant d'un panorama sur Södermalm. Le manoir Wallender, le port de plaisance Biskoppuden, la galerie du prince Eugen défilent sur votre droite. Traversez la baie Valdermarsviken pour rallier le détroit entre Djugården et l'île de Beckholmen, abritant un chantier naval. Passez sous le pont puis longez le parc d'attractions de Gröna Lund, ne vous restant plus qu'à suivre le canal vers la droite pour retrouver le pont de Djugården.

SKANSEN ★★★

49-51 Djurgårdsslätten
✆ +46 84 428 200 - www.skansen.se
Parc ouvert toutes l'année, prix et horaires variables. De nombreux évènements toute l'année, programmation sur le site.

Skansen est la grande fierté des Stockholmois. Les fêtes traditionnelles telles que le Midsummer, la Walpurgis Night et Lucia y sont célébrées.

Un peu d'histoire. Skansen, le plus ancien musée en plein air du monde, vous permet de découvrir la Suède d'antan en version miniature. Les maisons et les fermes d'autrefois (environ 150 fermes et habitations au total) en provenance de tout le pays, ont été transportées ici afin de perpétuer l'héritage culturel et de raconter les us et coutumes et le quotidien d'antan à travers les différentes régions du Royaume de Suède. Ce musée a été créé en 1891 par Artur Hazelius, professeur et spécialiste des langues nordiques. La fin du XIXe siècle vit une explosion des activités industrielles et de profonds changements de la société. De nombreux spécialistes commençaient alors à s'inquiéter de la disparition des cultures locales et traditionnelles, vouées à être absorbées par un système global et tout puissant. Durant ses voyages, Hazelius prit conscience de la nécessité d'entreprendre un vaste travail de collecte avant qu'il ne soit trop tard. Cet immense projet, débuté en 1870, constitua la base des collections du Musée nordique, ouvert en 1888. Suivant cette logique de mémoire à but pédagogique, Harzelius souhaita rendre le passé plus vivant, en montrant des demeures d'origine, meublées et habitées par des personnages vêtus de costumes d'époque. Les bâtisses furent alors transportées au sein du parc, le concept était lancé. Ce musée en plein air est aujourd'hui un lieu de rendez-vous populaire et familial proposant une multitude de concerts et de danses folkloriques l'été ainsi qu'un marché de Noël qui attire une foule nombreuse chaque année en hiver.

La visite. Skansen s'étend sur 75 ha et abrite 150 bâtiments, vieux de 50 à 600 ans. C'est ainsi que se côtoient sur un même territoire, la ferme scannienne de la région sud avec ses saules et ses hêtres et la ferme de Delsbo du Hälsingland, province historique du centre de la Suède avec ses bouleaux et ses pins. Malgré quelques entorses inévitables à l'exactitude géographique, Skansen offre la possibilité au visiteur de découvrir, lors d'une charmante promenade l'histoire de l'habitat et des coutumes en Suède. Un plan est fourni à l'entrée, indispensable pour s'y retrouver et apprécier pleinement la visite. Le musée propose également un zoo avec de nombreuses espèces de Scandinavie comme le loup, le bison, l'élan, le phoque gris, l'ours brun ou encore le hibou grand-duc ainsi qu'un centre de recherche consacré à la mer Baltique.

VIKINGALIV [MUSÉE VIKING]

48 Djurgårdsvägen
✆ +46 8 400 229 90
www.vikingaliv.se/en
De 10h à 18h entre début juin et fin aout (17h le reste de l'année). Adulte 159 SEK. Audioguide sur l'application.

Même aujourd'hui les Vikings sont connus partout dans le monde, alors profitez de votre séjour dans un pays nordique pour faire connaissance avec ce fameux peuple dont la civilisation a disparu il y a 1 000 ans. La réputation des Vikings a fait de ce peuple le stéréotype du conquérant, explorateur et féroce, mais vous découvrirez que n'est qu'une réalité subjective. Leurs populations étaient aussi sédentaires, travaillant la terre, nourrissant les enfants, et innovantes en termes de techniques artisanales de fabrication de textile et de sculptures de bois. Dans le Musée viking, vous plongerez au cœur de la vie du peuple légendaire et découvrirez comment hommes, femmes et enfants travaillaient la terre et voyageaient. Avec l'exposition vous ferez connaissance avec un individu unique au monde : un mannequin grandeur nature qui a été reproduit à partir de l'ADN retrouvé sur le squelette d'un Viking. La copie est d'une grande précision puisqu'elle respecte à 99 % les caractéristiques physiques de l'homme réel ! Mais le clou du musée reste encore le train qui vous fait voyager à travers l'histoire de Ragnfrid et Harald. Un musée ludique et interactif sur les Vikings ! Cet aspect apporte un plus pour les enfants, qui seront immergés dans cette histoire divertissante et instructive sur l'histoire de ce peuple légendaire. Ce musée est une adresse à ne pas rater, surtout parce que vous comprendrez comment était Stockholm avant Stockholm aujourd'hui.

VRAK MUSEUM

Djurgårdsstrand 17
✆ +46 8 519 549 80
www.vrak.se/en
Tous les jours de 10h à 18h, le mercredi jusqu'à 20h. 185 SEK, gratuit pour les moins de 18 ans.

Le musée des épaves est un musée réellement innovant ! Mettant en scène des objets rouillés à travers des technologies interactives, vous pourrez plonger au fin fond de la mer Baltique pour découvrir les vestiges de notre civilisation, avalés par l'eau et le temps. Entre immersion et curiosité, on peut s'allonger sur le dos face au plafond, comme si nous étions, nous aussi, au fond de la Baltique. Simultanément, nous sommes invités à étudier les objets trouvés, ou à pénétrer une simulation de réalité virtuelle du squelette d'un navire datant du XVIIIe siècle...

HÔTEL DE VILLE [STOCKHOLMS STADSHUS] ★★★

1 Hantverkargatan ✆ +46 8 508 290 58
www.stockholm.se/cityhall
Pas de visite individuelle.
Visites guidées tous les jours, chaque heure de 10h à 14h. Entrée 130 SEK (adulte).

L'hôtel de ville de Stockholm est l'un des monuments les plus fameux de la ville. Création de l'architecte Ragnar Östberg, l'hôtel de ville de Stockholm fut inauguré en 1923 après 12 années de travaux. Magnifiquement situé au bord du lac Mälaren, cet édifice d'un nouveau style architectural, le national romantisme, devint aussitôt le symbole de la ville. Il illustre presque symboliquement le mariage entre paysage urbain et l'étendue d'eau qui l'entoure. Aujourd'hui, l'hôtel de ville abrite les salles du conseil municipal, de la commission centrale, du comité des Echevins ainsi que les bureaux de l'administration centrale de la ville et les salons d'apparat.

Il est possible de visiter l'hôtel de ville de Stockholm en suivant une visite guidée qui dure 45 minutes. Les visites guidées sont quotidiennes mais peuvent être annulée à cause d'évènements qui ont lieu sur place. Il est aussi possible de réserver une visite privée, qui offre plus de flexibilité sur la langue parlée durant la visite. À réserver en ligne. L'hôtel de ville contient aussi une boutique de souvenirs avec des articles fort sympathiques ! Bon plan pour un cadeau de dernière minute...

▶ **La Tour** (ouverte seulement de mai à septembre). À l'angle du bâtiment, la tour s'élève à 106 m de hauteur et est surmontée de trois couronnes, symbole national et monarchique. On peut accéder à ses différents niveaux par un étroit escalier en colimaçon qui fait 365 marches. Du sommet, on a une vue complète et impressionnante sur la ville faisant de l'hôtel de ville une attraction touristique majeure. Les tickets (seulement 30 délivrés chaque heure) sont accompagnés d'un horaire de passage. Il faut donc les réserver au plus tôt.

▶ **Le Hall bleu (Blå Hallen).** Cette immense cour abritée accueille chaque année le grand dîner de remise des prix Nobel. Largement inspirée du baroque italien, avec ses balconnets et ses arcades, elle honore mal son nom car il n'y a pas une seule trace d'azur ici. La raison en est simple : l'architecte a changé d'avis sur la couleur de la pièce plusieurs mois après l'avoir nommée. Ainsi, l'appellation est restée... Vous y verrez un orgue à 10 000 tuyaux, qui doit certainement être l'instrument le plus grand de Suède.

▶ **La salle du Conseil (Rådsalen).** Les 101 membres élus s'y réunissent deux lundis par mois. La structure de la toiture est entièrement visible, référence aux Vikings, qui tenaient anciennement leurs conseils sous la coque de leurs navires retournés. Un coin de ciel bleu apparaît au plafond entre les chevrons par une baie peinte en trompe-l'œil. Là encore, le bâtisseur a voulu rappeler les habitations des ancêtres suédois dont les toits étaient fendus d'une ouverture pour évacuer la fumée. La couleur rouge – fréquente en Suède – des poutres, des textiles et du cuir souligne le caractère solennel de la salle.

▶ **L'Ovale (Ovalen).** L'antichambre des salons d'apparat sert de salon pour les mariages civils les samedis de 14h à 18h. Cette salle est aussi appelée « française » de par les tapisseries issues de la manufacture royale de Beauvais autour desquelles est conçue la pièce.

▶ **La galerie du Prince (Prinsens Galleri).** C'est une salle de fêtes longue de 47 m. Elle est éclairée par sept portes-fenêtres qui ouvrent sur le parc, le lac Mälaren et les rives de Stockholm. En face des fenêtres, ce vaste panorama se trouve reflété dans des fresques peintes par le prince Eugène. Trois lustres en chêne sculpté et doré sont suspendus au plafond de la salle des Trois Couronnes (Salen Tre Kronor). On y remarquera en particulier une toile parmi les plus représentatives de l'époque gustavienne, *Stockholm vue de Mosebacke*, par Elias Martin. Elle représente la vieille ville qui, depuis deux siècles, a su demeurer telle quelle. La galerie du Prince est fermée le samedi, souvent réservée pour des cérémonies de mariage !

▶ **La Salle dorée (Gyllene Salen).** Œuvre du maître Einar Forseth, cette salle des banquets a été réalisée en seulement deux ans et constitue sans doute le clou de la visite. Le lieu est aussi original que somptueux : les murs sont entièrement couverts de mosaïques d'or et de verre qui représentent l'histoire des rois suédois (notamment les scènes du « bain de sang » de Gamla Stan en 1520 et l'avènement de Gustave Vasa trois ans plus tard) et, sur le mur du fond, l'Orient et l'Occident rendant hommage à Stockholm, dépeinte sous les traits d'une étrange femme déesse connue comme étant la reine du lac Mälaren. C'est dans cette somptueuse salle qu'a lieu chaque année le bal du prix Nobel, diffusé à la radio et à la télévision.

▶ **Stadhusparken** est un petit parc qui longe l'hôtel de ville et les rives du lac Mälaren. On y trouve plusieurs sculptures, parmi lesquelles sont représentés les artistes August Strindberg et Gustaf Fröding. Ce parc est étendu et spacieux, offrant un point de vue très agréable sur toute la ville.

▶ **Café Ragnars Skafferi.** Localisé dans le Stadhuset, ce café accueillant est nommé d'après l'architecte de l'hôtel de ville, Ragnar Östberg. Vous pouvez vous y rendre pour déjeuner, on vous propose des plats faits maison et tous les ingrédients sont bio ! Le menu est fixe, et change chaque jour de la semaine. Vous pouvez en savoir plus sur leur site Internet : www.ragnarsskafferi.se. Menu adapté aux végétariens, et tout est servi sous forme de buffet. À vous de choisir !

La salle dorée de l'hôtel de ville.

CARL ELDHS ATELJÉMUSEUM

10 Lögebodavägen
✆ +46 8 612 656 0
www.eldhsatelje.se
Fermé entre novembre et mars. Visites guidées sur réservation disponibles toute l'année. Horaires variables.

Dans la partie nord de Stockholm, caché dans un parc, se trouve l'atelier de Carl Eldhs, un sculpteur majeur de la première moitié du XXe siècle. Dans ce bâtiment de bois singulier, vous trouverez plusieurs centaines de sculptures de Carl Eldhs dans un atelier gardé pratiquement intact, espace lumineux et paisible. La visite de ce musée est une escapade hors du centre-ville tout à fait agréable. Vous pouvez profiter de la tranquillité des lieux, ainsi que d'une contemplation méditative sur l'art de la sculpture. Ce musée se visite uniquement avec visite guidée !

KULTURHUSET CYKLOPEN

170 Magelungsvägen
https://cyklopen.se
Rendez-vous sur leur site Internet pour trouver les prochains évènements ouverts au public.

Si vous êtes à la recherche de vie étudiante, ou d'un espace géré par la jeunesse locale, rendez-vous au centre culturel Cyklopen, environ 35 minutes en métro depuis Norrmalm. Construit par un groupe de bénévoles déterminés, Cyklopen est un espace autogéré à Högdalen, visant l'éducation, les arts du spectacle, la musique, la littérature, l'artisanat, la culture, et la bienveillance envers la communauté générale. Entre concerts ou ateliers, vous aurez largement le choix pour un après-midi ou une soirée en face à face avec une jeunesse qui bouge.

HAGAPARKEN

Hagalund
À 20 minutes du centre-ville en bus.

Hagaparken est un grand parc populaire au bord du lac Brunnsviken, contenant des structures et des pavillons à l'architecture remarquable, faisant partie du parc national royal de la ville. Vous y trouverez un temple chinois construit par Gustav III, ou encore l'éco-temple construit en 1790 qui servit de salle à manger pour la famille royale pendant les belles journées d'été. Ce parc est très étendu et paisible, il est devenu un lieu idéal pour la pratique du jogging ou du yoga en extérieur. Vous y trouverez aussi le pavillon de Gustave III.

MILLESGÅRDEN MUSEUM

32 Herserudsvägen ✆ +46 8 446 75 94
www.millesgarden.se
Ouvert du mardi au dimanche de 11h à 17h, entrée 150 SEK, étudiant 120 SEK. Gratuit pour les moins de 18 ans.

Millesgården regroupe les œuvres majeures du célèbre sculpteur suédois Carl Milles, qui était également un connaisseur d'art averti. Ses collections personnelles d'antiquités grecques et romaines, du Moyen Age et de la Renaissance sont dignes du plus grand intérêt. Des expositions temporaires sont organisées toute l'année dans cette charmante demeure dont les terrasses offrent une vaste vue sur Stockholm. Un café fort agréable invite les visiteurs à s'attarder sur les lieux, devant un jardin verdoyant où les sculptures se reflètent dans les eaux des fontaines.

OLLE OLSSON HAGALUND

Spetsgatan 2
✆ +46 88 39 744
www.olleolssonhagalund.se
Fermé l'hiver. Ouvert le mercredi de midi à 15h, entrée à 50 SEK, gratuit pour les moins de 19 ans.

Cette maison aux boiseries typiquement suédoises, peinte en bleu turquoise, charme tout le monde ! L'intérieur comme l'extérieur de ce petit musée sympathique enchante ses visiteurs. L'histoire de l'artiste Olle Olsson Hagalund est liée au développement et au patrimoine culturel du quartier. En effet, cet artiste était si fier de ses origines qu'il ajouta *Hagalund* à la fin de son nom, et il vécut dans cette maison traditionnelle construite en 1891. Le musée propose un café, des cours de céramique, d'artisanat ou de réparation de vélo.

SE RÉGALER

La nouvelle cuisine suédoise prend ses racines à la fois dans des traditions gastronomiques issues des quatre coins du monde, tout en restant inspirée par la cuisine locale. De manière générale, il y a peu de petits restaurants sympas et pas chers et pour dîner, mieux vaut se tenir prêt à mettre la main au portefeuille, surtout que comme dit le proverbe, au restaurant chaque désir s'additionne ! Rassurez-vous, burgers, pizzerias, kebabs ou taquerías pullulent désormais dans l'hypercentre, si bien que certains restaurants traditionnels doivent fermer. Aussi, il est recommandé de privilégier les kiosques qui font vivre les traditions en proposant du hareng fumé et autres plats rapidement exécutés et qui raviront les budgets serrés. Les restaurants offrent souvent des formules *dagens lunch*, servies entre 11h et 14h, qui coûtent entre 65 et 200 SEK dans le centre-ville. Le soir, en revanche, ça se corse !

PRATIQUE

SE RÉGALER

HORAIRES

Les restaurants à Stockholm ferment souvent plus tôt que les restaurants des grandes villes françaises, entre 22h et 23h. Ils restent généralement ouverts tous les jours de la semaine, avec des horaires plus courts le dimanche, offrant parfois uniquement le déjeuner ou le dîner. Ceci dépend de son niveau de popularité.

BUDGET / BONS PLANS

Restaurer à Stockholm coûte généralement plutôt cher, avec les verres de vins battant des prix records et jamais vus en France. Il est ainsi recommandé de connaître les bonnes adresses, selon le budget de tous. En général, comptez entre 160 et 200 SEK pour deux repas en journée pour les petits budgets. Les restaurants offrent souvent des formules *dagens lunch*, servies entre 11h et 14h, qui coûtent entre 65 et 200 SEK dans le centre-ville. Le soir, en revanche, ça se corse !
À noter que l'on trouve très peu de commerces de proximité en Suède (boucherie, boulangerie, etc.).

EN SUPPLÉMENT

La plupart des repas sont accompagnés de pain de seigle ou du *knäckebröd* avec du beurre. La plupart des restaurants et cafés offrent aussi du café et du thé illimité. Dans les hôtels, restaurants, et cafés, le service est compris : il n'est donc pas nécessaire de laisser un pourboire.

C'EST TRÈS LOCAL

Pour ce qui est du *street food* suédois, vous serez peut-être surpris de découvrir que des kiosques à hot-dogs tous les 20 mètres. Les épiceries *7-Eleven* contiennent des aliments typiques à des prix bon marché, certes, pas de meilleure qualité. Sinon, rendez-vous à *Günters korvar* pour les meilleurs hot-dogs de Stockholm !

FUMEURS

Il est interdit de fumer à l'intérieur et sur la plupart des terrasses extérieures.

LES ATTRAPE-TOURISTES

Malgré le charme de Gamla Stan, il n'est pas toujours recommandé de s'y restaurer, car les restaurants profitent de leur localisation pour monter les prix inutilement. Vous pouvez trouver mieux pour moins cher ailleurs !
Sinon, il faut se fier aux quelques bonnes adresses…

LES PHRASES CLÉS

Bonjour, je voudrais réserver une table pour deux personnes pour ce midi ou ce soir.
Hej, jag skulle vilja boka ett bord för två för idag vid lunchtid eller på kvällen.

Avez-vous un menu en français ou en anglais ?
Har ni en meny på franska eller på engenska?

Je suis végétarien, y a t-il des plats sans viande ?
Jag är vegetarian, finns det några rätter som inte innehåller kött?

Je n'ai vraiment plus faim mais avez-vous une carte des desserts ?
Jag är mätt nu men kan jag få se dessertmenyn för säkerhets skull?

Puis-je avoir l'addition s'il vous plait ? Je peux payer par carte ou en espèces ?
Kan jag få notan tack? Kan jag betala med kort eller behöver ni kontanter?

C'était très bon, nous reviendrons. Merci et à bientôt.
Det var jättegott, vi kommer komma tillbaka. Tack, vi ses snart.

B.A.R €€

4A Blasieholmsgatan
✆ +46 8 611 53 35
www.restaurangbar.se
Ouvert du mardi au samedi de midi à 17h. Plateau d'huîtres pour 505 SEK. Plats à emporter.

Depuis la rue, le restaurant B.A.R dénote par sa simplicité et sa devanture épurée. À l'intérieur, vous vous retrouvez dans un joyeux brouhaha de brasserie de fruits de mer où les locaux aiment s'offrir une halte gastronomique. On y mange le traditionnel saumon, huîtres, homard, offrant de gigantesques plateaux de fruits de mer à déguster avec un bon champagne. Tous les ingrédients sont frais et le menu est calibré au cours de l'année, selon les saisons. Une vraie perle de la cuisine nordique à ne pas manquer ! Offre aussi des plats à emporter.

CHEZ BABETTE €€

Roslagsgatan 6
✆ +498 50 90 22 24
www.babette.se
Ouvert du lundi au vendredi de 17h à 1h, et le week-end de 13h à 1h. Entre 300 et 460 SEK par personne.

Dans le quartier de Vasatan, les bonnes adresses commencent à se faire connaître. On vient dans ce petit bistrot-bar à vin pour un dîner convivial et chaleureux autour d'une pizza garnie de produits frais. Avec un choix de vins en abondance, vous pouvez avoir une vraie dégustation. Le tout accompagné d'assiettes de style tapas influencées par des saveurs italiennes et espagnoles. Les prix y sont très abordables pour les normes de Stockholm, surtout pour un repas d'aussi bonne qualité et dans une attitude aussi conviviale ! Les pizzas y sont très populaires.

BIRD €

89 Regeringsgatan
✆ +46 8 684 555 00
www.birdsthlm.se
Ouvert du lundi au samedi de 17h à 23h. Comptez 130-150 SEK.

Ce petit restaurant surfe sur la mode de la street-food, en déclinant des assiettes autour de la volaille, d'où le nom, Bird. Du burger au canard confit à 145 SEK, en passant par le *buttermilk fried chicken* à 125 SEK, ou encore le *chicken tacos* à 130 SEK, vos papilles et vos pupilles seront réconfortées. Équipe jeune, ambiance très agréable, pleine d'entrain, les produits sont frais et produits à petite échelle dans une ferme aux environs de Trollhättan. Nourriture savoureuse et tarifs raisonnables. Carte de cocktails et bières. Établissement très fréquenté.

LE BISTRO DE WASAHOF €€€

Dalagatan 46
✆ +49 8 32 34 40
www.wasahof.se
Ouvert de 17h à minuit lundi et mardi, et jusqu'à 1h de mercredi à samedi. Comptez environ 500 SEK par personne.

Inspiré des bistrots à la française, Wasahof est une affaire de famille. Créé en 1885, café à bières à ses débuts, il est aujourd'hui un incontournable de la cuisine suédoise dans le quartier de Vasastan. Tenu d'une main de maître par la famille Holmerg-Cornelius, forte d'expérience en cuisine et en sommellerie, on y vient essentiellement pour ses fruits de mer, frais ou cuisinés, mais aussi ses bonnes viandes, toujours accompagnés d'un bon cru. Au sous-sol, le restaurant organise des banquets en musique, jetez un œil au programme et réservez votre soirée.

CAMPFIRE GRILL & BAR €€

9 Brunkebergstorg
✆ +46 8 517 263 00
www.scandichotels.com
Dîner de 17h à 22h30 du lundi au samedi, brunch le dimanche de 13h à 16h. Plat entre 155 SEK et 185 SEK.

Avec sa décoration végétale et son style industriel, c'est un lieu chaleureux où l'on vient profiter d'un bon repas autour de la cheminée à foyer ouvert. Au menu, une cuisine raffinée qui réinterprète des classiques tels que les salades, les risottos ou les burgers. La particularité de ce restaurant est que tout est cuisiné au grill. La saveur des flammes est extraite des braises et le beurre a un agréable arrière-goût de feu de camp tout comme la délicieuse crème brûlée. Un endroit atypique qui propose une véritable expérience savoureuse et ludique.

ECOBAREN €€

88 Drottninggatan
✆ +46 8 24 10 81
www.ecobaren.se
Du lundi au vendredi : 11h-19h. Samedi & dimanche 11h-16h00. Plat autour de 150 SEK.

Au bout de l'adorable petit parc ombragé, véritable havre de paix qui permet de s'isoler du brouhaha du centre-ville, se cache, sous les verrières du grand bassin et des feuillages épais, un restaurant biologique, niché à l'entrée du spa Centralbadet. Ecobaren est une prise de conscience de la santé de l'homme et du respect de la nature. Cela se reflète dans la carte du restaurant qui propose des plats originaux et raffinés dont les produits sont tous issus de l'agriculture biologique. Une superbe terrasse est à disposition, ressourcement garanti.

FRANTZÈN €€€

26 Klara Norra kyrkogata ✆ +46 08 20 85 80
www.restaurantfrantzen.com
Service du midi, vendredi et samedi.
Service du soir, à partir de 17h, du mercredi au samedi. Menu à 3 000 SEK.

Le restaurant Frantzén, du nom du chef Björn Frantzén, est l'un des restaurants les plus ambitieux de Stockholm depuis de nombreuses décennies. Avec seulement 23 couverts, c'est un restaurant très prisé où l'on sert un menu fixe qui se déguste avec lenteur (comptez plusieurs heures !). La nourriture est d'influence suédoise, moderne, avec des saveurs de l'Asie de l'Est. En février 2018, Frantzén devient le premier restaurant suédois à obtenir trois étoiles au Guide Michelin. Le nouveau Frantzen est une collaboration avec l'agence de designers suédois Joyn studio.

GLENN MILLER CAFÉ €€

21A Brunnsgatan
✆ +46 76 882 45 49
www.glennmillercafe.se
Ouvert du mercredi au dimanche de 18h à 1h.
A partir de 150 SEK.

Ce petit restaurant est une vraie institution. Offrez-vous un dîner dans un décor qui fait penser à New York, murs couverts de photos de stars du jazz, le tout en écoutant des groupes en live. Adresse recommandée pour les amateurs de jazz, ou pour ceux qui cherchent des concerts à Stockholm. Résultat, le restaurant est souvent bondé ! Le menu simple propose des plats d'inspiration française : moules marinières ou filet de bœuf à prix raisonnables. Pour une soirée festive et amusante, en profitant de bonne musique et de bons plats.

GNARLY BURGER & GRILL €

20 Roslagsgatan ✆ +46 8 519 423 00
www.gnarlyburger.se
Horaires et menu sur le site.
Entre 169 et 189 SEK pour un hamburger.
Entre 99 et 219 SEK pour un starter.

L'un des burgers les plus réputés de la ville en plein cœur de Vasastan ! La viande est cuite selon vos goûts, les nachos couverts de fromage fondu de qualité et les frites croustillantes à souhait ! Vous avez le choix entre une panoplie assez large de saveurs, à accompagner d'une bière ou d'un cocktail. De quoi faire rougir les Américains ! En plus, le restaurant dispose de tables de billard qui vous donneront envie de rester ! Si vous n'êtes pas dans le coin, vous retrouverez l'ambiance unique des lieux dans les quartiers de Kungsholmen, Stureplan et Norrmalm.

GÜNTERS KORVAR €

66 Karlbergsvägen
✆ +46 8 311 771
Ouvert du lundi au jeudi de 11h à 20h, le vendredi jusqu'à 18h et le samedi jusqu'à 17h.

Lors d'un séjour à Stockholm, le nombre de stands de hot-dog peut surprendre... On n'avait jamais associé ce fast-food à la Scandinavie, et pourtant ça reste une gourmandise habituelle pour les Stockholmois. Mais il faut savoir trouver les bons plans : rendez-vous à Günters Korvar pour le meilleur hot-dog de votre vie ! Et oui, ce n'est pas à New York mais à Stockholm que vous allez savourer les merveilles de ce sandwich en forme de tube avec saucisse, moutarde, ketchup et choucroute ! Un vrai délice et pour pas cher du tout.

HAWAII POKE €

9 Mäster Samuelsgatan
✆ +46 8 452 98 06
hawaiipoke.se
Plats signature autour de 110 SEK et assiettes également composables à souhait.

Aloha ! Hawaii Poke propose une alternative intéressante aux chaînes de restauration rapide traditionnelles. Las des sempiternelles hamburgers ou sandwichs, vous trouverez dans ce petit restaurant des *poke* (poh-kay) qui sont des plats de poisson cru assaisonné que l'on trouve habituellement à Hawaii. Les amateurs de cuisine japonaise ne seront pas dépaysés pour autant et les adeptes du régime paléolithique seront ravis ! Très tendance en Californie, à New York et Londres, ce restaurant est en train de devenir un des incontournables de Stockholm.

K 25 €

25 Kungsgatan
www.k25.nu
Environ 100 SEK par personne.

Dans un hall couvert au centre de la ville, onze échoppes proposent des plats typiques d'un pays (Thaïlande, Japon, Italie, USA, etc.), à emporter ou à manger sur place. Très convivial et dans une ambiance décontractée, de nombreux suédois s'y réunissent pour passer un moment entre amis. On commande dans une des petites échoppes et on s'assoit à l'une des tables partagées afin de déguster son repas. C'est une bonne occasion de se mêler à la population locale et de se mettre dans la peau d'un Suédois le temps d'une pause déjeuner.

KAJSAS FISK €

3-6 Hötorgshallen
✆ +46 8 20 72 62
kajsasfisk.se
Du lundi au jeudi 11h-18h, 19h vendredi, 16h samedi. Fish & chips 125 SEK, 120 SEK la soupe de poisson.

Dans une atmosphère de restaurant de bord de mer séparé des étals par un grand filet de pêche, on déguste ici d'excellents poissons à des prix raisonnables. Les tables sont serrées, l'ambiance bruyante et l'odeur de poisson saisissante. C'est plus une dégustation dans une atmosphère de marché qu'un repas dans un établissement isolé et spacieux, le restaurant étant situé dans un coin d'un marché couvert souterrain, qui vaut également la peine d'explorer ! Une bonne adresse à prix raisonnables pour les gourmands de fruits de mer et de poisson.

LÅNGA RADEN RESTAURANT €€

Långa raden
✆ +46 8 407 230 5
www.hotelskeppsholmen.se/restaurang
Ouvert tous les jours de 7h30 à 22h.

Appartenant à l'hôtel Skeppsholmen, le restaurant Långa Raden est ouvert au public sur ce lieu central pour les arts et la culture. Le design intérieur est très moderne et raffiné, dans une ambiance chaleureuse et sophistiquée, où les personnes travaillant au Moderna Museet ou à l'école d'art de Skeppsholmen se retrouvent autour d'une table. Donnant sur l'eau, vous avez vue sur le parc d'attraction Gröna Lund. Des plats classiques s'y trouvent : boulettes aux airelles rouges, du bon vin, et de bons desserts, tout est délicieux.

MATHIAS DAHLGREN'S MATBAREN €€€

6 Södra Blaiseholmshamnen
✆ +46 86 79 35 84 - www.mathiasdahlgren.com
Matbaren : mercredi-vendredi le midi, lundi au samedi le soir. Rutabaga : mardi-samedi dès 17h30. 145–795 SEK/plat.

Après avoir remporté le Bocuse d'or en 1997, le chef suédois désormais installé au rez-de-chaussée du Grand Hôtel a décroché sa deuxième étoile dans le prestigieux guide Michelin édition 2009 pour son restaurant Matsalen (fermé contre toute attente fin 2016). Cette distinction récompense une cuisine inventive où la fraîcheur des ingrédients, et notamment des poissons et fruits de mers, attire ici les amateurs de cuisine de luxe du monde entier dans un décor tout à fait charmant.

MAX €

7 Vasagatan
✆ +46 8 506 120 70
www.maxburgers.com
Compter entre 60 et 90 SEK pour un menu avec burger, frites et boisson.

Max est une chaîne suédoise de restauration rapide à hamburgers, c'est aussi l'une des premières depuis 1968 et le premier restaurant a ouvert à Gällivare. Max est désormais bien établi dans plusieurs grandes villes. Comme dans tout fast-food, on n'y trouve pas de gastronomie sophistiquée mais les petits budgets en auront pour leur compte. A tester : les options véganes et végétariennes de ce fast-food original qui tente de réduire la consommation de viande. La dernière innovation est un steak entièrement végétal qui a le goût et la texture du bœuf !

MENO MALE €

Roslagsgatan 15
✆ +49 814 14 10
http://menomale.se/1
Ouvert tous les jours de 11h à 22h et à partir de 12h le week-end.

Même en Suède, la pizza est à l'honneur. Alors si un soir vous en avez marre des spécialités locales, ne vous inquiétez pas, Meno Male est là ! Dans cette petite pizzeria de quartier, on retrouve le goût de Napoli au cœur de Stockholm ! La terrasse donne sur Roslagsgatan et à l'intérieur le four réchauffe la salle, ce qui est très agréable en hiver. Des produits frais sur une pâte fine et délicate, et même sans gluten pour ceux qui le souhaitent ! La formule marche bien, car l'équipe a ouvert deux autres Meno male, à Östermalm et Kungsholmen.

NALEN €€

74 Regeringsgatan
✆ +46 8 505 292 00
www.nalen.com
Entre 11h et 23h du lundi au vendredi et de 16h à 23h le samedi. Déjeuner : 110-140 SEK. Dîner : 165-270 SEK.

La carte de ce restaurant vous présente un voyage culinaire à travers les régions de Suède, avec des produits et spécialités venant des quatre coins du pays : fruits de mer de la côte ouest, agneau de la côte est, fromage du nord... L'atmosphère est calme et confortable, la décoration simple et moderne. Nalen est aussi l'une des salles de concert les plus emblématiques de Stockholm. Avec deux scènes, on y trouve des artistes du monde entier et de styles et genres différents. Une bonne adresse pour une soirée culinaire et musicale entre amis.

NOSH AND CHOW €€

24 Norrlandsgatan
✆ +46 8 503 389 60 - www.noshandchow.se
Ouvert mardi et mercredi de 17h à minuit et de jeudi à samedi jusqu'à 1h. Fermé dimanche et lundi.

Une maison de ville unique à Stockholm, l'hôtel Berns, qui sert d'écrin à ce restaurant magnifiquement conçu avec un menu inspiré des quatre coins du monde et qui se diversifie fréquemment selon les saisons. Les bars, le salon et le patio extérieur sont très fréquentés par les locaux et peuvent être très animés. Malgré le fait que c'est un établissement plutôt chic et sophistiqué, il n'est pas apprécié par tout le monde. Certains vous le recommanderont, d'autres non. On y va plus pour l'ambiance que pour la cuisine, une bonne adresse pour prendre un verre !

OPERAKÄLLAREN €€€

Karl XII Torg
✆ +46 86 76 58 00
www.operakallaren.se
Pour le menu Dégustation, compter 1 550 SEK (vin compris 2 950 SEK ou vin Grand cru compris 4 950 SEK).

Fréquenté par le tout-Stockholm, l'Operakällaren est un véritable must pour ceux qui ne reculent devant aucun sacrifice pour côtoyer des célébrités, ne serait-ce que le temps d'un dîner ! Situé dans le bâtiment de l'Opéra, le décor de la salle à manger est grandiose : plafonds à caissons, boiseries en chêne, lustres en cuivre. À noter que le chef Stefano Catenacci a été primé par une étoile dans le prestigieux guide Michelin. À la recherche d'une ambiance et de prix plus décontractés, tentez The Hip Pocket, pour un dîner plus *casual*, entre amis.

RÄKAN €€

23 Vasagatan
✆ +46 8522 40 888
www.rakan.se
Comptez 200 SEK pour un déjeuner et 300 SEK pour un dîner.

Situé dans la très animée Vasagatan, Rakän est un très bon restaurant où déguster des fruits de mer et du poisson frais. Originaire de Göteborg, sur la côte ouest de la Suède, Räkan a plus de 40 ans d'expérience et se targue d'avoir régalé des célébrités telles que Freddy Mercury ou Mel Gibson. Au milieu de la salle nagent de belles carpes dans un grand bassin, tandis que vos plats sont apportés jusqu'à votre table par bateau télécommandé ! Bien que la salle du restaurant soit un peu sombre, l'ambiance y est agréable et le service sympathique.

ROLFS KÖK €€

41 Tegnérgatan
✆ +46 8 10 16 96
www.rolfskok.se
Menu du midi 165 SEK. Le soir, plats de 245 à 695 SEK.

Le fondateur de ce restaurant, Rolf, a réussi le pari de créer un lieu à son image. Avec une cuisine ouverte, la brigade qui s'affaire en cuisine est continuellement en contact avec les clients. Il a été l'un des premiers à collaborer avec des architectes suédois bien connus pour créer le parfait écrin pour sa cuisine : un endroit simple, décomplexé, convivial. Rolfs Kök est l'alliance réussie entre un service personnalisé chaleureux, des vins exceptionnels et des aliments bien préparés à base d'ingrédients sélectionnés avec soin.

SPECERIET €€

14 Artillerigatan
✆ +46 8 662 30 60
www.speceriet.se
Pas de réservation possible. Entre 145 SEK et 185 SEK le plat.

Petit frère du restaurant « Gastrologik » (inscrit au Michelin), ce restaurant semi-gastronomique propose une série de plats finement cuisinés à des prix intéressants, le tout dans une ambiance chic mais conviviale. Sous les lampes de cuivre, les convives répartis autour des tables hautes partagées peuvent se laisser aller à du cœur de renne dans un pain maison façon kebab, à une tarte flambée artichauts, saucisses de bœuf et fromage, et plus encore. Une très bonne adresse mais attention, pas de réservation possible… et les places sont rares !

STOCKHOLM FISK €€€

1 Vasagatan ✆ +46 8 506 541 10
www.stockholmfisk.se
Mardi-vendredi 11h30-23h, 22h le lundi. Samedi 12h-23h. Dimanche 15h-22h. Comptez de 500 à 1 495 SEK.

Dégustez des fruits de mer ou du poisson ultra frais et tout juste pêché, dans une ambiance rétro-chic. Restaurant spacieux et sophistiqué, une qualité de service garantie avec des plats succulents. Il est recommandé de commander des plats à déguster à plusieurs : assiettes de fruits de mer avec champagne ou vin blanc. Sinon, optez pour la bouillabaisse ou la pêche du jour. Le restaurant est ouvert tous les jours, donc si vous ne savez pas où aller, vous êtes assuré d'avoir au moins une adresse de disponible ! Le soir, dégustez des cocktails au son du DJ.

SURFERS €€

88 Regeringsgatan
✆ +46 8 21 10 03
www.surfersstockholm.se
Du dimanche au jeudi de 17h à minuit.
Vendredi et samedi jusqu'à 1h. Fermé le lundi.
Tous les plats à 98 SEK.

Un restaurant où la cuisine chinoise se conjugue avec ambiance délirante à la croisée de la culture *Tiki* les pieds dans le sable et de la grande diversité des paysages asiatiques. Univers coloré, goût pimenté qui réveillent les sens. Une vague s'est abattue sur Stockholm, entraînant avec elle les 23 saveurs de la cuisine du Sichuan et ses 56 méthodes de cuisson. Est-il vraiment raisonnable de manger tout ceci en un seul repas ? Eh bien non ! Mais le menu est basé sur une quinzaine de petites assiettes que vous pouvez choisir et partager avec vos amis.

TAK €€

4 Brunkebergstorg
✆ +46 8 587 220 80
tak.se/en/
Ouvert tous les jours sauf le dimanche.

Mettez un chef de bonne notoriété, un barman primé, un hôtelier norvégien, des sommeliers de saké suédois, secouez le concept et vous obtenez le bon mélange pour créer l'actuel *hotspot* de Stockholm, Tak ! On y va clairement pour la vue sur la ville qui est exceptionnelle car il s'agit d'un rooftop situé au sommet d'un hôtel à l'architecture brutaliste, dans le cœur de la ville, à quelques pas de Sergels Torg. Très bon choix de boissons, de la bière blonde au yuzu du Japon au saké pétillant et des cocktails eurasiens. La star du menu : le poisson !

TENNSTOPET €€

50 Dalagatan
✆ +46 8 32 25 18
www.tennstopet.se
Lundi et mardi de 11h30 à minuit, du mercredi au vendredi jusqu'à 1h. Samedi de 12h à 1h, et dimanche de 12h à minuit.

« Là où les générations se rencontrent, s'épanouissent, mangent et boivent bien. » C'est cette attitude de bon vivant que l'on retrouve à Tennstopet, restaurant qui ne veut qu'une chose : préserver les délices d'une gastronomie traditionnelle. Les ingrédients répondent à la saison, et les plats du jour sont riches et bons. Saumon grillé servi le mercredi et galette de veau avec sauce aux champignons servi le jeudi, ou boulettes de viandes à la sauce lingonberry le vendredi ! Une brasserie conviviale où vous faites comme chez vous !

TRANAN €€

14 Karlbergsvägen
✆ +46 8 527 28 100
www.tranan.se
Ouvert en semaine de 11h30 à 22h,
et le week-end de midi à 22h.

Un classique dans le quartier depuis plus de 80 ans et qui ne se démode jamais. Ambiance de bistrot rehaussé d'une touche moderne, avec nappes à carreaux et une clientèle mélangée, plutôt branchée. La carte est internationale, avec certains plats traditionnels tel que le hareng à la suédoise, un plat qui est resté sur le menu depuis 1929 ! Le tout pour des prix raisonnables. Pour les fêtards, le Bar Tranan, en sous-sol, vous permet de finir la soirée en beauté. Comptez autour de 250 SEK pour les plats de viande et de poisson.

WEDHOLMS FISK €€€

17 Nybrokajen
✆ +46 86 11 78 74
www.wedholmsfisk.se
Compter 265 à 500 SEK par plat.
À midi, plat du jour de 180 SEK à 225 SEK.

Sur le quai Nybrokajen, avec vue sur l'île Djurgården et Östermalm, et face au théâtre Dramaten, ce restaurant de poisson est l'un des plus distingués de la capitale. Dans une ambiance très calme, on peut déguster des poissons formidablement cuisinés. Au menu, sole, turbot, saumon, crevettes et coquilles Saint-Jacques. Parmi les spécialités, vous trouverez une sole pochée, œufs de truite et sauce champenoise (515 SEK). Plats du jour le midi également. C'est une adresse à ne pas manquer pour les amoureux de la mer, la qualité des produits étant inégalable.

WOK HOUSE €

26 Regeringsgatan
✆ +46 8 20 21 34
www.wokhouse.net
Ouvert le lundi, mardi et jeudi de 10h à 20h.
Le mercredi et vendredi de 10h à 1h,
et le samedi de 11h à 1h.

Très centrale et décorée dans un style tropical et moderne, la Maison du Wok permet de bien manger sans se ruiner, surtout pour le déjeuner, grâce aux plats du jour sélectionnés par le chef. Pour la cuisine, c'est un mélange, avec un choix de viandes et poissons préparés à toutes les sauces, du curry vert au *mango chutney*, de la marinade tandoori au lait de coco. Menu très adapté pour les végétariens. La nourriture est fraîche et les préparations excellentes. En été, une petite terrasse s'ouvre et permet de restaurer en extérieur.

ARDBEG EMBASSY €€€

68 Västerlanggatan
✆ + 46 8 791 90 90
www.ardbegembassy.se
Lundi, mardi 15h-22h. Mercredi, jeudi, 15h-23h. Vendredi 15h-23h30. Samedi 12h-23h30. Dimanche 12h-22h.

Vous y trouverez de tout : de la viande d'élan, de renne et de cerf cuisinés à la suédoise, ainsi que des plats traditionnels tel que le *Biff Rydberg*. Vous avez des menus inspirés des grands classiques ainsi que de la cuisine Norrland, la région la plus au nord et la plus reculée de Suède. Le bar est le rendez vous des amateurs de bière et de whisky (séance de dégustation possible sur réservation) puisqu'il propose plus de 300 types de whiskies et 24 types de bières à la pression. Un vrai restaurant de terroir qui fait découvrir la gastronomique locale !

BAKFICKAN DJURET €€

5 Lilla Nygatan
✆ +46 8 506 400 84
www.djuret.se
Menu : compter entre 495 et 595 SEK.
Plat à la carte entre 140 et 180 SEK.
Dessert : environ 125 SEK.

Un des coups de cœur dans Gamla Stan. Une adresse chaleureuse, un bistrot apprécié pour son côté intimiste dont le décor s'inspire des univers de la chasse et de la boucherie. Atmosphère feutrée, boiseries, cuirs bruns, velours sang de bœuf, teintes sombres, nappes blanches immaculées, élégance de la verrerie. Un menu de quatre plats et dessert, constamment revisité en fonction des arrivages et composé essentiellement de produits frais et locaux. Les végétariens ne sont pas damnés pour autant car un menu spécial est proposé.

BRINKEN €€

14 -16 Kåkbrinken
✆ +46 46 810 67 78
www.restaurangbrinken.com
Plat principal entre 155 et 229 SEK.
Nombre de places limité, pensez à réserver à l'avance.

Chez Brinken, les produits sont frais et les assiettes sont copieuses. L'occasion de tester des plats typiquement suédois tels que les harengs marinés frits, le saumon du coin et bien entendu les délicieuses *Köttbullar*. L'établissement propose aussi des *vegetarian balls* ou un excellent burger végétarien ou vegan. Brinken offre par ailleurs une large sélection de bières issues de microbrasseries locales. L'ambiance est moderne et confortable et la taille du lieu, relativement petit, confère à l'endroit une atmosphère chaleureuse et rassurante.

CAFÉ SCHWEIZER €

9 Västerlånggatan
✆ +46 8 411 51 77
www.schweizer.se
Ouvert tous les jours de 7h à 20h.

Établissement géré par des Suisses venus en Suède à la fin des années 1800, il est situé à proximité du Palais Royal. Fondé dans les années 1920, le café Schweiser était à l'origine un *Schweizeri* : un café où l'on sert de la liqueur. Aujourd'hui c'est une petite adresse à ne pas manquer, que ce soit pour les repas ou pour le goûter, ou un fika ! Aujourd'hui, le Café Schweizer est toujours géré comme une entreprise familiale. L'atmosphère fait ressentir la tradition qui nous précède de loin, avec des gourmandises à n'en plus finir.

CHOKLADKOPPEN €

18 Stortorget
✆ +46 8 20 31 70
www.chokladkoppen.se
Ouvert du lundi au mercredi, de 10h à 22h, vendredi de 10h à 23h, samedi de 9h à 23h et dimanche de 9h à 22h.

Ce petit café-restaurant est l'un des plus populaires de la vieille ville, fréquenté en partie par la communauté gay. Il mêle étudiants, touristes et amateurs de bons chocolats chauds, de muffins et de sandwiches croustillants. Chokladkoppen est bien agréable en toute saison : on s'installe à l'intérieur dans une ambiance bruyante et chaleureuse l'hiver et, en été, la terrasse offre une superbe situation sur la plus jolie place de Gamla Stan. On y sert aussi des plats simples comme des tartes aux épinards, des lasagnes végétariennes ou un poulet au curry.

DEN GYLDENE FREDEN €€€

51 Österlånggatan
✆ +46 8 24 97 60
www.gyldenefreden.se
Ouvert du jeudi au samedi de 17h à 23h.

Le cœur de la vieille ville accueille depuis longtemps des établissements de cuisine traditionnelle suédoise. Fondé en 1722, Den Gyldene Freden, signifiant la Paix Dorée, est une véritable institution, propriété de l'Académie suédoise qui sélectionne le prix Nobel de littérature. Le restaurant a appartenu au célèbre peintre Anders Zorn et était le restaurant favori de l'artiste compositeur Evert Taube. Vous y dégusterez une cuisine gastronomique nordique haut de gamme dans un élégant restaurant du XVIIIe siècle, avec des meubles anciens.

FEM SMÅ HUS €€€

10 Nygränd
✆ +41 8 10 87 75
www.femsmahus.se
Ouvert tous les jours de 17h à 23h sauf le dimanche.

On y vient pour le cadre : des tables installées sous les voûtes d'un bâtiment historique, des nappes blanches et des bougies longilignes. On y reste pour la cuisine : un savant mélange de cuisines suédoise et française. Fem Små Hus qui signifie cinq petites maisons, propose également un choix de vins impressionnant. Si vous voulez en savoir plus, n'hésitez pas à poser des questions sur l'histoire de l'établissement, révélant l'atmosphère de Gamla Stan au XVIIe siècle. Vous aurez l'expérience culinaire tout en vous instruisant sur l'histoire de Stockholm.

GRILLSKA HUSET

3 Stortorget
✆ +46 8 684 233 64
Ouvert du mardi au vendredi de 10h à 20h, samedi et lundi de 10h à 19h, et le dimanche de 11h à 19h.

Comprenant un espace restaurant et café et un espace boulangerie et pâtisserie, le Grillska Huset est une adresse typiquement suédoise. Donnant sur Stortorget, le Grillska Huset est au centre du quartier historique de Gamla Stan. Environnement convivial, parfait pour les familles, vous pouvez y prendre une pause fika ou même y déguster un repas. L'intérieur est charmant et sans prétention, dans le style suédois d'un confort chaleureux et douillet. Si vous êtes à Stockholm en novembre, vous pouvez y déguster des repas de Noël, très important chez les Suédois !

GRÖN HERMITAGE €

11 Stora Nygatan
✆ +46 84 11 95 00
www.hermitage.gastrogate.com
Ouvert en semaine de 11h à 20h. De midi à 20h le week-end. Formule buffet autour de 150 SEK.

Si vous êtes végétarien à Stockholm, la cuisine traditionnelle suédoise ne risque pas d'être votre menu adapté. Alors voici une adresse de remplacement ! Grön Hermitage est le seul restaurant uniquement végétarien de Gamla Stan, offrant aussi des options vegans. On y sert une bonne cuisine, simple et variée, dans une atmosphère de café étudiant. Ce restaurant est bien situé et accueillant. L'une des bonnes adresses pratiques de la vieille ville où vous pouvez déjeuner à volonté avec la formule buffet, café et thé inclus. Recommandé pour les budgets étudiants !

KAGGES €€

21 Lilla Nygatan
✆ +4676 052 75 48
www.kagges.com
Ouvert du mercredi au dimanche de 17h à 22h. Environ 500 SEK pour un diner.

Tout en s'inscrivant dans la cuisine suédoise traditionnelle Kalle et Dogge, les chefs du restaurant, composent librement au gré des saisons et des envies. On s'assoit au bar pour les observer préparer leurs savoureuses assiettes à base de produits locaux. Les mélanges sont originaux, surprenants et délicieux, et les produits d'une qualité rare. Les plats sont de taille moyenne, il faut donc en choisir deux ou trois pour être rassasié, mais le menu prend cela en compte. Ambiance cosy et détendue, idéal pour un dîner intime.

KRYP IN €€

17 Prästgatan
✆ +46 820 88 41
www.restaurangkrypin.se
Ouvert du lundi au vendredi de 17h à 23h, le samedi de 16h à 23h et le dimanche de 16h à 23h30.

Kryp In est un de ces lieux intimistes, un peu cachés, de la vieille ville où l'on aime se dire en y arrivant : je suis un privilégié ! La petite rue pavée médiévale de Prästgatan vous mène à ce restaurant rustique et chaleureux servant des plats faits maison. En effet, dans leur petite cuisine ouverte, le chef et son équipe qui le suit depuis longtemps, ont su apporter simplicité et humilité à la complexité des plats suédois. Et on a la confirmation, que dans cette cuisine suédoise, le renne est définitivement roi ! Bon repas garanti.

MÅRTEN TROTZIG €€

79 Väasterlånggatan
✆ +46 84 42 25 30
www.martentrotzig.se
Ouvert tous les jours de 11h à minuit, et le dimanche jusqu'à 23h. Plat principal de 188 à 368 SEK.

Le nom de cet établissement honore un jeune négociant allemand venu faire fortune à Stockholm au XVIe siècle. Les plats à la carte sont de gastronomie traditionnelle suédoise, cuisinés et servis dans un cadre sobre et élégant. On y goûte du renne ou de l'élan grillé, de la sole ou du saumon, agrémentés de fins accompagnements... Le service est rapide et la carte des vins offre un large choix. La situation centrale et pittoresque du lieu et la qualité de sa cuisine en font un passage logique pour qui souhaite goûter une cuisine locale élaborée.

ÖSTERLÅNGGATAN 17 €€€

17 Österlånggatan
✆ +46 8 557 773 00
https://osterlanggatan17.se
Lundi, mardi de 11h30 à 22h, 23h mercredi et jeudi, 00h le vendredi. Samedi de 12h à 00h, dimanche de 12h à 16h.

Un chic restaurant sobre et raffiné au rez-de-chaussée, et une cave de karaoké au sous-sol ! Appelé la Heineken Beer Cave, vous pouvez réserver des séances de karaoké entre amis ou en famille avec un frigo plein de Heineken. Sinon, le restaurant offre un menu inspiré de cuisines du monde entier, avec la possibilité de manger en terrasse. Une brasserie moderne et chaleureuse, vous ne serez pas déçus. Le service est amical et accueillant. Adresse idéale pour tout type d'occasions : dîner d'amoureux, pause déjeuner, ou pour prendre un verre en soirée.

SHOGUN €€

3 Stora Nygatan
✆ +46 8 20 82 05
http://restaurangshogun.se
Ouvert du mardi au vendredi de 11h à 20h, le lundi de 11h à 14h, et le week-end de midi à 20h.

Shogun est un restaurant asiatique qui marie un mélange d'influences. Il propose un menu dim sum ainsi qu'un menu japonais, deux styles culinaires très raffinés et bien mis en œuvre par leur cuisine. Si vous ne connaissez pas le dim sum, c'est un repas originaire de Chine qui consiste à partager une série de plats différents, et certains diront que c'est l'un des meilleurs restaurants chinois de Suède. Vous pouvez également avoir des menus japonais tels que des menus tempura ou sukiyaki. Une bonne adresse pour des délices d'Asie.

STIERNAN RAMEN €€

45 Österlånggatan
✆ +46 8 411 84 00
www.stiernanramen.se
Ouvert du lundi au mercredi de 11h30 à 14h30, le jeudi et vendredi de 11h30 à 21h, et le samedi de 15h à 19h.

Un ramen délicieux à un prix imbattable pour un restaurant en plein Gamla Stan. Cette soupe traditionnelle japonaise est une spécialité culinaire très difficile à maîtriser, le bouillon mettant environ 8 heures à cuire pour trouver son goût le plus riche. Un plat qui réchauffe l'hiver, et qui, dans ce restaurant, peut être consommé en terrasse l'été. Le tout dans une atmosphère zen et confortable, sans prétention, en plein centre de Stockholm. Offre aussi la possibilité de prendre des plats à emporter. Adresse recommandé pour un bon repas pas trop cher !

THE FLYING ELK €€

15 Mälartorget
✆ +46 8 20 85 83
www.theflyingelk.se
Ouvert du dimanche au mercredi de 15h à 23h, le jeudi de 15h à minuit, le vendredi et le samedi de 15h à 1h du matin.

Situé au cœur de la vielle ville, cet excellent pub bistronomique contemporain vous surprendra. Très animé le soir, vous trouverez un personnel attentionné, une ambiance très agréable et un service de qualité. À côté de certains plats traditionnels, ne pas hésiter à goûter d'autres plats originaux. Collations au bar, menu dégustation et bon choix de vin, le tout à un prix raisonnable. L'endroit idéal quand on n'arrive pas à se décider entre dîner et soirée au bar. Pensez à réserver car l'adresse est populaire et les Suédois ne manquent pas une occasion d'y aller.

THE HAIRY PIG RESTAURANT €

13 Lilla Nygatan
www.thehairypig.com
Menu à partir de 125 SEK le midi. Comptez entre 255 SEK et 295 SEK le plat principal le soir.

Dans ce restaurant en plein Gamla Stan, la saucisse est à l'honneur, mais aussi d'autres spécialités telles que le porc effiloché, le saumon fumé et les hot-dogs. Un objectif : partager une passion pour la bonne nourriture, le tout bien entendu fait maison. Les végétariens ne sont pas en reste et le restaurant propose aussi des plats sans viande. La terrasse est l'occasion parfaite pour déguster une bière issue des microbrasseries locales. L'atmosphère est familiale, simple et chaleureuse, un vrai bon moment à passer et à déguster à volonté.

ZUM FRANZISKANER BAKFICKAN €€€

Södra Bankogränd
https://zumen.se/bakfickan.html
Ouvert le lundi de 16h à 22h, mardi jusqu'à 23h. Le vendredi et samedi de 15h à minuit, et le dimanche de 15h à 22h.

Comme beaucoup d'établissements à Gamla Stan, Zum Franziskaner est l'un des plus anciens restaurants de Stockholm. Il est unique en son genre pour son intérieur folklorique, classique des *bierhalle,* datant de 1910. À l'allure plus germanique que nordique, l'on ressent l'influence allemande, culture emblématique de la bonne bière, tradition qui a voyagé jusqu'en Suède, où les longues journées d'hiver furent passées dans le brouhaha de pintes et de camaraderie.

SE RÉGALER

AMIDA KOLGRILL €

76 Folkungagatan
✆ +46 8 442 03 60
www.amida.se
Ouvert du lundi au vendredi de 11h à 23h, le week-end à partir de midi.

Pour les amateurs de cuisine orientale, Amida est une bonne adresse. Le restaurant propose une cuisine variée et goûteuse, et reste ouvert tard le soir. Les portions sont très grandes, vous pouvez donc être sûr que vous aurez un excellent déjeuner pour des prix raisonnables. Il y a une variété de plats différents ainsi que des options végétariennes. Vous pouvez prendre des plats à emporter ou même les faire livrer chez vous. Pour des soirées d'hiver où l'on a moins envie de sortir, un bon repas chaud peut être dégusté chez soi !

BOULEBAR €€

85 Tantogatan
✆ +46 10 162 92 00
www.boulebar.se
Du lundi au vendredi de 15h à 00h, samedi de 10h30 à 00h, dimanche de 10h30 à 22h. Cours à partir de 150 SEK par pers.

Cela peut paraître étrange de venir en Suède pour retrouver le charme français, mais c'est l'atmosphère du lieu qui vaut le détour. Ici on peut jouer à la pétanque, boire un verre de pastis et déguster un repas flirtant délicieusement avec la cuisine du Sud de la France. En été, les habitants de la capitale s'y rendent pour passer un bon moment ensemble, c'est donc un bon lieu de détente et de rencontre ! Boulebar comprend plusieurs restaurants dans Stockholm où l'on peut jouer à l'extérieur tout l'été. Étrange, mais c'est un incontournable de la capitale !

CHUTNEY €

19 Katarina Bangata
✆ +46 8 640 301 0
www.chutney.se
Ouvert du lundi au vendredi de 11h à 22h, le samedi de midi à 22h et le dimanche de midi à 21h. 120 SEK environ.

Des formules déjeuner aux prix imbattables pour les normes de Stockholm ! Le tout pour une centaine de couronnes. Chutney est un restaurant végétarien et végan offrant de plats d'inspiration asiatique de très bonne qualité pour le prix. Les portions sont grandes et les ingrédients sont frais, le tout dans une atmosphère étudiante au cœur du quartier de Sofo. Ils ont aussi un bar avec une bonne sélection de bières, ainsi que des gourmandises pour une pause fika. Une bonne adresse pour les budgets étudiants et pour les végétariens ou vegans.

CRÊPERIE FYRA KNOP €

4 Svartensgatan
✆ +46 86 40 77 27
Ouvert tous les jours de 17h à 21h.

Certes un Français n'a pas forcément envie de manger des galettes bretonnes lorsqu'il vient visiter Stockholm. Mais cette petite crêperie bien de chez nous est bien située et représente une alternative bon marché et agréable pour un dîner sympa. Quatre marches mènent à ce repaire d'expatriés français et d'amateurs suédois de bonnes crêpes. L'ambiance est animée et la lumière tamisée dans les deux petites salles au décor rustique. Murs brun passé, bougies sur les tables, listes des breuvages sur tableau noir, déco sobre et odeurs d'ail et de froment.

FAROS €€

1 Sofiagatan
✆ +46 8 641 23 64
www.faros.se
Ouvert de lundi à vendredi de 16h à minuit, samedi de 13h à minuit et dimanche de 12h à 23h.

Faros est un incontournable de la cuisine grecque à Stockholm. Très populaire, l'adresse est bien remplie les soirs de week-end. L'été, ses tables extérieures sont prises d'assaut, d'où la nécessité de réserver sa table. Car c'est dans l'un des lieux les plus tranquilles de Södermalm que ce restaurant est installé, un peu à l'écart de Götgatan. La cuisine y est délicieuse et pas hors de prix. Sinon, en piochant dans la carte, grand choix, entre poissons grillés, brochettes de poulet, agneau sauce estragon, calamar et poulpe...

FOTOGRAFISKA RESTAURANT €€

22 Stadsgårdshamnen
✆ +46 0850 900 500
www.fotografiska.eu/en
Déjeuner comprenant pain, eau gazeuse et café pour 140 SEK. Dîner en 3 services : 405 SEK ; 5 services : 675 SEK.

Situé au dernier étage du musée de la Photographie, la cuisine de ce restaurant est saine, raffinée et de haute qualité. Les ingrédients sont frais, locaux et en grande partie biologiques. Le restaurant travaille même avec la ferme urbaine biodynamique Rosendal's Tradgard située sur l'île de Djugarden. En journée, vous pouvez également vous arrêter dans leur café pour une pause gourmande et, le soir, vous accouder au bar pour profiter de leur carte des vins bien fournie. En plus, la baie vitrée qui offre une vue imprenable sur la baie de Stockholm.

GILDAS RUM €

78 Skånegatan
https://gildasrum.se
Ouvert de 7h30 à 20h30 du lundi au vendredi, les samedis et dimanches à partir de 9h.

Un beau café situé sur la jolie place Nytorget, d'influence Paris années 1970 : les motifs floraux alternent avec du papier peint rayé aux tons rouge et or et des murs en bibliothèque trompe-l'œil. Les fauteuils confortables donnent le sentiment d'une ancienne salle de lecture. De gros lampions colorés participent à l'intimité tamisée. Accueil sympa, pâtisseries maison et sandwiches à prix corrects. Un point de passage obligé en cas de balade dans SoFo, pour déjeuner ou simplement boire un café. Un endoit charmant qui ne s'oublie pas !

DE HERMAN €

23B Fjällgatan
✆ +46 86 43 94 80 - www.hermans.se
7j/7 de 11h30 à 21h. Buffet à volonté le soir 245 SEK, 158 SEK le midi (étudiants 158 SEK pour le dîner aussi !)

Avec son délicieux buffet à volonté et sa vue imparable sur les eaux de Stockholm, Hermans s'est imposé en restaurant incontournable de Stockholm. Les différents plats, tous *vegan*, sont savoureux et originaux. On peut goûter toutes sortes de houmous, des lasagnes, des salades, du pain maison, du tofu grillé et mariné et bien d'autres choses encore ! En hiver, on s'assoit dans la véranda conviviale et chauffée, en été sur la terrasse pour profiter des barbecues et de la vue. En plus, le thé et le café sont aussi à volonté et il y a des réductions pour étudiants !

GREASY SPOON €

19 Tjärhovsgatan
www.greasyspoon.se
Ouvert tous les jours de 8h à 16h, sauf le jeudi, fermé.

Greasy Spoon, c'est le repère incontournable pour un bon brunch à SoFo. A l'image du quartier, l'ambiance et l'équipe sont un peu hipster, la vaisselle dépareillée, les tapisseries fleuries, les jus de fruits frais et le menu simple mais savoureux. On opte pour des œufs Bénédicte du jour, parfaitement pochés à la crème de truffe, ceux au bacon ou au saumon fumé. Rituel du dimanche pour beaucoup de Suédois et Suédoises, on n'hésite pas à réserver si on veut avoir la chance de vivre ce moment très sympathique. Une bonne adresse pour commencer la journée !

KVARNEN €€

4 Tjärhovsgatan
✆ +46 86 43 03 80
www.kvarnen.com
Dîner dès 16h. Du dimanche au mardi jusqu'à 23h, du mercredi au samedi jusqu'à 3h du matin. Plats environ 220 SEK.

Situé sur l'ile de Södermalm, à deux pas du métro Medborgarplatsen, Kvarnen est une institution dans le quartier depuis plus de 100 ans. Le temps semble s'être arrêté dans ce restaurant légendaire qui propose de savoureux plats suédois, soigneusement préparés de génération en génération. Les connaisseurs se rappelleront du pub préféré de Lisbeth dans la série *Millenium*. On y sert des plats typiques tels que le ragoût de renne, les toasts de hareng, pommes de terre et oignons ou encore les fameuses *meatballs* ainsi qu'un important choix de bières et de cocktails.

HELLSTENS GLASHUS €€

50 Klarabergsgatan
www.ahlens.se
Le bar est ouvert de 17h à minuit et le restaurant de 17h à 23h. Plat principal à partir de 160 SEK.

L'hôtel Glashus est aussi réputé pour son restaurant qui offre une cuisine suédoise aux mets délicats, le tout dans un cadre unique en son genre. Suivant les saisons et arrivage, vous pouvez y déguster du renne comme toute sorte de poissons pêchés au large des côtes nordiques. Le menu présente tous les mets favoris du propriétaire ethnographe et anthropologue Per Hellsten : l'histoire d'une vie pleine d'aventures gustatives qui rendent le menu vivant et appétissant. Une fois par semaine, concerts de jazz, country et jazz africain avec une belle acoustique.

MAGNOLIA €€

9 Blecktornsgränd
✆ +46 763 97 97 77
magnoliastockholm.se
En semaine 11h-23h, vendredi et samedi jusqu'à minuit, dimanche de midi à 23h. Entre 140 SEK et 200 SEK.

Situé tout près de Monteliusvägen, dans une très charmante rue piétonne de Söder, ce restaurant de spécialités taïwanaises et asiatiques a tout pour plaire. Les plats sont préparés avec soin et pleins de saveurs. On y vient aussi pour l'ambiance branchée et le bar très animé les soirs de week-end et pendant les beaux jours. La terrasse, très charmante, se trouve côté rue, et permet d'apprécier l'ambiance unique du quartier. N'oubliez pas de monter la rue afin de voir la vue après votre repas, car c'est l'une des plus belles de Stockholm !

MEATBALLS FOR THE PEOPLE €

30 Nytorgsgatan
✆ +46 8 466 60 99
meatball.se
Ouvert du dimanche au jeudi de 11h à 22h, vendredi et samedi de 11h à 00h.
Environ 125 SEK pour un plat sur place.

Avec à la fois, un restaurant, un bar et une boutique, Meatballs for the People met, comme son nom l'indique, la traditionnelle boulette de viande suédoise à l'honneur. Ainsi, c'est le lieu idéal pour vous initier à la gastronomie du pays sans vider votre porte-monnaie. La carte comporte plusieurs sortes de boulettes à base d'ingrédients variés classiques ou plus originaux, dans des recettes qui sont sans cesse revisitées. Prenez le temps de les déguster sur place, assis à une table en bois rustique. Vous pouvez également les prendre à emporter.

PELIKAN €€

40 Beklingegatan
✆ +46 8 55 60 90 90
www.pelikan.se
Ouvert du dimanche au jeudi, de 17h à minuit, vendredi et samedi jusqu'à 1h.
Fermé le midi. Plats entre 188 et 345 SEK.

Ce restaurant au style XIXe siècle se trouve dans un vieux bâtiment (c'est assez rare pour le souligner) de Södermalm. Le Pelikan, dont l'histoire remonte au XVIIe siècle, s'est installé à Beklingegatan en 1960. La clientèle d'aujourd'hui est encore un mélange de ce qu'elle fut au fil des siècles : ouvriers, étudiants, bourgeois cohabitent en ce lieu, sous un plafond de 5 m de hauteur. La nourriture y est typiquement suédoise avec harengs, anchois, renne fumé ou les traditionnelles *köttbollar* (boulettes de viande) aux airelles. Un lieu très fréquenté.

NYSTEKT STRÖMMING €

1 Södermalmstorg
Ouvert de lundi au dimanche de 11h à 21h.
Comptez 60-70 SEK.

Pour manger pas cher mais autre chose que les classiques de la restauration budget, faites une halte sur Södermalmstorg pour goûter un classique du coin. Un wagon blanc à l'enseigne jaune installé ici depuis toujours vend les *strömming*, ces tout petits harengs frits, à toutes les sauces : roulés dans du pain avec une salade à la crème fraîche et aux poireaux (pour 75 SEK), en burger (55 SEK) ou bien en *skåning* (40 SEK) : poissons servis en filet avec une sauce à la moutarde, de l'oignon rouge et de l'aneth. Dépaysant et délicieux !

SHANTI SOFT CORNER €

34 Södermalmsallen
✆ +46 8 643 97 00
www.shanti.se
Ouvert du lundi au vendredi de 11h à 23h, et le week-end à partir de 13h.

Une jolie adresse de cuisine indienne tout près de Medborgarplatsen, qui s'est installée dans un endroit calme (trop ?) mais très agréable. Le restaurant est organisé tout en longueur et les soirs de week-end, il n'est pas rare que des musiciens indiens viennent animer les lieux. La nourriture est délicieuse et la carte interminable. Service aimable et déco sympa. À essayer aussi le restaurant Shanti Gossip (Skånegatan 71, 116 37 Stockholm), situé à 12 minutes à pied, appartenant au même groupe. Considéré comme un des meilleurs restaurants de Stockholm !

ÖSTGÖTAKÄLLAREN €€

41 Östgötagatan
✆ +46 8 643 22 40
www.ostgotakallaren.se
Du mardi au vendredi 16h-1h et à partir de 12h le week-end.
Plat 135 SEK-235 SEK. Offres spéciales.

Östgötakällaren est un lieu historique et atypique qui a ouvert ses portes en 1986. Ici, vous trouverez une belle salle à manger dont la décoration vaut le détour ainsi qu'un bar qui sert une importante sélection de bières. On y déguste des plats de Scandinavie et d'Europe centrale avec de grosses influences d'Autriche et d'Allemagne. De belles proportions à arroser avec des gorgées de bonne bière mousseuse en direct de la cave du restaurant. Une taverne classique de Södermalm, conviviale, rustique et abordable, en immersion totale avec les locaux.

TEATERN RINGEN SKANSTULL €€

132 Götgatan
✆ +46 8 696 30 31
www.ringencentrum.se/teatern
Du lundi au jeudi 11h-21h, 22h le vendredi, 20h le dimanche. Burgers environ 100 SEK, petit déjeuner environ 80 SEK.

Teatern au sein de Ringen Centrum, près de Skanstull, combine cuisine raffinée et restauration populaire. Certains des plus grands restaurateurs suédois tels que Magnus Nilsson, Adam Dahlberg et Albin Wessman, Stefano Catenacci et le chef pâtissier Nobel Daniel Roos se partagent l'espace et les 250 places assises. Au Teatern, vous pourrez déguster des saucisses de classe mondiale, des hamburgers végétaliens et goûter à des mets du monde entier. Sans prétention, le lieu permet aux gourmets de se restaurer sur le pouce à un prix raisonnable.

TJOGET €€

24 Hornsbruksgatan
✆ +46 82 20 021
www.tjoget.com
Ouvert du lundi au jeudi de 16h à 1h, le vendredi de 15h à 3h, le samedi de midi à 15h, et le dimanche de midi à 1h.

Bar branché de la capitale, la population est trentenaire et aisée, et les Stockholmois aiment se retrouver dans cette ambiance décontractée bien que soignée. Tjoget est un lieu où l'on peut se restaurer, déguster un bon vin, une bière artisanale, ou encore un cocktail tard le soir. Les plats sont goûteux et recherchés, et la terrasse ensoleillée est très agréable durant les après-midi d'été. Leur menu est inspiré des cuisines régionales de la Méditerranée. Ouvert tous les jours de la semaine, ce restaurant est un bon choix pour un repas délicieusement spontané !

TVÅ SMÅ SVIN - DEUX PETITS COCHONS €

49 Årstavägen
✆ +46 8 722 75 20
www.tvasmasvin.se
Ouvert du lundi au vendredi de 12h à 22h et du samedi au dimanche de 11h à 22h.

C'est à Årsta, à une vingtaine de minutes en transport de Södermalmn que se niche Två Små Svin, un restaurant atypique aux influences danoises et tchèques, spécialisé dans les *smørrebrød*, la bière et l'eau-de-vie. Le *smørrebrød* est un plat typique danois qui se compose d'une tranche de pain de seigle beurrée sur laquelle on vient disposer différents aliments. Les lieux ne sont fréquentés que par des locaux. Une de nos petites adresses cachées, bien loin des restaurants du centre-ville.

URBAN DELI €€

4 Nytorget
✆ +46 8 425 500 30
www.urbandeli.org
Ouvert entre 8h et minuit tous les jours (jusqu'à 1h le samedi). À noter, formules et brunchs très sympas le week-end.

Au cœur de SoFo, après l'épicerie truffée de produits bio et éco présentés avec soin dans des packagings coquets qui vous donnent l'eau à la bouche et les plateaux repas à emporter, la salle s'ouvre sur un bar, puis sur le restaurant chaleureux. Le *Fiskgryta*, un plat de poisson, crevettes, moules, poivrons finement coupés et safran, est succulent ! Service en continu, on vous propose des plats atypiques, l'occasion d'essayer quelque chose de nouveau avant de repartir à la conquête de la capitale ! Terrasse très agréable l'été, ne serait-ce que pour un verre.

VURMA €

31 Bergsunds strand
✆ +46 8 669 09 60
www.vurma.se
Ouvert tous les jours de 9h à 19h. Carte : 130 SEK environ.

Situé à deux pas de l'eau, dans le très populaire quartier de Hornstull, ce petit café très lumineux est un des rendez-vous classiques des jeunes Suédois. On peut s'y restaurer, prendre un café ou un fika. Le menu est assez varié et propose une cuisine du monde simple et savoureuse. On s'assoit à l'intérieur, près des grandes baies vitrées qui permettent de voir l'eau mais aussi d'observer la vie animée du quartier, ou directement en terrasse. Les prix sont très abordables, et les plats copieux. Bref, une très bonne adresse à ne pas manquer !

WINTERVIKEN €

60 Vinterviksvägen
✆ +46 8 400 264 80
www.winterviken.se
Ouvert de 11h à 16h. Menu entre 120 SEK et 150 SEK. A 20 min de Slussen en métro ou à vélo.

Situé dans la baie de Winterviken, au sud de la ville, ce restaurant est l'endroit idéal pour déguster des spécialités suédoises dans une ambiance conviviale et chaleureuse. L'hiver, les repas sont servis dans l'ancienne usine d'Alfred Nobel, impressionnant bâtiment fait de briques rouges. L'été, on peut s'installer sur les tables de pique-nique à l'extérieur, à deux pas du lac ! Ici, les enfants sont les bienvenus et c'est un lieu très apprécié des jeunes couples avec leur poussette et leur bambin. Une ambiance très agréable et familiale.

WOODSTOCKHOLM €€

9 Mosebacke Torg
✆ +46 8 36 93 99
www.woodstockholm.com
Ouvert de 17h à 23h du mardi au samedi. Plats autour de 250 SEK.

Woodstockholm Bistro est un lieu où les saveurs se rencontrent sans égard vis-à-vis des frontières traditionnelles. Faisant face au Södra Teatern, dans le quartier animé de Södermalm. On profite de la nourriture et de boissons produites localement, dans un environnement chaleureux créé par Lars Stensö. Le chef Elias et son équipe travaillent avec un menu qui change régulièrement. En soirée, le magasin de meubles attenant est transformé en salle, une pièce spectaculaire conçue par Uglycute et reliée à Woodstockholm Bistro par un passage secret.

AUBERGINE €€

38 Linnégatan
✆ +46 8 660 02 04
www.aubergine.se
Plats principaux entre 205 SEK et 335 SEK.

Un restaurant très apprécié des Stockholmois car il propose des plats mêlant cuisines suédoise et française, à des prix raisonnables, dans un cadre vraiment sympathique. Les lampes qui tombent du plafond ressemblent à de grosses boules de pollen. La décoration a le mérite de ne pas être tape-à-l'œil, avec dans les assiettes des créations aussi variées que l'escalope suédoise, le gratin de poisson, les boulettes de viande suédoise ou un steak tartare. Aubergine possède aussi un bar-bistrot où il est possible de se restaurer, à ne pas manquer !

EKSTEDT €€€

17 Humlegårdsgatan
✆ +46 8 611 12 10
www.ekstedt.nu
Du mardi au vendredi de 17h30 à 1h.
A partir de 16h le samedi. Réservation impérative.

A la recherche d'un temps perdu, ce restaurant gastronomique propose un concept unique car le Chef Niklas Ekstedt et son équipe n'utilise ni électricité ni gaz dans le processus de cuisson. Les aliments sont cuisinés à la cheminée avec du bois de bouleau qui rappelle la cuisine traditionnelle, lente et rustique des forêts de Jämtland. En se situant à l'opposé complet de la gastronomie moléculaire et des procédés futuristes, le Chef participe à l'émergence d'une nouvelle cuisine suédoise fière de ses racines que l'on voit resurgir depuis une dizaine d'années.

GLASHUSET €€

18 Strandvägen
✆ +46 8 666 02 02
http://glashuset.com
Ouvert tous les jours à partir de 11h30 jusqu'à tard.

Avec vue sur l'eau, Glashuset ou « Maison de Verre », est un restaurant situé le long de Strandvägen, avec une terrasse ouverte toute l'année. Les lieux font aussi l'objet de soirées festives, tel que des soirées DJ ! Une bonne adresse pour boire un verre au soleil avec vue de Stockholm, ou pour savourer leurs plats simples et bons. Ambiance sociale pour une cuisine de bonne qualité, comme une bonne brasserie ! Ils font également de très bons cocktails. Adresse fortement recommandée pour une sortie en ville entre amis ou en famille !

HANTVERKET €€€

15a Sturegatan
✆ +46 8 121 321 60
restauranghantverket.se
Ouvert du lundi au jeudi de 11h30 à 14h et de 17h à 23h, et le vendredi jusqu'à minuit. Le samedi de 16h à minuit.

C'est LE restaurant tendance à Stockholm : tout le monde en parle, et il faut réserver au moins deux semaines à l'avance. Dans une atmosphère style entrepôt chic, vous dégusterez une cuisine expérimentale et raffinée. Le menu offre bien évidemment des plats typiques suédois, mais avec une touche imaginative du chef. Attention, tous les plats ne sont pas faits pour tout le monde, il faut avoir le courage de l'inconnu pour savourer ces combinaisons de goûts inhabituels. C'est une expérience à part entière plus qu'autre chose, où l'art culinaire rayonne.

HUSMANS DELI €€

Östermalms Saluhall
✆ +46 8 553 404 80
www.husmansdeli.se/sv
Du lundi au vendredi de 9h30 à 19h et le samedi de 9h30 à 17h.

À l'intérieur d'Ostermalms Saluhall, un bâtiment datant de 1888, le restaurant-traiteur Husmans Deli, est un lieu de pèlerinage et de découverte gastronomique. Pratique pour déguster de la charcuterie et découvrir une sélection de viandes fumées autour d'un verre de vin rouge. Sélection affinée de fromages et viandes sous forme de tapas. Il est depuis toujours le rendez-vous incontournable des gourmets qui viennent s'approvisionner en produits d'épicerie fine, de Suède et d'ailleurs. Allez-y seul ou entre amis pour un bon moment garanti !

LISA ELMQVIST €€

Östermalms Saluhall
✆ +46 8 553 404 00
www.lisaelmqvist.se
Le restaurant est ouvert du lundi au vendredi de 11h à 23h. Il est recommandé de réserver surtout le midi.

Ce restaurant bar mythique peut s'enorgueillir d'une longévité sans équivoque puisqu'il atteindra bientôt son siècle d'existence. Tout a commencé dans les années 1920 où Lisa, fille d'un pêcheur décida de cuisiner les poissons fraîchement arrivés le matin même. C'est aujourd'hui la 4e génération de la famille qui gère d'une main de maître et autant de délicatesse ce restaurant souvent encensé par les critiques. Les produits de la mer sont d'une qualité remarquable, issus de la pêche du jour et agrémentés de manière simple pour des plats d'une finesse incroyable.

ÖSTERMALMS SALUHALL [LES HALLES D'ÖSTERMALM]

Östermalmstorg
www.ostermalmshallen.se
Ouvert du lundi au vendredi de 9h30 à 19h, le samedi de 9h30 à 17h.

Le marché couvert le plus chic de la ville, situé dans un immense bâtiment en briques. C'est un véritable paradis pour les gourmets et les gourmands, et vous y trouverez toutes les spécialités traditionnelles suédoises et autres délicatesses. Une atmosphère incroyable, un spectacle pour tous les sens bien que tout soit relativement hors de prix ! Ne pas louper le fameux restaurant Lisa Elqmvist qui sert des plats de poissons et fruits de mer à tomber, d'une fraîcheur incomparable.

RICHE €€

4 Birger Jarlsgatan
✆ +46 8 543 035 60
www.riche.se
Les horaires varient selon le jour, à vérifier sur le site.

On y sert des spécialités suédoises et internationales, et c'est l'une des bonnes tables de la capitale. En plein centre du « petit Paris », ce distingué restaurant date de 1893 et loge au rez-de-chaussée d'un immeuble du XVIIIe siècle. Cuisine très savoureuse, c'est l'occasion de déguster un filet d'agneau en croûte d'herbes avec terrine de pommes de terre et de fenouil ou un saumon fumé accompagné de fenouil et de betteraves jaunes marinées. Les plats du jour sont très abordables et quelques mets végétariens sont inscrits à la carte.

PA & CO RESTAURANG €€

8 Riddargatan
✆ +46 8 611 08 45
www.paco.se
Ouvert le lundi et mardi de 17h à 22h30, mercredi à samedi de 17h à 23h30, et fermé le dimanche.

Depuis l'extérieur, ce lieu ne semble pas bien original. La décoration simple et épurée ressemble pour beaucoup à celle des autres bistrots suédois. Reste que l'originalité se trouve dans les assiettes. Ici, le chef cuisine frais et le menu se limite à une ardoise collée au mur. Les artistes et les créateurs ne s'y sont pas trompés : c'est ici qu'ils se donnent rendez-vous. Si vous cherchez un lieu pas trop touristique ou trop prétentieux, voici une bonne adresse. Le service est impeccable, que ce soit pour les habitués ou non ! Les prix y sont raisonnables.

STUREHOF €€

2 Stureplan
✆ +46 84 40 57 30
www.sturehof.com
Ouvert tous les jours de 11h jusqu'à 2h. Plat du jour : 195 SEK.

Le grand classique de la place Stureplan. Lieu de rendez-vous obligé, vous pourrez, depuis le bar ou la terrasse, assister au ballet des noctambules en goguette. Le décor a été revu par Jonas Bohlin et allie tradition et modernité. Le restaurant cultive un esprit brasserie et propose une carte de qualité, avec des spécialités de fruits de mer et de poissons (plats de 215 à 485 SEK). Un des grands avantages du Sturehof est que sa cuisine ferme tard. Montez ensuite à l'étage, au O'Bar, pour boire un dernier verre et écouter les talentueux DJ.

PRINSEN €€€

4 Mäster Samuelsgatan
✆ +46 8 684 238 11
https://restaurangprinsen.se
Lundi et mardi de 11h30 à 22h. Mercredi à vendredi de 11h30 à 23h30. Samedi de 12h à 23h30 et dimanche de 13h à 22h.

Un restaurant historique aux hauts plafonds et à la belle boiserie, style brasserie parisienne où artistes, poètes, et le comité Nobel s'y retrouvaient, déterminant la culture de Stockholm. Les murs sont couverts de nappes sur lesquels sont esquissés des dessins tachés de vin rouge, accompagnés d'œuvres d'art. On y sent la vie passée parmi la vie nouvelle, l'environnement étant resté quasi intact depuis 1897. Atmosphère animée et sophistiquée, haut de gamme mais sans prétention, avec des serveurs sympathiques et des plats suédois à tomber !

SUPPER STOCKHOLM €€

17 Humlegårdsgatan
✆ +46 82 32 424
http://supper.nu/
Ouvert du lundi au jeudi de 11h30 à minuit, vendredi jusqu'à 1h, samedi de 13h à 1h, et dimanche de 17h à minuit.

Supper Stockholm offre un menu brunch, déjeuner et dîner avec des plats différents selon le jour de la semaine. Chaque menu est un assortiment d'ingrédients et de plats pour une ambiance différente, entre tapas, cocktails, plats chauds ou froids, le tout influencé par la cuisine et l'art de la table d'Amérique du Sud. Au milieu du restaurant se trouve un bar, qui est assez grand pour manger et boire quelques boissons. Une adresse fréquentée par les locaux, le service y est accueillant et serviable. Des options vegans et végétariennes sont disponibles.

CAFÉ, RESTAURANG & FESTVÅNING €

14 Rosendalsvägen
✆ +46 86 64 51 08
www.flickornahelin.se/cafe-restaurang
Ouvert tous les jours, toute l'année. Du lundi au samedi de 9h à 17h et le dimanche de 10h à 17h.

La terrasse domine le parc et les eaux de la Baltique. Très facilement reconnaissable avec son étrange cheminée et les grandes lettres Skansen qui se découpent au sommet du bâtiment, c'est le lieu idéal pour une pause gourmande en milieu de journée, ou pour faire passer une fin d'après-midi dominicale. Pâtisseries, gâteaux, thés en choix abondants dans une ambiance de jeunes mamans bavardes et d'étudiantes. Profitez en pour vous régaler l'esprit léger !

FLICKORNA HELIN €€

14 Rosendalsvägen
✆ +46 866 451 08
www.flickornahelin.se
Ouvert du lundi au samedi de 9h à 17h, et le dimanche de 10h à 17h.

Pour une pause fika ou une pause déjeuner, Flickorna Helin est une bonne adresse pour grignoter à des prix abordables, le tout dans une atmosphère décontractée. Ils proposent une large gamme de pâtisseries maison, brioches, gâteaux, sandwichs, jus de fruits, smoothies. Avec vue sur Stockholm, vous pouvez vous asseoir en terrasse l'été et déguster des salades de crevettes ou de bonnes soupes. Le lieu lui-même est assez folklorique, le restaurant étant à l'intérieur de Skånska Gruvan, un pavillon construit pour l'Exposition industrielle de 1897.

GLÖD €€

48 Djurgårdsvägen
✆ +46 8 400 229 90
Ouvert du lundi au vendredi de 11h à 18h.

Faisant partie du Musée viking, Glöd est un restaurant spécialisé en gastronomie nordique, dont des plats s'inspirent des cultures vikings. Une bonne adresse pour une pause déjeuner pendant une journée de visites. Bien qu'intégré au musée, c'est un restaurant à part entière, offrant une expérience gastronomique succulente et riche en goûts. Vous y trouverez du *mjöd*, une boisson alcoolisée à base de miel fermenté, très bon ! Les plats coûtent malgré tout un peu cher, ce qui n'est pas surprenant pour un lieu touristique à Stockholm.

HASSELBACKEN €€

20 Hazeliusbacken ✆ +46 8 51 73 43 00
www.restauranghasselbacken.com
Ouvert tous les jours, restaurant jusqu'à 22h. Le soir, plat à partir de 195 SEK. Formule déjeuner à partir de 125 SEK.

Dans une belle propriété qui domine Djugårdslätten, ce grand restaurant possède une très grande salle à manger, au style baroque, qui semble un décor sorti du passé suédois. Le jardin, où est plantée la statue de l'artiste Carl Bellman jouant de la mandoline, permet de se détendre dans les transats pour digérer à l'ombre. La terrasse, en été, offre une belle vue et un refuge calme après les visites bruyantes de Skansen ou de Gröna Lund. Prix honnêtes pour un environnement de cette qualité, c'est donc une bonne adresse pour se restaurer entre deux musées.

LILLA HASSELBACKEN €

78 Djurgårdsslätten
✆ +46 0 8 663 71 82
www.lillahasselbacken.se
Ouvert tous les jours de 10h à 20h. Animations musicales et restaurant/grill en été.

Cet établissement en bois peint de vert se dresse face à l'entrée principale de Skansen depuis 1866. Le Café Fin de Siècle est la partie la moins chère, où la formule déjeuner coûte 125 SEK. On peut manger à l'intérieur, sous d'innombrables photos en noir et blanc retraçant l'histoire de l'établissement ou de Djurgården, ou sur la terrasse très conviviale, souvent pleine de touristes lorsqu'il fait beau. On apprécie surtout le lieu pour son côté pittoresque, il n'y a rien de plus suédois ! Le menu contient toujours une viande et un poisson du jour, recommandés !

OAXEN SLIP €€

26 Beckholmsbron ✆ +46 8 551 531 05
www.oaxen.com/en/bistro-slip/
Ouvert tous les jours le midi de 12h à minuit (dernier service à 22h). Ouverture des réservations, 3 mois à l'avance.

Bistrot du fameux restaurant gastronomique Oaxen Krog situé à l'étage, Oaxen Slip, est un petit bijou à essayer de toute urgence ! Situé au bord de l'eau, sur l'île de Djurgården, vous dégusterez une cuisine suédoise savoureuse, des plats simples et généreux, à partager. En plus d'être un restaurant convivial, le cadre est soigné : de grandes baies vitrées structurant un décor industriel, des murs en tôle ondulée blancs, des banquettes en cuir rouge, de grandes tables en bois. Un conseil : pensez à réserver l'été car la terrasse extérieure est très prisée.

RESTAURANGEN BLÅ PORTEN €€

64 Djurgårdsvägen
✆ +46 8 743 07 43
www.blaporten.com
Ouvert en semaine de 10h30 à tard. A partir de 13h le week-end. Plats entre 150 et 260 SEK.

Idéal par une journée ensoleillée, ce restaurant aux prix très intéressants possède une superbe cour intérieure où vous pourrez déjeuner au calme. Situé juste à côté du musée Liljevalchs Konstall, il est également proche de Skansen, du Nordiska Museet et du musée Vasa. Cuisine typique suédoise : saumon bouilli avec pommes de terre et carottes marinées, hareng au four, herbes et pommes de terre ou saumon mariné à la moutarde et à l'aneth. L'occasion de faire une pause, abordable pour une fois, et de se régaler entre deux visites !

ROSENDALS TRÄDGÅRD

12 Rosendalsterrassen
✆ +46 8 545 812 70
www.rosendalstradgard.se
Les horaires varient selon la saison, vérifier sur leur site Internet.

Situé à 5 minutes en vélo des musées dans ce qui fut autrefois la campagne de Stockholm, ce café comporte de multiples facettes si bien qu'il est impossible de le résumer en un mot. Le concept : proposer des produits issus de l'agriculture biodynamique qui sont récoltés et transformés sur place, si bien que vous dégustez leurs excellentes pâtisseries, confortablement installé entre leurs plantations, leur boulangerie et leur boutique de produits artisanaux. En été, on s'assoit dans le grand jardin, à l'ombre des pommiers, et en hiver sous la serre chauffée.

SJÖCAFEET €

2 Galärvarvsvägen ✆ +46 8 661 44 88
www.sjocafeet.se
Restauration tous les jours de 9h à 18h. Location de bicyclettes et de canoës. Déjeuner à partir de 135 SEK.

L'été, ce café s'agrandit avec deux terrasses flottantes d'où l'on contemple paresseusement le flot des visiteurs qui traversent le pont vers les musées de Djugården. Avec un rayon de soleil, c'est un lieu agréable pour une collation de fin de journée. Dans cette ambiance décontractée, on peut consommer des repas simples et bons, variant entre pizzas et moules frites. Lieu très adapté aux enfants et pour les familles.

Point info pour tout le quartier de Djurgården : événements du jour, renseignements généraux, cartes des parcs et infos visites.

SKROTEN CAFÉ & SKEPPSHANDEL €€

14 Beckholmsvägen
✆ +46 7 038 080 80
www.skrotens.se
Ouvert tous les jours de 11h à 17h, et le mercredi jusqu'à 22h.

Entre l'archipel, le recyclage, la décoration intérieure et la nourriture, ce restaurant contient tout en un. Josefin Arrhénborg et Maria Rindstam ont fondé l'établissement tout d'abord pour recycler des bateaux dans le but d'empêcher les dégâts sur l'environnement de l'archipel. Six ans plus tard, elles ouvrent le café-restaurant qui, aujourd'hui, est un lieu très populaire parmi les locaux. L'intérieur est plein de caractère et la cuisine y est excellente.

VILLA GODTHEM €€€

9 Rosendalsvägen
✆ +46 8 684 238 40
https://villagodthem.se
Ouvert tous les jours de 11h30 à 23h.

Dans cette villa de la fin du XIXe siècle se trouve ce restaurant chic et raffiné, où l'artisanat culinaire suédois est servi dans un bel environnement. Ce n'est pas donné, mais ça en vaut la peine. Vous y trouverez de l'entrecôte, du cabillaud, du hareng, et des desserts à couper le souffle. La présentation y est impeccable, le tout dans une atmosphère folklorique. Si vous y êtes autour des vacances de Noël, ce restaurant offre un menu de Noël à partir de novembre qui est succulent, et Noël n'est pas une blague pour les Suédois...

WÄRDSHUSET ULLA WINBLADH €€

8 Rosendalsvägen
✆ +46 8 534 897 01
www.ullawinbladh.se
Plats entre 278 SEK et 755 SEK.

Bienvenue sur l'île de Djugården qui servait autrefois de terrain de chasse aux rois de Suède. Désormais, elle abrite d'importants musées et les Suédois s'y pressent pour profiter d'une luxuriante nature en plein centre-ville. Et si en sortant du Skansen ou au détour d'un chemin boisé vous entendiez miraculeusement le son de la ballade amoureuse du troubadour Bellman, suivez cette mélodie, car bienheureux vous serez en goûtant à la tradition culinaire suédoise que le restaurant Ulla Windbladh aborde en toute simplicité. Cadre raffiné et intimiste.

AG RESTAURANT ET TAPAS BAR €€

Kronobergsgatan 37 ✆ +46 8 410 681 00
restaurangag.se
Ouvert du mardi au jeudi de 16h à 20h, vendredi et samedi de 12h à 20h et dimanche de 16h à 20h.

Vous n'êtes pas végétarien ? Car au AG Restaurant, la viande est l'honneur. Côté restaurant, beaucoup disent qu'ils n'ont jamais mangé une viande aussi bonne nulle part ailleurs, côté tapas, les assiettes de chiffonnades et autres charcuteries fondantes font concurrence au sud de l'Europe. Le tout est servi avec un bon vin. S'il faut manger moins de viande, autant la manger mieux. Un lieu pour tous ceux qui aiment se retrouver et passer un bon moment autour d'une nourriture de qualité.

AGNES €€

43 Norra Agnegatan
✆ +46 8 410 470 19
http://restaurangagnes.com
Ouvert du mardi au jeudi de 17h à 23h, le vendredi de 11h30 à 23h, et le week-end de 16h à 23h. Fermé le lundi.

Dans une ambiance bar à vins, vous pouvez déguster des plats de style tapas ou des plateaux variés, végétariens ou non. L'intérieur est sobre et sophistiqué, et les plats y sont délicieux et présentés magnifiquement. Le style culinaire est s'inspire de l'Espagne, avec une touche nordique. Il y a aussi la possibilité d'avoir une assiette d'huîtres fraîches. Le mur est couvert d'une incroyable sélection de vins. C'est en toute humilité que ce restaurant rayonne. Une adresse à ne pas manquer pour les amoureux de bonne cuisine !

CAFÉ FIX €

35 Sankt Eriksgatan
✆ +46 86 53 38 14
www.cafefix.se
Menu déjeuner ou petit déjeuner. Comptez 60-70 SEK.

C'est le le plus ancien café de Stockholm qui fut ouvert en 1910. Une adresse sympa, où le grand choix de salades K vaut le coup : crevettes, thon, queso-avocat, poulet-boulgour... On trouve aussi des sandwiches froids et chauds, des tartes ou des muffins. Les produits sont frais et le service rapide. L'intérieur est austère mais agréable avec ses grosses banquettes le long des murs. En été, une étroite terrasse permet de profiter de l'animation de St Eriksgatan. Voici un bon plan pour une dégustation gastronomique saine et simple !

PETITE FRANCE €

6 John Ericssonsgatan
✆ +46 8 618 28 00
www.petitefrance.se
Mardi au vendredi 7h-19h, week-end 7h-17h, lundi 7h-18h. Petit déjeuner environ 105 SEK, déjeuner de 100 à 200 SEK.

Petit déjeuner, déjeuner ou dîner, Johan et son personnel francophone sauront vous accueillir chaleureusement ! Ce petit restaurant-boulangerie d'une trentaine de tables a été créé par Sébastien Boudet. Boulanger français tombé amoureux de la Suède, il a su recréer en ce lieu l'atmosphère d'une « petite France » avant de céder la place au suédois Johan. Dans sa boulangerie, pain au levain et croissant au beurre vous feront retrouver le goût de nos traditions. Côté restaurant, la cuisine aussi est plutôt française, mêlée au meilleur de la cuisine suédoise.

SCHNITZELEI €€

45 Alströmergatan
✆ +46 8 650 63 10
https://schnitzelei.se
Ouvert du mardi au vendredi de 11h à 23h, et le lundi jusqu'à 22h. Le samedi de midi à 23h, et le dimanche jusqu'à 22h.

Ce restaurant à ambiance sobre et monotone révèle être un vrai cocktail gastronomique ! Inspiré de la cuisine italienne et autrichienne, Schnitzelei offre de la choucroute tout aussi bien que des bonnes pizzas. Comme son nom l'indique, vous y trouverez aussi ce fameux plat germanique : le Schnitzel. S'y trouvent également des plats suédois, tel que du bon saumon accompagné de pommes de terres. Leur menu est bon et varié, bien que les plats soient un peu lourds. Une bonne adresse pour les vrais gourmands ! Ils offrent aussi un menu enfant.

STADSHUSKÄLLAREN €€

1 Handverkargatan
✆ +468 586 218 30
www.stadshuskallarensthlm.se
Ouvert du lundi au vendredi de 11h30 à 14h et le soir jusqu'au samedi de 17h à 1h. Menu Nobel à 1 865 SEK.

Ce restaurant, littéralement, la « cave de l'hôtel de ville », nous attire surtout pour son ambiance prestigieuse et ses airs luxueux. Il propose un décor grandiose, entre baroque italien et national romantisme. Belle argenterie, chandeliers, service impeccable... Pour ceux qui veulent faire des folies, il y a le menu Nobel, réplique de la formule servie le jour de la remise du fameux prix... Pour quelque chose de moins prétentieux, on peut tenter simplement la formule lunch, qui est bien meilleur marché et de bonne qualité.

PASSEPORT

FAIRE UNE PAUSE

Pour les habitants de la capitale, pouvoir faire une pause et se ressourcer le temps d'un café est très important. Le *fika*, cette pause que l'on peut prendre à n'importe quelle heure, seul ou entre amis, avec des collègues ou avec la famille, est pris très au sérieux par les Stockholmois et les Stockholmoises. Ainsi, Stockholm nous prouve qu'il est possible de vivre dans une capitale et d'adopter un mode de vie qui n'est pas stressant, le tout étant de savoir ralentir et lâcher prise, au moins le temps d'un *fika* ! Faites donc comme les locaux et prenez un moment dans votre journée pour vous poser – même si vous avez encore des visites à faire et des choses à voir. Vous ne regretterez pas l'expérience, car les cafés de la capitale sont tous lumineux, charmants et accueillants et qu'on peut y observer les locaux et leurs habitudes. En plus, les pâtisseries sont délicieuses et des cafés très originaux sont parfois proposés.

FAIRE UNE PAUSE

HORAIRES

Les bars ferment entre 1h et 3h du matin, et les cafés sont ouverts du petit matin jusqu'à environ 19h. En général, les cafés sont ouverts en semaine et le week-end, alors que les bars ont tendance à être ouverts le week-end plus qu'en semaine. Cela dépend aussi du type de bar, si c'est un pub local ou un bar tendance. Les jours de fermeture sont généralement lundi ou dimanche.

BUDGET / BONS PLANS

Pour les bars aux pintes à des prix étudiants, rendez-vous à Södermalm. Le service est compris dans la note : il n'est donc pas nécessaire de laisser un pourboire. Comptez à partir de 50 SEK pour un verre de vin, ce qui est malheureusement rare, pouvant facilement atteindre 100 SEK.

A PARTIR DE QUEL ÂGE

Pour les bars, il faut généralement avoir au moins 18 ans pour rentrer, mais il arrive que la limite d'âge soit de 20 ans. Parfois, il faut s'acquitter d'un droit d'entrée entre 20 et 100 SEK. Pour acheter de l'alcool dans les boutiques officielles, il faut avoir 20 ans, mais légalement, dans les restaurants ou bars, il faut avoir 18 ans ou plus.

C'EST TRÈS LOCAL

Rendez-vous à Södermalm pour boire un verre, avec son exceptionnelle concentration de pubs et de bars, situés essentiellement le long de Götgatan et dans les artères proches de Medborgarplatsen. Au sud de la rue Folkungagatan, dans le quartier branché de SoFo, les boutiques restent ouvertes jusqu'à 21h proposant des offres exceptionnelles, chaque dernier jeudi du mois. Cette tradition s'appelle *SoFo Nights* et n'a pas lieu en été. Pour plus d'infos : www.sofo-stockholm.se.

ENFANTS

La plupart des bars et pubs ont des restrictions vis-à-vis de l'âge limite pour entrer, souvent limité à 18 ans, empêchant les enfants de pouvoir entrer. Autrement, les cafés accueillent facilement les enfants de tout âge.

FUMEURS

Il est interdit de fumer à l'intérieur ainsi qu'en terrasse, et dans les multiples lieux publics. Cependant, il est possible de consommer du snus.

LES PHRASES CLÉS

Bonjour, quelle est la spécialité de la maison ? Nous voulons découvrir.
Hej, vad är specialiteten här? Vi vill prova den.

Avez-vous de la place en terrasse ?
Har ni någon plats på terrassen?

Quel est votre nom ? Je m'appelle… Ravi de vous rencontrer !
Vad heter du? Jag är... Vad trevligt att träffas!

A votre santé ! Zut, j'ai renversé mon verre… pouvez-vous m'aider ?
Skål! Åh nej jag har slagit om kull min dricka... kan du hjälpa mig?

C'était très bon. Nous allons reprendre la même chose s'il vous plait.
Det var jättegott. Vi vill ha detsamma igen, tack.

20HUNDRA5

102 Sankt Eriksgatan
✆ +46 8 340 505
www.noll5.se
Ouvert du mardi au samedi de 17h à minuit.

L'un des meilleurs bars à cocktails de Stockholm qui vaut vraiment le détour à Vasastan. Pour des cocktails sympas ainsi que de la bonne cuisine, ce bar est amusant et convivial. Les cocktails sont savoureux et inventifs, sans prétention. Le service est bon et la musique est souvent au rendez-vous. Il y a beaucoup de jeux de société auxquels vous pouvez jouer ainsi que des jeux vidéo rétro, largement de quoi se divertir ou s'amuser entre amis. C'est pas pour tous les budgets, mais ça reste une très bonne adresse de bar à Stockholm.

BAGDAD CAFE

2 Fredsgatan
✆ +46 709 959 834
Ouvert le lundi de 11h à 14h, du mardi au vendredi de 11h à 20h, et le week-end de 11h à 17h.

Dans le musée de la Méditerranée se trouve ce bar à vins fort sympathique et pittoresque. Vous y trouverez des gourmandises méditerranéennes à déguster entre amis, accompagnés de bonnes boissons. Ils offrent aussi un plat du jour et un menu fixe contenant plats chauds et salades. Vous pouvez aussi y prendre une pause fika façon méditerranéenne, avec café, thé à la menthe, ou chocolat chaud accompagné de baklavas ! Une bonne adresse après ou avant d'avoir visité le musée lui-même. Le cadre est fantastique et la nourriture est délicieuse.

BRUNKEBERGS BAGERI

9 J Dalagatan
✆ +46 8 122 061 20
www.brunkebergsbageri.se
Ouvert de 7h à 17h du lundi au vendredi, de 8h à 17h le week-end.

Située tout près de la galerie Bonniers Konsthall, cette boulangerie est une véritable adresse d'initiés. Pour les inconditionnels de bon pain, c'est dans cette petite boulangerie artisanale que vous trouverez les seules baguettes (véritablement dignes de ce nom) de Stockholm. Si vous êtes en mal du pays et que vous ne voulez plus manger de knäckebröd, cette boulangerie va vous sauver ! En plus de cela, la boulangerie offre toute une gamme de pâtisseries délicieuses, et on peut s'assoir sur les grandes tables à l'intérieur pour les savourer.

CENTRALBADET

88 Drottninggatan
✆ +46 8 545 213 00
www.centralbadet.se
Ouvert du lundi au samedi de 8h à 19h30. Dimanche de 8h à 17h30. Plat autour de 150 SEK.

C'est le café-restaurant des bains de Stockholm. Surtout recommandé pendant les beaux jours, lorsque la terrasse ombragée permet de s'isoler du brouhaha du centre-ville. Sous les verrières du grand bassin et les feuillages épais, on déguste une bière ou un thé sans même entendre le bruit des moteurs des voitures. Ici, tout est biologique, sans gluten, sain, énergisant, frais mais aussi goûteux. Un bel endroit pour faire une pause au cœur de la ville et pour se ressourcer après une longue après-midi de shopping ou de visites !

CAFÉ 60

60 Sveavägen
✆ +46 8 23 55 22
Ouvert en semaine de 7h à minuit et le week-end de 8h à 2h du matin.

Le Café 60 est une institution sur Sveavägen. D'une part parce qu'il propose un choix infini de parfums de thé et un bon assortiment de cafés, mais aussi grâce à son atmosphère nostalgique et sa clientèle totalement hétéroclite. On s'y arrête pour un petit sandwich ou une pâtisserie. De la terrasse on observe les mouvements sur la grande avenue, et à l'étage, calé au chaud, on profite des confortables banquettes. Attention, le café est fermé temporairement et devrait annoncer une nouvelle date d'ouverture en 2022. Consultez leur page Instagram.

CAFÉ PASCAL

4 Norrtullsgatan
✆ +46 08 31 61 10
cafepascal.se
Ouvert du lundi au vendredi, de 7h à 18h, le week-end de 9h à 17h.

Café Pascal est un lieu accueillant comme on souhaiterait toujours en avoir en bas de chez soi. Décoration soignée, murs clairs contrastants avec les briques apparentes et les grandes fenêtres, une belle symphonie de couleurs pastels qui semblent inspirées de Miami Beach. Vous y dégusterez des produits frais et gourmands. Le café est délicieux et dans tous ses états ! Idéal pour ceux qui voudraient découvrir les pâtisseries ou autres plats du pays dans un cadre on ne peut plus suédois. L'hiver, difficile de s'arracher à cette ambiance cosy.

CAFE SATURNUS

6 Erikbergsgatan
✆ +46 8 611 77 00
www.cafesaturnus.se
Ouvert de 8h à 18h en semaine et de 9h à 18h le week-end.

Le café Saturnus est l'endroit idéal pour profiter d'un bon *fika* dans le quartier de Norrmalm. Situé dans une rue pittoresque bordée d'arbres et d'immeubles en brique rouge, à deux pas du parc Humlegården, ce café propose de délicieuses pâtisseries suédoises et de petits sandwichs dans une ambiance chaleureuse. On peut aussi y déjeuner ou y bruncher à des prix raisonnables. Ambiance détendue qui rappelle un peu les bistrots parisiens, la clientèle stressée en moins ! Le plus : on y trouve les plus gros *kanelbullar* de la ville !

CAFÉ SIRAP

31A Surbrunnsgatan
✆ +46 8 612 94 19
www.cafesirap.se
Ouvert du lundi au vendredi de 9h à 15h. Le week-end de 10h à 16h.

Vous en rêviez ? Café Sirap l'a fait ! C'est le lieu que vous cherchiez pour vous jeter sur des pancakes moelleux et généreux, servis avec du sirop d'érable, bien sûr, ainsi que beaucoup d'autres accompagnements typiquement américains. Tout simplement délicieux avec des pommes caramélisées ou des myrtilles et saupoudrés de sucre glace. Menus petit-déjeuner et brunch, salades et sandwichs. Mieux vaut se lever tôt le week-end car l'endroit est souvent victime de son succès et donc très fréquenté. Une adresse idéale pour commencer la journée en douceur !

CHOKLADFABRIKEN CITY

58 Regeringsgatan
✆ +46 8 640 05 68
www.chokladfabriken.com
Ouvert du lundi au samedi de 10h à 18h, et le dimanche de midi à 17h. Entre 60 et 400 SEK.

Chocolaterie suédoise idéale pour une pause gourmande ou pour offrir des cadeaux. Toutes vos attentes seront satisfaites, avec un choix attirant de gourmandises différentes. Vous pouvez aussi participer à des cours de pâtisserie sur réservation, pour une heure et demie de cours. Cette chocolaterie est aussi une bonne adresse *fika*, avec un chocolat chaud à tomber, dans un cadre paisible pour quelques moments tranquilles de solitude ou en amoureux. Ils font aussi de superbes gâteaux ! Autres boutiques à Södermalm et Vasastaden.

CHOKLADFABRIKEN VASASTAN

9 S : t Eriksplan
✆ +46 8 640 05 68
http://chokladfabriken.com
Du lundi au vendredi de 11h à 18h. Et le week-end de midi à 17h.

Troisième enseigne du même nom, cette boutique propose également des chocolats chauds exquis. Leur chocolat est non seulement agréable au goût, mais il est également un merveilleux baume pour la bouche. À consommer sans modération, bien entendu, car seule drogue légale ! Idéale pour une pause gourmande ou pour offrir des cadeaux. Toutes vos attentes seront satisfaites, avec tout un choix de gourmandises différentes. Vous pouvez aussi participer à des cours de pâtisserie sur réservation (600 SEK par personne), pour une heure et demie de cours.

GREEN RABBIT

17 Tegnérgatan
✆ +46 8 204 626
www.greenrabbit.se
Ouvert en semaine de 7h à 15h et le samedi de 8h à 13h. Fermé le dimanche.

Le pain de seigle est un aliment habituel pour les Suédois, servi en accompagnement pour presque tous les plats, ou en garniture. Le Green Rabbit est une boulangerie bio qui est spécialisée dans le pain de seigle. Cette boulangerie qui fait aussi objet de café et restaurant offre la possibilité de prendre le fika, le petit déjeuner et le déjeuner. Leur menu propose du smørrebrød : des tartines de pain de seigle garnies d'ingrédients différents, tel que du fromage, du concombre ou du poisson. Ces sandwichs sont délicieux et satisferont les petites faims.

ICEBAR BY ICEHOTEL STOCKHOLM

4 Vasaplan
✆ +46 0 8505 631 40
www.icebarstockholm.se
Ouvert mercredi et jeudi de 15h30 à 23h, vendredi de 14h à minuit, et dimanche de 14h à 21h.

Vivez une expérience incontournable à - 5 degrés toute l'année. L'intérieur du bar est complètement fait de glace, y compris les verres, issue de la rivière Torne au nord de la Suède. L'un des cocktails en porte d'ailleurs le nom, le Torne River, mais essayez aussi le Jukkas ou encore le Northern Light si l'alcool ne vous tente pas. L'entrée est payante mais elle comprend une boisson. Attention néanmoins aux effets secondaires, le temps resté à l'intérieur est de 45 min max.

MELLQVISTS CAFÉ & BAR

4 Rörstrandsgatan
✆ +46 8 30 23 80
Ouvert du lundi au jeudi de 6h à 20h, vendredi 6h à 22h, samedi 7h à 20h, dimanche de 7h à 19h.

Niché sous sa façade en briques rouges, ce petit établissement populaire du cœur de Vasastan sert l'un des meilleurs cafés de la ville où les cœurs se dessinent au creux d'une belle mousse de lait. Des sandwiches appétissants comblent les petits creux, et les *kannelbullar* sont succulents. Une superbe adresse fika, avec terrasse extérieure idéale pour les soirées ensoleillées jusqu'au coucher de soleil. Vous y verrez les locaux se retrouver entre amis. Ce café deviendra peut-être votre adresse de référence quand vous ne voulez pas chercher trop longtemps.

MUFFIN BAKERY

73 Drottninggatan
✆ +46 8 411 68 88
Ouvert du lundi au vendredi de 7h30 à 17h, le samedi de 10h à 17h et le dimanche de 11h à 17h.

Encore une adresse fika sympathique ! La boulangerie Muffin offre une série interminable de pâtisseries et gourmandises différentes qui rend le choix difficile ou presque impossible. L'ambiance intérieure est chaleureuse, sans rien de trop spécial ou de singulier. Si vous ne voulez pas de gourmandises sucrées, ils offrent aussi des alternatives salées, dont des sandwichs ou des quiches. Les prix sont un peu élevés, sans surprise pour une adresse dans ce quartier. Evidemment, ils sont plus connus pour leurs muffins qu'autre chose !

STF AF CHAPMAN & SKEPPSHOLMEN

8 Flaggmansvägen
✆ +46 8 463 22 80
www.stfchapman.com
Ouvert toute la semaine, de 15h à 21h30. Fermeture à 20h30 le dimanche.

Le *Af Chapman*, somptueux voilier des années 1990, amarré sur l'île de Skeppsholmen est une auberge de jeunesse, mais c'est aussi un bar et restaurant avec une vue imprenable sur le château royal et la vieille ville. Que ce soit pour y déguster un repas ou pour siroter un verre, tout le monde s'accordera à dire que l'établissement bénéficie d'un des plus beaux panoramas sur le port de Stockholm. Le lieu propose une cuisine suédoise traditionnelle aux inspirations internationales.

VETE-KATTEN

55 Kungsgatan ✆ +46 8 20 84 05
www.vetekatten.se
Ouvert de 7h30 à 20h, les samedis et dimanches de 9h30 à 19h. Tea-time servi entre 14h30 et 17h30.

Une pâtisserie-chocolaterie incontournable puisque qu'elle a été fondée en 1928 par une femme à la personnalité marquante, Ester Nordhammar. L'équipe de l'époque était entièrement féminine, ce qui était plutôt rare dans le domaine. Située en plein cœur de City, Vete-Katten fait aussi glacier, boulangerie, et surtout salon de thé. On y déguste de succulentes gourmandises et des tartes typiquement suédoises. À l'arrière du bâtiment, petite terrasse cerclée de murs mais bien agréable. Ambiance cosy et charmante, qui rappelle un peu les salons de thé à l'ancienne.

WAYNE'S COFFEE CENTRALEN

49 Klarabergsviadukten
✆ +46 73 822 45 53
www.waynescoffee.se
Ouvert du lundi au vendredi de 6h30 à 20h, et le week-end de 8h à 20h.

Waynes est la première chaîne de cafés de Suède. Avec une touche des USA, Wayne's est un café qui satisfait les plus gourmands. Cette chaîne haut de gamme offre du café bio fraîchement moulu, de bonnes salades, les fameux *kannelbullar* suédois, des *scones* à l'anglaise, ou des smoothies rafraîchissants. Voici de nouveau une superbe adresse fika, où un bon choix de gourmandises différentes vous est proposé. Situé à la gare centrale de Stockholm, Waynes est une adresse parfaite pour grignoter quelque chose en vitesse ou à emporter.

CHAIKHANA

23 Svartmangatan
✆ +46 824 45 00
www.chaikhana.se
Ouvert en semaine de 11h à 19h et le week-end de midi à 18h. Pour 100 g de thé comptez environ 90 SEK.

Chaikhana, signifiant maison de thé, est une adresse centrale à Gamla Stan qui offre un espace paisible pour prendre une pause relaxante l'après-midi. Dans une ruelle isolée, vous trouverez ce lieu chaleureux et confortable. Ouvrez un livre ou discutez entre amis en savourant des thés variés et riches en goût. Chaikhana offre une alternative à la pause fika suédoise tout en gardant le concept : un goûter l'après-midi dans une atmosphère qui réchauffe. Vous pouvez acheter du thé, le tout pouvant être accompagné de gourmandises.

GRILLSKA HUSET

3 Stortorget
✆ +46 8 684 233 64
Ouvert du mardi au vendredi de 10h à 20h, samedi et lundi de 10h à 19h, et le dimanche de 11h à 19h.

Comprenant un espace restaurant et café et un espace boulangerie et pâtisserie, le Grillska Huset est une adresse typiquement suédoise. Donnant sur Stortorget, le Grillska Huset est au centre du quartier historique de Gamla Stan. Environnement convivial, parfait pour les familles, vous pouvez y prendre une pause fika ou même y déguster un repas. L'intérieur est charmant et sans prétention, dans le style suédois d'un confort chaleureux et douillet. Si vous êtes à Stockholm en novembre, vous pouvez y déguster des repas de Noël, très important chez les Suédois !

KAFFEKOPPEN

20 Stortorget
✆ +46 8 20 31 70
www.cafekaffekoppen.se
Ouvert tous les jours de 9h à 22h.

En plein Stortorget, Kaffekoppen est au rez-de-chaussée d'une bâtisse historique de Stockholm, datant du XVIIe siècle, peinte de cette couleur rouge-ocre typique des maisons suédoises. Escalier en colimaçon, bougies et cave voûtée : le décor est folklorique et le fika y est hautement recommandé ! Vous avez le choix entre déjeuner, dîner, fika, boissons chaudes, ou alcool. Kaffekoppen offre la possibilité de s'asseoir en terrasse, protégé par une couverture s'il faut ! Une adresse à ne pas rater à Stockholm, surtout si vous avez un temps limité !

PHARMARIUM

7 Stortorget ✆ +46 08 20 08 10
www.pharmarium.se
Ouvert tous les jours de 16h30 à 23h, jusqu'à minuit le mercredi et le jeudi, jusqu'à 1h le vendredi et le samedi.

Pharmarium est un bar à cocktails incontournable dans la vieille ville, inspiré par la première pharmacie suédoise, ouverte au public en 1575. Le choix de cocktails détermine le choix de la nourriture. Des cocktails signature ainsi que des plats de taille moyenne bien préparés sont servis, composés d'ingrédients de saison et d'herbes médicinales traditionnelles. Tout comme son premier pharmacien Anthonius Busenius les propriétaires ont créé un lieu de médecine, de beauté et de magie. Ambiance chaleureuse, telle une scène tirée de *The Great Gatsby*.

SJÄTTE TUNNAN

41-43 Stora Nygatan
✆ +46 84 40 09 19
www.sjattetunnan.se
Ouvert du dimanche au jeudi de 17h à 1h, les vendredis et samedis de 17h à 3h.

Le Sjätte Tunnan se reconnaît à son entrée décorée d'un étendard moyenâgeux sang et or. Une volée de marches vous transporte directement dans la Suède médiévale : une cave voûtée, des joyeux lurons déguisés en Vikings, en chevaliers ou en fous du roi, de la bière spéciale (testez la Gambrinus)... En bref, une ambiance comme nulle part ailleurs où les chants paillards de langue locale concluent souvent des soirées bien arrosées. Dépaysement garanti, mais on n'y passera pas toute la nuit. À essayer aussi, quelques plats inspirés de recettes anciennes.

STAMPEN

7 Stora Gråmunkegränd
✆ +46 8 20 57 93
www.stampen.se
Ouvert les jeudis et vendredis de 17h à 1h du matin, le samedi de 14h à 1h, le dimanche de 17h à 1h.

La célèbre Bourbon Street, berceau du jazz en Nouvelle-Orléans, s'est installée au cœur du quartier pavé de Gamla Stan depuis 1968. Au Stampen, le jazz s'invite tous les soirs sur scène et retrouve son public sirotant une bière sur les tables hautes. L'ambiance est cosy, éclairée à la bougie et les instruments et autres figurines, cages à oiseaux, sont accrochés au plafond ! Le lundi est dédié au blues et le vendredi c'est swing, jazz, blues et soul ! Prenez un peu d'avance sur la musique si vous souhaitez en profiter assis, à 20h30, les notes s'envolent !

BOULEBAR

85 Tantogatan
✆ +46 10 162 92 00
www.boulebar.se
Ouvert de mardi à jeudi de 15h à 23h, le vendredi de 15h à 1h, et le samedi de midi à 1h.

Cela peut paraître étrange de venir en Suède pour retrouver le charme français, mais c'est l'atmosphère du lieu qui vaut le détour. Ici on peut jouer à la pétanque, boire un verre de pastis et déguster un repas flirtant délicieusement avec la cuisine du Sud de la France. En été, les habitants de la capitale s'y rendent pour passer un bon moment ensemble, c'est donc un bon lieu de détente et de rencontre ! Boulebar comprend plusieurs restaurants dans Stockholm où l'on peut jouer toute l'année, notamment à Rådhuset et Tryckeriet.

CARMEN

14 Tjärhovsgatan
✆ +46 86 41 24 12
Ouvert tous les jours de 15h à 1h du matin. Entre 40 et 60 SEK la pinte.

Carmen est un pub étudiant incontournable de Stockholm, jamais vide, jamais ennuyeux. Décor sobre, mais atmosphère chaleureuse, on s'y rend pour les pressions pas chères et l'ambiance conviviale. Au rez-de-chaussée, larges banquettes, atmosphère bruyante et quelques jeux de casinos et, au sous-sol (ouvert uniquement en fin de semaine), musique et promiscuité propices aux rencontres. On y trouve un bar à chaque étage qui sert des bières pressions et un choix de bières bouteille suédoises, tchèques, belges, danoises et finlandaises.

DROP COFFEE

10 Wollmar Yxkullsgatan
✆ +46 70 777 948 8
www.dropcoffee.se
Ouvert en semaine de 8h30 à 18h et le week-end de 10h à 17h.

Si vous êtes fanatiques de bon café, rendez-vous à Drop Coffee dans Södermalm ! Une adresse branchée, Drop Coffee est un café qui a tout de moderne et de chaleureux. Ils visitent tous les producteurs auprès desquels ils achètent les grains de café, proposant ainsi une sélection de haute qualité. Ils changent les variétés presque tous les jours, ce qui fait de ce lieu plus qu'un simple café. Vous pouvez y prendre un petit déjeuner, ou la soupe du jour, ou, évidemment, un bon fika ! Il est possible d'acheter les grains de café directement.

FABRIQUE STENUGNSBAGERI

28 Rosenlundsgatan
http://fabrique.se
Ouvert du lundi au vendredi de 7h à 18h et le week-end de 8h à 16h.

Voici une boulangerie où le pain est cuit au four de pierre, où tout est bio et fait de manière artisanale. Une bonne adresse pour le bon pain si vous en cherchez, et sinon, une bonne adresse de gourmandise ! Dans un cadre rustique et singulier, vous pouvez déguster une pause fika authentique, comprenant un café et leur délicieuse brioche à la cardamome, appelée en suédois *kardemummabullar*. Détendez-vous, profitez des gourmandises, lisez un livre en toute tranquillité, discutez entre amis, ou planifiez votre prochaine destination !

GLADA STINSEN

23 Rosenlundsgatan
✆ +46 8 720 20 92
www.gladastinsen.se
Ouvert du mardi au vendredi de 10h à 23h, le lundi de 10h à 22h. Samedi 12h à 23h et dimanche 12h à 22h.

« Les tendances vont et viennent, seul les classiques restent. » C'est bien dit ! Voici l'attitude de Glada Stinsen, un bar et restaurant chaleureux et sympathique. Vous trouverez de tout, de la cuisine maison suédoise aux spécialités croates. Vous pouvez aussi tout simplement y entrer pour boire une bonne bière entre amis, dans ce lieu convivial et traditionnel. Quand les températures extérieures le permettent, l'établissement ouvre sa terrasse où l'on peut boire sa bière au soleil, en plein Stockholm. Le service est rapide et amical.

MORFAR GINKO

13 Swedenborgsgatan
✆ +46 8 641 13 40
www.morfarginko.se
Ouvert du lundi au jeudi de 17h à 1h, et de vendredi à dimanche de 16h à 1h.

En plein Södermalm, ce bar-restaurant à l'atmosphère industrielle chic offre des soirées DJ et un menu typiquement suédois. Ils sont aussi connus pour leurs pizzas, une adresse populaire parmi les jeunes. Vous pouvez vous y rendre pour boire un verre, déguster une pizza, danser, socialiser, ou pour profiter d'un soin cheveux et barbe dans leur salon de coiffure ! Tout-en-un, ce lieu multiforme est un vrai espace communautaire. Une bonne adresse LGBTQ+ dans le quartier branché de Södermalm ! Vérifiez leur page Facebook pour plus d'info.

OCH HIMLEN DÄRTILL

78 Götgatan
✆ +46 86 60 60 68
www.restauranghimlen.se
Ouvert du mardi au jeudi de 16h à 00h, les vendredi et samedi de 16h à 3h. Le lundi de 16h à 23h.

Restaurant et bar animé au sommet de Skrapan au 26e étage et restaurant plus sobre au 25e, voici l'un des plus beaux points de vue de Stockholm. Le bar est plutôt chic, les consommations un peu chères, mais l'ambiance particulière qui y règne et le privilège d'avoir Södermalm étalée à ses pieds valent bien une petite visite ! Le lieu fait également restaurant ! Adresse recommandée pour un repas en amoureux, avec une table qui plane sur la ville illuminée la nuit, ou un beau coucher de soleil coloré, une expérience romantique assurée.

OLIVER TWIST

6 Repsalagargatan
✆ +46 86 40 05 66
www.olivertwist.se
Du lundi au mercredi de 11h à 13h, jeudi et vendredi 11h à 1h, le samedi de midi à 1h, le dimanche de midi à 23h.

L'Oliver Twist fait aussi restaurant, mais c'est surtout pour son atmosphère de pub anglais que l'on s'y rend, pour déguster une bonne bière. La carte est en effet bien fournie, avec nombre de pressions au menu dont plus de 200 bières en bouteille. Honnête car le cadre est bien chaleureux, avec ses drapeaux au plafond et ses fûts en guise de tables, et le service est charmant. Au fond, la salle de restaurant permet de se restaurer. Le menu offre des plats tapas, ainsi que des options végétariennes, du poisson et des burgers, et des desserts.

SNAPS

48 Götgatan
✆ +46 86 40 28 68
www.snapsbar.se
Ouvert le mercredi et jeudi de 15h à 23h, et vendredi et samedi de 15h à 3h.

Avec sa grande terrasse, ses fauteuils en rotin et ses grands parasols (qui servent aussi de parapluie), Snaps est un lieu de passage obligé dès qu'un rayon de soleil ose se poser sur Södermalm. L'endroit est alors envahi par une clientèle variée et le bar extérieur sert des bières à la chaîne pendant qu'un DJ joue une sélection souvent assez éclectique, de la soul jusqu'à l'électro. Le reste de l'année, c'est à l'intérieur que ça se passe. Déco tout en boiserie et peintures sur les murs. Plus adapté à une bière entre amis, au soleil, qu'à un dîner.

STIKKI NIKKI

46 Götgatan
✆ +46 73 919 02 27
www.stikkinikki.com
Ouvert du vendredi au dimanche de 12h à 18h.

Dans leur boutique amusante peinte en rose bonbon, vous pouvez déguster de bonnes glaces, en cornet ou dans un bol. Les parfums changent souvent faisant de chaque visite quelque chose de spécial. Ils offrent toujours des alternatives végétales et les portions sont très généreuses. Une adresse fortement recommandée pour les gourmands vegan, au cas où ils auraient des difficultés à trouver des lieux adaptés. Parfait pour une balade dans Södermalm un après-midi d'été. Ils ont aussi d'autres boutiques avec des horaires différents.

TRÄDGÅRDEN

2 Hammarby Slussväg
✆ +46 8 644 20 23
www.tradgarden.com
De mai à septembre, les mercredis et vendredis de 17h à 3h, les samedis de 14h à 3h et les lundis et mardis de 20h à 3h.

Quand vient l'été, le club *underground* Under Bron déménage à l'extérieur et fait continuer la fête en plein air. Au pied des énormes piliers de béton, juste sous Johanneshovsbron, Trädgarden a installé en 2008 son univers étonnant : une scène, des petits gradins, des canapés montés sur roulettes disposés autour de tables basses, un long bar qui borde une maison perdue dans ce monde hostile, un bar à cocktail, des tables ombrée par les parasols...Un lieu à part, qui ferme tard le week-end dans une ambiance chaude de club en plein air.

TVÅ SMÅ SVIN - DEUX PETITS COCHONS

49 Årstavägen
✆ +46 8 722 75 20
www.tvasmasvin.se
Ouvert tous les jours de midi à 22h.

Chez les « Deux petits cochons », on vient manger des *smørrebrød* et boire de la bière danoise ainsi que de nombreuses eau-de-vie. Vous retrouverez entre autre, un grand choix d'Akvavit, (eau-de-vie de céréales ou de pommes de terre, parfumée), de Brennvin Brännvin (eau-de-vie typique islandaise) mais aussi de Schnaps. L'établissement dispose d'une grande terrasse extérieure accolée au rocher, d'un restaurant à l'intérieur mais aussi de sa propre distillerie locale.

BISTROT CRÈME [SVENSKA FILMINSTITUTET]

1 Borgvägen
✆ +46 8 611 2777
Ouvert du lundi au jeudi de 9h à 18h, le vendredi jusqu'à 19h, et le week-end de midi à 18h.

Si vous voulez faire une pause dans un lieu culturellement important pour Stockholm et la culture suédoise en général, pourquoi ne pas vous détendre à l'Institut de cinéma suédois, ou le Filminstitutet, en buvant un verre de vin ou un café. Voici un lieu social et amusant, avec vue sur le parc avoisinant, et si vous avez un peu de chance, vous risquez de tomber sur des stars du cinéma suédois. Ouvrez l'œil ! Adresse recommandée pour prendre un repas. La cuisine est bonne !

BULLAR & BROD VALHALLAVAGEN

65 Valhallavägen
✆ +46 8 121 561 10
www.bullarochbrod.se
Du lundi au vendredi de 7h30 à 18h, le samedi de 8h à 17h, et le dimanche de 9h à 17h.

Tous leurs pains sont cuits dans le grand four en pierre qui se pavane au milieu de la boulangerie. Ils proposent des pâtisseries gourmandes et servent le fika pour un après-midi dans le quartier. Juste à côté des trains, c'est une adresse pratique pour prendre un goûter en vitesse. Ils ont aussi un grand choix de sandwichs et de salades. Venez y prendre le petit déjeuner, le déjeuner ou le café, ouvert tous les jours de la semaine. Pour un budget moyen.

HUMLAN

24 Humlegårdsgatan ✆ +46 8 545 076 00
http://rhumlan.se
Ouvert mardi et mercredi de 15h à 1h, jeudi au samedi de 15h à 2h, dimanche et lundi de 15h à minuit.

Dans une atmosphère décontractée et conviviale, vous pouvez boire un merveilleux cocktail en extérieur parmi les locaux. Une ambiance plage en pleine ville, Humlan est une bonne adresse pour faire une pause en été. Ils sont aussi reconnus pour leurs super bons burgers bien juteux, au cas où vous finiriez par rester pour le repas. Entourez-vous de plantes, de lumières et de bonne compagnie en savourant un de leurs super cocktails ou un verre de vin. Leur menu offre aussi des plats d'influence asiatique. Une bonne adresse pour vous amuser à Stockholm !

MR CAKE

12A Rådmansgatan
✆ +46 8 400 171 90
mrcake.se
Ouvert du lundi au vendredi de 8h à 18h30, le samedi de 9h à 18h30 et le dimanche de 9h à 18h.

Encore une nouvelle façon de faire le *fika* ! M. Cake apporte une légère touche américaine à votre pause suédoise préférée. Entre les délicieux *kannelbullar* et les pâtisseries, les sandwiches et les salades fraîches, il est difficile de choisir ! Parmi le choix de gourmandises, ils proposent des cheesecakes, des pancakes, des petits déjeuners, et un menu spécial pour le week-end ! Une superbe adresse pour les vrais gourmands et une bonne adresse fika. L'intérieur est gai et moderne, offrant un accès à une terrasse quand le temps l'y autorise !

STUREKATTEN

4 Riddargatan
✆ +46 8 611 16 12
www.sturekatten.se
Du lundi au vendredi de 9h à 19h, le samedi de 10h à 18h et le dimanche à partir de 10h.

Sturekatten est un petit paradis caché dans le quartier d'Östermalm. Un véritable café à l'ancienne, comptoir à pâtisseries, logé dans un immeuble de deux étages. La décoration date du siècle dernier et les serveurs sont habillés au goût de l'époque, ce qui est très amusant. Très apprécié des Stockholmois et les Stockholmoises pour ses appétissants produits de boulangerie classique et son environnement sans stress. Idéal pour ceux qui cherchent à discuter paisiblement autour d'un café ou plonger dans un bon bouquin en toute quiétude.

TUDOR ARMS

31 Grevgatan
✆ +46 86 60 27 12
www.tudorarms.com
Ouvert du lundi au jeudi, de 16h à 22h, le vendredi de midi à 14h. Samedi de 13h à 23h et dimanche de 13h à 19h.

Le tout premier pub anglais ouvert dans la capitale suédoise en... 1969. Ici ambiance suédo-britannique, pintes de Guinness ou de Kilkenny, clientèle bon enfant mais souvent éméchée en fin de soirée. Le décor est sympa, et les écrans retransmettent la quasi-totalité des matchs de foot du Championnat anglais, de Coupe d'Europe ou de Coupe du monde. Ambiance assurée pendant ces soirées-là ! Si les Anglais et les Suédois partagent une chose, c'est bien l'amour de la bière et du foot, en toute convivialité ! Offre aussi un menu pour se restaurer.

CAFÉ BLOCKHUSPORTEN

27 Blockhusringen
✆ +46 86 67 10 01
www.blockhusporten.se
Ouvert à partir du 1er mai, uniquement en été.

Magnifiquement situé à la porte de l'archipel, dans la partie est de Djurgården, ce petit café propose une variété de plats pour le déjeuner : des sandwichs, des *smørrebrød*, des pâtisseries, et des boissons chaudes. Une adresse idéale pour une pause fika au bord de l'eau, rien que pour la super belle vue ! Le cadre est parfait pour s'offrir une petite escapade hors des bruits de la ville. Un lieu calme et mignon, offrant de vrais délices, et pas loin de la galerie Thiel. Arrêtez-vous ici lors d'une balade à travers Djugården.

CAFÉ PETISSAN

49 Djurgårdsslätten
✆ +46 86 634 778
www.cafepetissan.com
Ouvert du lundi au vendredi de 10h à 16h, et le week-end de 10h à 17h.

Prenez-donc une pause fika en plein Djugården lors d'une journée à Skansen ! Dans ce petit café traditionnel suédois, vous trouverez des gourmandises et des boissons adaptées aux saisons. Tarte à la rhubarbe sous le soleil dans la cour intérieure, fleurie au printemps, ou à l'intérieur illuminé de bougies, protégé de la neige, avec un chocolat viennois l'hiver... Le tout dans un charme classique : cette maisonnette fut construite en 1707, peinte tout en rouge, ce rouge que l'on retrouve partout à Stockholm ! La consommation n'y est pas trop chère.

CAFÉ EKORREN

5 Biskopsvägen
✆ +46 86 620 180
http://cafeekorren.se
Ouvert du lundi au vendredi de 10h à 17h. Le week-end de 11h à 18h.

Café Ekorren, ou le café Écureuil, fut construit pour l'Exposition universelle de Stockholm en 1897. Si vous montez sur le toit, vous verrez le célèbre écureuil en question. Aujourd'hui, cet établissement n'est pas seulement un café mais aussi un restaurant qui mérite sa bonne réputation. Lieu recommandé pour une pause fika en extérieur, avec des gourmandises très bien préparées. Le lieu en soi est magnifique, d'un charme pittoresque avec la possibilité de manger sur l'eau. Que ce soit pour prendre un thé ou restaurer entre amis, tout est possible !

JOSEFINA

10 Galärvarvsvägen
✆ +46 8 664 10 04
www.josefina.nu
Ouvert lundi et mardi de midi à 20h, et du mercredi au dimanche de midi à 22h.

Pavillon très fréquenté par le tout-Stockholm, basé sur l'île verdoyante de Djurgården, à proximité du Musée nordique. Josefina offre un cadre à l'ambiance estivale, une terrasse exotique bordée de palmiers et une vue sur le front de mer. Boissons rafraîchissantes et cocktails de choix sont au rendez-vous. Après une journée de visite de musées et de culture, c'est l'endroit parfait pour se détendre et commencer la soirée. Une adresse pour prendre un verre, dîner ou danser au son de la dernière musique house ou électro, selon les jours et les DJs !

CAFÉ KRUTHUSET

57 Hunduddsvägen
✆ +46 86 618 337
www.kafekruthuset.se
Ouvert tous les jours de 10h à 17h, et jusqu'à 16h en hiver.

Un café adapté aux chiens dans un cadre pittoresque au bord de l'eau, Krufthuset est situé dans un magasin de poudre à canon du XVIIe siècle. Ils sont connus pour leurs sandwichs et leur pain frais. Prenez le bus 67 en direction du cap des blockhaus, puis descendez à Isbladskärret. Suivez la route de la Princesse Ingeborg jusqu'à Lilla sjötullen, puis traversez le pont, et tournez à droite en longeant l'eau. Ici, vous trouverez tous les grands classiques du fika suédois dans une ambiance décontractée et chaleureuse. Intérieur rustique et charmant.

ROSENDALS TRÄDGÅRD

12 Rosendalsterrassen
✆ +46 8 545 812 70
www.rosendalstradgard.se
Les horaires varient selon la saison, vérifier sur leur site Internet.

Situé à 5 minutes en vélo des musées dans ce qui fut autrefois la campagne de Stockholm, ce café comporte de multiples facettes si bien qu'il est impossible de le résumer en un mot. Le concept : proposer des produits issus de l'agriculture biodynamique qui sont récoltés et transformés sur place, si bien que vous dégustez leurs excellentes pâtisseries, confortablement installé entre leurs plantations, leur boulangerie et leur boutique de produits artisanaux. En été, on s'assoit dans le grand jardin, à l'ombre des pommiers, et en hiver sous la serre chauffée.

BOULEBAR

2 Smedsuddsvägen

✆ +46 8 51 801 309 - www.boulebar.se

Menu entre 135 et 350 SEK.
Court à partir de 150 SEK par personne.
Possibilité de réserver un coach (1 250 SEK).

Ce bar-restaurant de plein air propose un concept bien apprécié des Français et à présent des jeunes Stockholmois : jouer à la pétanque tout en dégustant un délicieux cocktail ! Détendez-vous autour du court entre amis avant de passer à table : un des meilleurs chefs suédois connu pour former les stars culinaires gère les cuisines ! En plein air tout comme sa petite sœur Boulebar Tanto, le bar est idéalement situé au bord du lac Malaren, en plein cœur du parc Ralhambov et à seulement quelques minutes du centre-ville. Endroit parfait pour passer un moment détente.

FRYST

167 Kungsholms strand

✆ +46 86 538 098

www.fryst.net

Horaires de printemps : mercredi-samedi : 12h-18h, dimanche : 12h-17h.
À vérifier autres horaires en ligne.

Voici un simple et honnête glacier avec des glaces parfumées et succulentes ! Des parfums à base de fruits, de baies et de curiosités de la saison, Fryst est un glacier innovant et intéressant, proposant des goûts inhabituels qui stimulent votre palais. Cet établissement minimaliste ne propose que des glaces à emporter, et est donc une bonne adresse pour les promeneurs de l'été qui cherchent une bonne gourmandise rafraîchissante. L'établissement donne sur l'eau et il est très petit, alors il faut garder l'œil ouvert pour pas le rater !

HAGA TARTCOMPANI & BAGERI

107 Fleminggatan

✆ +46 8 193 434

www.hagabageri.se

Ouvert du lundi au vendredi de 7h à 18h, et samedi de 8h à 16h30.

Haga est une boulangerie pâtisserie qui se spécialise dans l'exécution magistrale de gâteaux en tous genres. Vous pouvez y aller pour prendre le fika ainsi que le petit déjeuner ou le déjeuner. Un environnement lumineux pour savourer des gourmandises sucrées. Ils cuisent leur pain dans un four en pierre, à la façon traditionnelle. Le tout préparé par deux chefs, dont Oscar Målevik, qui a remporté le championnat suédois des jeunes boulangers à l'âge de 19 ans !

MÄLARPAVILJONGEN

64 Norr Mälarstrand

✆ +46 8 650 87 01

www.malarpaviljongen.se

Horaires d'ouvertures variables, fermé en hiver. Réouverture en avril.

Dans le centre de Stockholm, le long de la promenade au bord du lac de Norr Mälarstrand, vous trouverez Mälarpaviljongen, une oasis idyllique et florissante. Situé dans un parc paysager conçu par l'architecte de la ville Erik Glemme et l'architecte paysagiste Holger Blom, un versant de Mälarpaviljongen flotte sur l'eau quand l'autre plonge au beau milieu d'un jardin ombragé. Vous pourrez profiter du soleil d'été, ou si la journée est pluvieuse, profiter de l'atmosphère paisible du pavillon. Lieu de divertissement avec musique, spectacles, et danse.

MISS WARGENTIN

5A Wargentinsgatan

✆ +46 7 660 997 90

www.misswargentin.se

Ouvert du lundi au vendredi de 9h à 14h, fermé le week-end. Comptez environ 95 SEK pour 1 plat.

Miss Wargentin est un café réstaurant vegan et végétarien, simple et modeste, le tout dans une atmosphère décontractée. On a la possibilité de s'arrêter pour prendre une simple pause fika. Ce n'est pas une adresse de grand luxe ou de spécialités suédoises, mais elle fait l'affaire pour une pause café l'après-midi. Adresse pratique pour les vegans ou végétariens ! Belle présentation des plats, qui sont sains et bien cuisinés. Le personnel y est très sympathique. Ils offrent aussi la possibilité de commander des plats à emporter à l'avance par téléphone.

ORANGERIET

464 Norr Mälarstrand Kajplats

✆ +46 8 684 238 70

https://trattorian.se/orangeriet

Lundi à mardi de 11h à 23h, mercredi au jeudi de 11h à 12h, vendredi 11h à 1h, samedi 11h30 à 1h, dimanche 11h30 à 22h.

Une cheminée pour l'hiver, des canapés accueillants, une décoration élégante qui rappelle les jardins anglais, Orangeriet est un lieu idéal pour laisser s'écouler la fin de journée. Après une promenade sur Kungsholmen Strand sur la côte nord de l'île de Kungsholmen (endroit très populaire parmi les coureurs, mais vous pouvez aussi en profiter sans chaussures de course), arrêtez-vous pour déjeuner ou prendre une collation. C'est également un bon point de départ pour une soirée. Ambiance décontractée, sans prétention et avec une vue splendide sur Riddarfjärden.

PASSEPORT
N
W
E
S

[SE] FAIRE PLAISIR

Même pendant les jours de repos, pas de « hoodie » pour les Stockholmois ! En effet, les pulls à capuche se font rares dans la capitale suédoise car le style est ici une religion. Avant-gardiste, Stockholm compte des dizaines de boutiques originales qui séduiront les passionnés de mode mais aussi de design et de décoration intérieure. Les Scandinaves honorent ainsi leur réputation de créateurs et de peuple en avance sur leur époque. Le quartier de SoFo, à Södermalm, est très représentatif de cette émulation créatrice, tout comme le quartier de Vasastaden. Les grandes artères commerçantes qui alignent de nombreuses enseignes et magasins en tous genres feront le bonheur des amateurs de lèche-vitrines. À Gamla Stan, les antiquaires, les artisans et les commerces pour touristes sont légion. Pour les vêtements, on admire les nombreuses collections unisexes, qui conviennent à tous et toutes.

PRATIQUE

(SE) FAIRE PLAISIR

HORAIRES

Les grands magasins sont souvent ouverts tous les jours de la semaine, et ferment généralement vers 20h, ou vers 18h le dimanche. La plupart des magasins sont ouverts les dimanches et lundis. Les boutiques de rues sont souvent ouvertes en semaine jusqu'à 18h. Certaines petites boutiques sont uniquement ouvertes trois fois par semaine, il faut donc vérifier en ligne.

BUDGET / BONS PLANS

Les prix sont généralement similaires à ceux que l'on trouve dans les grandes villes françaises. Cependant, un nombre croissant de boutiques et de magasins n'acceptent que les paiements sans contact ou par carte bancaire, devenant des établissements *cashless*, c'est-à-dire sans espèce. De plus, les prix sont indiqués TTC. Il est donc extrêmement rare de se voir facturer un coût supplémentaire sans en avoir été averti au préalable.

Si vous voulez visiter le plus grand IKEA du monde, vous pouvez monter à bord du bus gratuit qui vous y amène directement. Il part toutes les heures de Vasagatan, entre 10h et 19h30.

SOLDES

Les soldes ont lieu deux fois par an : au lendemain de Noël pour les soldes d'hiver et après Midsommar, vers le 20 juin, pour les soldes d'été.

C'EST TRÈS LOCAL

Un des souvenirs préférés des touristes est le petit cheval de Dalécarlie, peint en rouge avec des motifs typiquement suédois. Sinon, vous trouverez souvent des objets faisant référence à Fifi Brindacier ou les Moomins. Un article qui se vend souvent, surtout durant la période précédant Noël, est la lumière en forme d'étoile que l'on retrouve aux fenêtres durant l'hiver. En général, le marchandage se fait rare, sauf dans des situations exceptionnelles de brocantes ou de boutiques de seconde main. Pour des articles souvenirs typiques de la Suède, rendez-vous à la boutique de Skansen !

LES ATTRAPE-TOURISTES

Gamla Stan contient des boutiques qui regorgent d'articles produits en masse, de mauvaise qualité, que ce soit de la nourriture ou de l'artisanat, qui peuvent être achetés beaucoup moins chers dans des endroits plus authentiques.

LES PHRASES CLÉS

Bonjour, c'est superbe, mais combien ça coûte ?
Hej den är jättevacker, hur mycket kostar den?

Vous auriez ma taille ? Où se trouvent les cabines d'essayage ?
Finns den i min storlek? Vart är omklädningsrummen?

Est ce que je pourrai vous le rapporter et l'échanger si ça ne va pas ?
Kan jag byta om den inte passar?

J'ai trop dépensé aujourd'hui, pouvez-vous me faire une réduction sympa ?
Jag har redan spenderat för mycket idag, någon chans att få rabatt?

Je prendrai celui-ci. Pouvez-vous me faire un paquet cadeau ?
Jag tar den här. Kan du slå in den till mig?

Vous prenez la carte de crédit ? Où puis-je trouver un distributeur de billets ?
Tar ni kreditkort? Vart kan jag hitta en uttagningsautomat?

ÅHLENS (ÖSTERMALM)

1-3 Östermalmstorg
✆ +46 852 207 440 - www.ahlens.se
Ouvert du lundi au vendredi de 10h à 20h, le samedi de 10h à 17h, et le dimanche de 12h à 17h.

Åhlens fait partie de ces chaînes de grands magasins que l'on retrouve à plusieurs endroits dans Stockholm. Åhlens à Östermalm est très populaire auprès des locaux, il propose quelques bons cafés et un supermarché au sous-sol. Vous pouvez vous y arrêter pour prendre un café ou une pause fika, ou pour acheter de jolis souvenirs, ou des cadeaux pour chez soi ! Vous y trouverez de tout avec des options pour différents budgets. Une adresse pratique, recommandée pour les fashion victimes, avec un bon mélange de marques *mainstream* et de marques moins connues.

ÅHLENS CITY

50 Klarabergsgatan
www.ahlens.se
Ouvert du lundi au vendredi de 10h à 21h, le samedi de 10h à 20h, et le dimanche de 11h à 19h.

Dans cet immense bâtiment d'aspect très austère posé en plein centre de City, on trouve sur plusieurs étages d'importantes collections de vêtements produites par cette importante chaîne suédoise. Une sorte d'équivalent du Printemps ou des galeries Lafayette, version suédoise. C'est une des chaînes les plus connues et utilisées par les locaux, proposant toutes les grandes marques ainsi que des marques locales et moins connues. Ils sont aussi reconnus pour leurs articles de design scandinaves, proposant de nouveaux designers ainsi que les classiques.

CLAS OHLSON

37 Hamngatan
✆ +46 854 518 990
www.clasohlson.com/se
Ouvert du lundi au vendredi de 10h à 20h, le samedi de 10h à 18h, et dimanche de 11h à 18h.

Clas Ohlson est une chaîne de magasins d'accessoires électriques, de quincaillerie et de produits ménagers, ainsi que d'équipements sportifs. C'est un magasin où vous trouverez surtout des choses pratiques, mais aussi de super objets de décoration, dont des décorations typiques suédoises, utilisées par tous les locaux pour décorer leurs maisons avant Noël. Vous y trouverez aussi des articles de randonnée, de camping, de vélo ou de natation, donc si vous avez oublié votre maillot de bain, vous avez là une solution ! Les tarifs sont intéressants.

GALLERIAN

37 Hamngatan
✆ +46 72 200 45 49
www.gallerian.se
Ouvert tous les jours de la semaine de 10h à 20h, le samedi de 10h à 18h et le dimanche de 11h à 18h.

Fashion victim à Stockholm ? Bienvenue au temple de la mode. La galerie marchande située dans la rue Hamngatan (37), offre plus de 80 boutiques, pour la plupart de mode ! Entre deux magasins, on se laisse facilement tenter par les stands d'où s'échappent des effluves de chocolat fondu et qui proposent muffins géants et glaces, et par les cafés dont les terrasses animent les lieux. Cependant, si vous êtes en quête de quelque chose de local soyez prévenu, ce n'est pas un lieu très authentique, mais plutôt une galerie marchande bien fournie !

NK STOCKHOLM - NORDISKA KOMPANIET

18-20 Hamngatan
✆ +46 08 762 80 00 - www.nk.se
Ouvert du lundi au vendredi de 10h à 19h, le samedi de 10h à 18h, et le dimanche de 11h à 16h.

Les grands magasins Nordiska reçoivent quelque douze millions de visiteurs par an, leur bâtiment Art nouveau abritant des boutiques de mode, de beauté, des articles ménagers et de bons restaurants. Sur plusieurs étages s'égrènent tous types de boutiques et de gourmandises. Toutes les grandes marques y sont pour les fashion victimes, ainsi que des marques que l'on ne trouve qu'en Scandinavie. Un lieu sympathique pour acheter des cadeaux ou faire une pause fika au chaud.

ÖOB

40 Fleminggatan
✆ +46 77 120 22 02
Ouvert du lundi au vendredi de 8h à 21h, et le week-end de 9h à 18h.

Pour un centre commercial aux prix plus abordables que les grands magasins de luxe, voici une alternative pratique à Kungsholmen. Vous y trouverez absolument tout et n'importe quoi, dont des supermarchés pas chers, de la déco, des produits de beauté, de la quincaillerie, et des boutiques de mode. Évidemment, ce n'est pas ici que vous trouverez du Dior ou du Chanel, mais vous y trouverez des habits pratiques pour le camping ou pour la randonnée. Une bonne adresse si jamais vous avez impérativement besoin de quelque chose durant votre séjour !

125 KVADRAT

17 Kocksgatan
✆ +46 86 409 777
www.125kvadrat.com

Géré par un groupe d'artisans, 125 Kvadrat est une boutique et une galerie dans Södermalm qui offre une variété d'objets sympathiques. Vous y trouverez un mélange inspirant de couleurs et de formes, avec des bijoux, des sacs, de la céramique, des objets de déco, des textiles, etc. Lors d'une balade dans le quartier branché de Sofo, pourquoi ne pas vous arrêter ici et vous procurer un petit cadeau pour quelqu'un de spécial ! Avec une vingtaine de membres et d'artisans, vous avez une sélection riche et variée d'objets pour tous les goûts.

KAMERASTOCKHOLM

25 Kocksgatan
✆ +46 702 494 538
https://kamerastockholm.se
Ouvert du mardi au vendredi de 12h à 17h.

Pour les amateurs de photographie, ce magasin propose des appareils photos anciens, d'époque et d'origines différentes, reconditionnés comme s'ils étaient neufs ! Si vous avez un appareil argentique, vous trouverez des pellicules de couleur ou de noir et blanc pour des appareils 35 mm, Polaroid ou du moyen format. Parmi leurs appareils, les marques Leica, Polaroid, Nikon, Konica, Hasselblad ou Fuji. Ils vendent aussi des accessoires spéciaux pour la photographie. Une bonne adresse pratique pour les photographes, que vous soyez débutant ou professionnel !

COLOURS OF AFRICA

36 Östgötagatan
✆ +46 86 404 500
www.coloursofafrica.se
Ouvert du lundi au vendredi de 12h à 18h,
le samedi de 12h à 16h, fermé le dimanche.

Colours of Africa est une boutique d'objets africains très jolis et sympathiques. La gérante, Funmi Peters, achète des produits auprès d'artisans et fournisseurs qu'elle connaît personnellement. Beaucoup de ces artisans sont des femmes, des veuves ou des mères célibataires qui résident en Afrique. Ces femmes utilisent les matériaux qu'elles ont sous la main, ce qui pousse dans le jardin, des branches, de l'herbe, des gourdes, et des noix, et en font des objets subtils et raffinés. De couleurs vibrantes et de formes inspirantes, les objets vendus ici sont super !

STUDIO BARBARA BUNKE

10 Köpmangatan
✆ +46 70 253 30 28
www.studiobarbarabunke.se
Ouvert du mardi au vendredi de 12h à 17h30,
et le samedi de 12h à 16h.

Dans cette jolie boutique lumineuse vous trouverez des centaines de papiers différents venant des quatre coins du monde, des enveloppes uniques, des cartes artistiques, des cahiers faits à la main, ou du magnifique papier d'emballage. Cette papeterie spécialisée et artisanale propose de vous plonger dans l'art du papier et de la présentation. Ils vendent aussi crayons, vernis, de l'encre de toutes les couleurs, des outils de calligraphie, de la ficelle, des sacs, etc. Une bonne adresse pour conceptualiser et offrir le cadeau parfait !

HANDFASTE - MAGASIN VIKING

73 Västerlånggatan
✆ +46 8 210 720
www.handfaste.se
Ouvert tous les jours de 10h à 18h.

Si vous êtes un fan du légendaire peuple viking et que vous êtes venus jusqu'en Suède, ne repartez pas les mains vides ! Ce petit magasin à l'enseigne viking propose en effet tous les objets d'artisanat et bricoles, figurines, outils, livres sur le thème de ce peuple fameux. De quoi en apprendre plus sur leur culture, découvrir de nouveaux objets et se faire plaisir. C'est aussi un bel endroit où acheter des souvenirs locaux et originaux à bon prix !

ZNOGG

24 Österlånggatan
✆ +46 8 204 601
www.znogg.se
Ouvert en semaine de 11h à 18h,
le samedi de 11h à 16h.

En plein Gamla Stan, dans une atmosphère nostalgique et pittoresque, se trouve cette boutique sympathique et mignonne, et surtout *très* scandinave. Impossible de ne pas trouver un souvenir à rapporter de ce petit magasin ouvert depuis 1974. Une grande partie de leurs articles proviennent de Suède et sont faits par des designers suédois. On y trouve de la vaisselle, des coussins, des cartes, des bibelots, des classiques de l'artisanat suédois et scandinave... Leur sélection varie selon la saison, mais reste toujours excellente !

ANDROUET ÖSTERMALM

6 Nybrogatan
✆ +46 8 660 58 33
www.androuet.nu
Ouvert le jeudi et vendredi de 11h à 18h, et le samedi de 12h à 16h.

Fameux maître-fromager français situé en plein cœur de Stockholm, à Ostermalm, et qui possède également une boutique à Södermalm. Il propose des fromages fermiers de qualité ainsi que des ustensiles. Des dégustations y sont proposées, alors pourquoi ne pas y jeter un coup d'œil ? Leurs soirées de dégustations sont accompagnées de verres de vin rouge, et d'une vingtaine de fromages différents. Vous pouvez participer sur réservation, par téléphone, en magasin, ou par e-mail. Attention, il faut s'y prendre à l'avance, et cela coûte 570 SEK par personne.

GAMLA STANS POLKAGRISKOKERI

44 Stora Nygatan
✆ +46 81 07 182
www.gamlastanspolkagriskokeri.se
Ouvert tous les jours de 10h à 18h.

Adresse amusante et folklorique, voici une confiserie traditionnelle suédoise ! Vous y trouvez des gourmandises à n'en plus finir, entre caramels, chocolats, sucre d'orge, bonbons, pralines... Une adresse pour les gourmands et adorée des enfants. La boutique est souvent bondée, surtout dans la période avant Noël. Si vous ne savez pas quoi offrir, vous trouverez la réponse dans cette boutique. Les gourmandises sont déjà emballées et prêtes pour la dégustation !

HALLES DE HÖTORGET [HÖTORGSHALLEN]

Hötorgshallen
✆ +46 8 23 00 01
www.hotorgshallen.se
Ouvert en semaine de 10h à 18h et 19h le vendredi, jusqu'à 16h le samedi. Fermé le dimanche et le lundi.

S'il y a peu [ou presque pas] de marchés à ciel ouvert en Suède, les Halles de Hötorget offre une alternative intéressante pour les fins gourmets. Halles historiques, très populaires car centrales et sur le grand marché extérieur de Hötorget. L'entrée se trouve juste à droite du cinéma. Produits frais, boulangerie, boucheries, marchands d'épices, spécialités culinaires du monde. On y trouve aussi des cafés et des stands de restauration rapide de qualité.

ÖSTERMALMS SALUHALL [LES HALLES D'ÖSTERMALM]

Östermalmstorg
www.ostermalmshallen.se
Ouvert du lundi au vendredi de 9h30 à 19h, le samedi de 9h30 à 17h.

Le marché couvert le plus chic de la ville, situé dans un immense bâtiment en briques. C'est un véritable paradis pour les gourmets et les gourmands, et vous y trouverez toutes les spécialités traditionnelles suédoises et autres délicatesses. Une atmosphère incroyable, un spectacle pour tous les sens bien que tout soit relativement hors de prix ! Ne pas louper le fameux restaurant Lisa Elqmvist qui sert des plats de poissons et fruits de mer à tomber, d'une fraîcheur incomparable.

ROT BUTIK & KOK [ÉPICERIE FINE]

20 Renstiernas gata
✆ +46 8 642 235 0
www.butikrot.se
Ouvert du lundi au vendredi de 7h30 à 21h, et le samedi et dimanche entre 9h et 20h.

Si vous ne savez pas où déjeuner ou où trouver un petit quelque chose, l'épicerie fine Rot est une superbe option pour un repas simple et délicieux. Offrant une quantité de produits de qualité, vous y trouverez aussi des plats préparés dont des plats régionaux qui sont à emporter. Savourez du saumon à l'aneth ou des biscuits au gingembre sur le chemin, ou offrez un assortiment de produits suédois à votre retour de voyage. L'épicerie propose des cours culinaires à réserver en ligne.

VÄSTERMALM GALLERIAN

37 Hamngatan
✆ +46 72 200 45 49
www.vastermalmsgallerian.se
Ouverture de 10h à 20h du lundi au vendredi, le samedi de 10h à 18h et le dimanche de 11h à 17h.

Un grand complexe étalé sur plusieurs étages, qui affiche au-dessus de l'entrée principale « The Art of Shopping ». Tout un programme. Ici, plus de 40 boutiques : mode, électronique, chaussures, alimentaire, cafés... Vous y trouverez, notamment, l'épicerie fine *Beans and leaves*, qui vend du café, thé, chocolat de haute qualité, et plein d'autres gourmandises raffinées ! Si vous cherchez un cadeau, vous y trouverez de magnifiques emballages. Ils proposent aussi de déguster du thé parmi leur carte de plus de 100 thés différents !

CISSI OCH SELMA

7 Bondegatan
✆ +46 8 644 35 12
www.cissiochselma.se
Du lundi au vendredi de 11h30 à 18h30, samedi de 11h à 17h. Fermé le dimanche.

Même pas peur d'adopter le style des Rita Mitsouko ? Des robes en voici, en voilà ! Elles sont à petits motifs et de toutes les couleurs, inspirées des coupes vintage et de Marimekko. Dans ce petit magasin coloré, elles se partagent la vedette avec quelques bijoux de fantaisie (boucles d'oreilles en tête de bouledogues, etc.). Une bonne adresse pour acquérir des vêtements originaux et rétro et faire sensation pendant votre séjour dans la capitale. Le personnel de la boutique est très sympathique et vous aidera à choisir parmi les nombreuses créations disponibles.

LISA LARSSON (VINTAGE)

48 Bondegatan
✆ +46 8 643 61 53
www.lisalarssonsecondhand.com
Ouvert du mardi au vendredi entre midi et 18h, et samedi de 11h à 15h. Fermé le dimanche et lundi.

Lisa Larsson's est un des magasins vintage indépendants les plus connus de Stockholm et un favori des experts de la mode. Vous y trouverez des vêtements vintage pour femmes et hommes des années 1930 jusqu'aux années 1970. Pour une super affaire vous pouvez vous offrir des vêtements ou accessoires super sympas, pour tous les goûts et toutes les occasions ! Parmi l'abondance d'habits, vous risquez aussi de tomber sur quelques merveilles de la mode scandinave, tel que des pulls en laine traditionnels qui se font rares aujourd'hui !

MARIMEKKO

4 Norrmalmstorg
✆ +46 790 631 919
www.marimekko.com
Ouvert tous les jours de 10h à 16h, et le dimanche de midi à 16h.

Marimekko est l'une des marques pionnières dans les industries du textile des années 1950. D'origine finlandaise, cette marque a mis en avant des designs très novateurs pour l'époque, ayant utilisé des motifs créés par des artistes différents. Marimekko a libéré les femmes des corsets étouffants vers des coupes plus souples et rectilignes. Aujourd'hui, la marque est reconnue mondialement. Son style fait partie d'une esthétique propre à la Scandinavie, et a été une influence majeure sur le design suédois, dont la fameuse collaboration entre IKEA et Marimekko.

NK STOCKHOLM - NORDISKA KOMPANIET

18-20 Hamngatan
✆ +46 08 762 80 00
www.nk.se
Ouvert du lundi au vendredi de 10h à 20h, le samedi de 10h à 18h et le dimanche de 11h à 17h.

C'est le grand magasin le plus luxueux du pays. Dans le NK-Trend, les fanatiques de la toute dernière mode trouveront le plus grand choix de vêtements conçus par des couturiers suédois tels que Marcel Marongiu, Anna Holtblad, Acne ou Filippa K. Si vous êtes à la recherche d'une perle rare de la mode, c'est vraiment l'endroit où se rendre, même s'il faut préparer son porte-monnaie ! Au sous-sol, vous trouverez un supermarché et une boulangerie pour vous restaurer.

STUREGALLERIAN

4 Stureplan
✆ +46 8 453 50 00
www.sturegallerian.se
Du lundi au vendredi, ouvert de 10h à 19h ; le samedi de 10h à 17h ; le dimanche de 12h à 17h.

Une galerie marchande ouverte en 1885, située sur la place Stureplan, plus chic que celles de Norrmalm, qui abrite une vingtaine de boutiques de mode. Vous y trouverez des grands classiques ainsi que des marques originaires de Scandinavie, tel que Björn Borg ou Stylein. À proximité, une véritable institution dans la ville, Sturehof, cet élégant restaurant datant de 1896 qui sert principalement une cuisine de la mer, animé jusque très tard le soir et ouvert pour le réveillon du 31 décembre ! Autrement, vous pouvez aussi vous offrir une pause fika gourmande.

SWEDISH HASBEENS

36A Nytorgsgatan
✆ +46 8 702 01 01
www.swedishhasbeens.com
Ouvert du lundi au vendredi de 11h30 à 17h, le samedi de 12h à 16h. Horaires modifiables en hiver.

Si Stockholm est une capitale du style, c'est aussi pour ses boutiques d'occasion et ses tendances vintage. Ainsi, les amoureuses de la mode version vintage ne pourront passer à côté de cette boutique de sandales aux allures fifties. La semelle de bois est surmontée de lanières de cuir entrelacées : un adorable produit typiquement suédois que l'on voit gambader à travers toute la ville en été ! Ces chaussures sont aussi de très bonne qualité, vous ne serez donc pas déçu si vous décidez d'en ramener une paire avec vous dans votre valise !

BOLIA.COM

40 Fleminggatan
✆ +46 8 403 088 96
Ouvert de 10h à 20h en semaine, le samedi de 10h à 19h et le dimanche, de 11h à 19h.

Une chaîne de magasins qui propose du mobilier et des accessoires à des prix relativement élevés, certes, mais aussi des objets de déco très représentatifs du design contemporain scandinave. Vous y retrouvez l'esthétique minimaliste et épurée du design suédois approchant une attitude zen et sereine, proche des designs d'intérieur japonais. On peut au moins entrer juste pour jeter un coup d'œil et, peut-être, y trouver des bonnes affaires pendant les soldes. La marque commence seulement à être distribuée en France et cela pour notre plus grand bonheur !

DESIGN TORGET

29 Sergelgången
✆ +46 8 21 91 50
www.designtorget.se
Ouvert en semaine de 11h à 18h, le samedi de 11h à 17h et le dimanche de 12h à 16h.

Basé au sous-sol de la Kulturhuset, ce magasin est une sorte de laboratoire du design pas trop cher où les créateurs expriment leur science du pur design à la suédoise : très coloré et avant-gardiste... En 15 ans, le concept s'est développé avec de nombreux points de vente dans tout le pays. À Stockholm il existe plusieurs points de vente, dont les plus importants se trouvent à l'aéroport et à la gare centrale. Une bonne adresse pour faire des acquisitions intéressantes sans non plus se ruiner, et orner votre intérieur à la mode suédoise.

CHARLOTTE NICOLIN

3 Köpmangatan
✆ +46 8 21 66 66
www.charlottenicolin.com
Ouvert toute la semaine de 10h à 18h.

Une galerie-boutique qui change des magasins de souvenirs habituels de la vieille ville. Ici, vous trouverez des cadeaux parfaits pour les amis, la famille ou pour vous-même ! Parmi les produits (conçus avec beaucoup de goût) : des imprimées d'art, des plateaux, des tasses en porcelaine fine, des textiles des livres et bien plus. Tout est créé par l'artiste suédoise Charlotte Nicolin. Avec plus de 40 ans d'expérience l'artiste crée des portraits d'animaux sauvages avec compassion et humour. Chaque œuvre d'art prend entre un et trois mois pour être finalisée.

GALLERI BLÅS & KNÅDA

26 Hornsgatan ✆ +46 86 42 77 67
www.blasknada.com
Ouvert de mardi à vendredi de 11h à 18h et le samedi de 11h à 16h. Le dimanche entre 12h et 16h.

Spécialisée dans la céramique suédoise contemporaine, Blås & Knåda est une galerie et boutique de céramiques. Traduit en français, la boutique s'appelle «Souffler & Pétrir», en référence aux techniques artisanales de la céramique. Vous pouvez voir les œuvres de nombreux artisans différents, avec des styles assez différents, ce qui signifie qu'il y en a pour tous les goûts, vendus à des niveaux de prix variables, ce qui attire l'exploration, parmi les étagères et les tables d'exposition. Boutique amusante pour trouver des cadeaux hors du commun !

COCTAIL

34 Bondegatan
✆ +46 8 642 07 41
www.coctail.nu
Ouvert du lundi au vendredi de 12h à 18h ; le samedi de 12h à 16h, le dimanche de 13h à 16h.

Coctail résume bien le style SoFo : du petit objet au gros meuble, on y cultive le kitch à travers des pièces originales, du genre de celles empruntées aux époques passées pour en faire des *must* du *new age* bohème. Attention cette boutique est addictive à cause de sa sélection folle d'objets que vous risquez de collectionner en masse pour décorer votre maison. Éléments de décoration, des gadgets étranges et amusants, des jeux de société, et des lumières magiques... une sélection d'objets très variés. Faites-y un tour, vous comprendrez mieux...

GRANIT

31 Götgatan
✆ +46 8 642 106 8
www.granit.com
Ouvert du lundi au vendredi de 10h à 19h, et le week-end de 11h à 17h.

Vous trouverez dans cette chaîne de magasins une foule d'accessoires et ustensiles pour la maison. Mais aussi des sacs, des jolis albums-photos, de la vaisselle de très bon goût ; et de nombreux autres objets... Bref, c'est difficile de ne pas trouver quelque chose qui plaît dans ce grand magasin, et de résister à l'envie d'acquérir de nouvelles choses ! Le design est moderne et épuré, l'ambiance pas du tout stressante, et les matières naturelles. Le tout à des prix très raisonnables, c'est donc une bonne adresse pour des idées cadeaux à petit prix !

IKEA KUNGENS KURVA

1 Modulvägen
✆ +46 77 570 05 00
www.ikea.com
Ouvert du lundi au vendredi de 10h à 19h30, et le week-end de 10h à 18h30.

A-t-on encore besoin de présenter IKEA ? La chaîne scandinave bien connue du grand public qui propose du mobilier en kit (qui provoque parfois quelques sueurs froides lors du montage) et des articles de décoration pour la maison dans de grands entrepôts souvent situés en périphérie des villes. Ce magasin a été le deuxième de l'enseigne, ouvert en 1965, après celui de la ville d'Älmhult (ouvert en 1953). Sa surface totale de 55 200 m² en fait le plus grand IKEA du monde. Vous y trouverez toutes vos gourmandises suédoises préférées !

MODERNA MAGNUS

9 Köpmangatan
✆ +46 709 843 652
http://modernamagnus.com
Ouvert le vendredi et le samedi de midi à 18h.

Situé au cœur de la vieille ville (Gamla Stan), cette boutique bazar d'une ambiance rétro vous plonge dans le monde fantastique du design du XXe siècle. Vous y trouverez porcelaines, céramiques, tissus, verres, meubles bizarres, objets de collection, lampes, bijoux, livres, disques vinyles, jouets, etc. Un lieu sympathique pour les grands et les petits où l'on peut trouver des objets de tous genres et de toutes tailles ! N'oubliez pas de guetter leur compte Instagram pour suivre les actualités, les jours d'ouverture ou les nouveautés du magasin.

KAOLIN

50 Hornsgatan
✆ +46 86 44 46 00
www.kaolin.se
Ouvert du mardi au vendredi de 11h à 18h, le samedi de 11h à 16h et le dimanche de midi à 16h.

Kaolin a été formé en 1978 quand un groupe de potiers s'est réuni et a commencé une coopérative et un magasin. Celui-ci se nomme Kaolin en référence à la montagne Gaolin en Chine, endroit où on trouva un jour l'argile de kaolin de fine pur, présent à la fois dans l'argile et dans l'émail. Aujourd'hui, trente-cinq ans plus tard, Kaolin est une galerie spécialisée en céramique de Suède et se présente comme un lieu de rencontre pour les associations d'art, collectionneurs et amateurs de poterie. Un régal même pour ceux qui ne sont pas familiarisés avec cet artisanat.

SKANSENBUTIKEN

49 Djurgårdsslätten
✆ +46 8 442 80 00
www.skansen.se
Ouvert tous les jours de 11h à 16h.
Boutique du musée.

Après un séjour à Skansen, petit détour pour s'offrir un souvenir sympathique ! Du traditionnel au contemporain, vous y trouverez l'artisanat local : vêtements, objets usuels, bijoux, gourmandises... au goût typiquement suédois. Ce n'est pas qu'une simple boutique de souvenirs. Il y a une section confiserie, des objets et accessoires pour la vie en extérieur, de la céramique, des épices, et même des paquets de semelles en laine ! C'est ici que vous pouvez convertir votre mode de vie habituel en mode de vie traditionnel suédois.

KRUKMAKERIET ANNE JUNSJÖ

32 Bondegatan
✆ +46 739 800 593
www.annejunsjo.se
Ouvert du mercredi au vendredi de 14h à 18h et samedi de 12h à 16h.

Dans la mignonne maison de bois rouge à volets verts qui marque l'angle des rue Bondegatan et Södermannagatan, l'artiste Anne Junsjo expose et vend ses belles céramiques. Les couleurs pastels, les formes animales ou abstraites, les boîtes et jarres se mêlent sur les étagères, et si l'on a la chance de passer ici durant les heures d'ouvertures, on trouvera sûrement un petit souvenir à rapporter chez soi, après avoir appris auprès d'Anne quelques secrets de fabrication. Une vraie perle de Södermalm, réduisant la grandeur de la ville à une échelle familière.

SVENSKT TENN

5 Strandvägen
✆ +46 8 670 16 00
www.svenskttenn.se
Ouvert du lundi au vendredi de 10h à 18h, le samedi de 10h à 17h et le dimanche de 12h à 16h.

La boutique créé en 1924 par l'artiste Estrid Ericson et le designer Josef Frank est toujours à la pointe du design et de la mode. Sur le quai Strandvägen, la boutique invite à une petit halte. Sans doute plus pour le plaisir des yeux que pour un achat... la beauté se paie ici au prix fort ! L'intérieur est merveilleusement décoré, avec couleurs et motifs, et vous y trouverez de beaux textiles, des vases, des accessoires pour le thé, des nappes, etc. Tout est sélectionné avec soin et les articles font de beaux cadeaux à rapporter.

COMICS HEAVEN

23 Stora Nygatan
✆ +46 8 202 516
www.comicsheaven.se
Ouvert du lundi au vendredi de 10h à 18h30, le samedi de 10h à 18h, et le dimanche de 11h à 17h.

Bienvenue au paradis des bandes dessinées ! Vous en trouverez une grande sélection partout dans le magasin. De l'extérieur, la boutique n'a pas l'air de grand-chose. À l'intérieur, vous êtes aspirés dans un monde graphique et littéraire. Une adresse sympathique pour fouiller et découvrir. Vous y trouverez des mangas, des BD pour enfants et adolescents, des Marvel, Star Wars, et autres... N'hésitez pas à poser des questions aux employés qui sont très sympathiques et serviables. Les prix sont très raisonnables, avec une excellente sélection de bandes dessinées.

HOUSE OF OLDIES

63 Torsgatan
✆ +46 8 311 715
Ouvert du mercredi au vendredi de 14h à 18h, et le samedi de 11h à 15h.

Depuis 1994, cette boutique est une mine d'or pour les collectionneurs de vinyles de jazz, blues, country et rock des années 1950 et 1960. L'accueil y est impeccable, et il y a la possibilité d'écouter les disques sans problème, le tout dans une atmosphère vintage et retro. Il est facile de passer des heures plongé dans les vinyles sans voir le temps passer ! Si vous avez besoin d'aide ou avez des questions, n'hésitez pas à débuter une conversation avec le propriétaire super sympa et un expert sur le sujet. Des CDs y sont également vendus.

PETSOUNDS BAR

53 Skånegatan
✆ +46 87 02 97 98
www.petsounds.se
Du lundi au vendredi de 11h à 18h. Samedi de 11h à 16h.

Le nom de ce magasin, situé au coeur du quartier branché de Sofo, est tiré de l'album éponyme des Beach Boys. Un très grand choix de vinyles, CD, DVD, du blues au rock en passant par le reggae et le jazz. Vous y trouverez les grands classiques et vinyles vintage ainsi que les nouveautés, et aussi une centrale de réservation pour de nombreux concerts. Plongez-vous dans leur stock de 7 000 vinyles ! Ils vendent aussi d'autres marchandises, tel que des sacs, bonnets, livres, qui peuvent faire l'objet de beaux cadeaux pour des amis.

TRAFIK-NOSTALGISKA FÖRLAGET

20 Österlånggatan
✆ +46 707 387 758
www.tnf.se
Ouvert du lundi au vendredi de 11h à 18h, le samedi de 11h à 16h, et le dimanche de 12h à 16h.

Voici une adresse marrante... Une sorte de libraire spécialisée, nostalgique des transports suédois, c'est-à-dire les anciens trains, voitures, métros, bus, etc. C'est aussi maison d'édition qui publie le travail de personnes ayant collectionné des informations sur le trafic. Dans la boutique, vous trouverez des enseignes, des jouets, des maquettes de trains et de voitures, des livres sur les chemins de fer, et le sous-sol est rempli de livres anciens.

TWANG

25 Katarina Bangata
✆ +46 86 425 205
www.twang.se
Ouvert du mardi au vendredi de 13h à 18h. Le café jusqu'à 22h, dimanche inclus, et jusqu'à 23h vendredi et samedi.

Pour les fanatiques de rock'n'roll, voici un café qui fait aussi fonction de magasin de guitares, sympathique et rétro. On y achète et revend des guitares, et on y trouve aussi des services de réparation. Café, boissons fraîches, et une grande sélection de bières artisanales, locales et étrangères. Lieu résolument polyvalent, Twang est aussi une bonne adresse pour ceux qui aiment la bonne bière, dans une atmosphère décontractée et conviviale. N'hésitez pas à demander aux employés s'ils sont au courant de bons concerts dans le coin !

VINTAGE VIOLENCE

9 Kindstugatan
www.vintage-violence.com
Ouvert jeudi et vendredi de midi à 18h, et le samedi de midi à 15h.

Si vous êtes collectionneurs de vinyles, alors voici une bonne adresse. Ils vendent tout type de musique, entre prog, rock, jazz, metal, ainsi que des CDs et des cassettes ! Si vous voulez jeter un coup d'œil à leur stock avant d'aller en boutique, n'hésitez pas à naviguer sur leur site Internet. Vous y trouverez du metal, un genre musical très significatif dans les pays scandinaves, d'où la naissance du style black metal. Vous y trouverez aussi de grands classiques : John Coltrane, les Beatles, les Velvet Underground, Frank Zappa, et d'autres encore !

BETÓN

36A Nytorgsgatan
✆ +46 700 363 816
www.betonstudios.com
Ouvert du lundi au vendredi de 11h à 17h, et le week-end de 12h à 16h. Comptez 200 SEK pour des chaussettes en laine.

Le meilleur du design et de l'esthétique scandinave... pour les enfants ! Betón est une boutique vestimentaire pour les petits, aux couleurs neutres, au style épuré et minimaliste. On y trouve, parmi d'autres choses, des accessoires pour les chambres d'enfants où les couleurs de Mondrian rencontrent les formes simples d'Ikea, ainsi que des jouets, des meubles, des livres, mais surtout des vêtements. La qualité y est excellente, assurant le confort et la beauté tout en un. Cela dit, ce n'est pas donné, mais ça fait un très beau cadeau !

ECOSTHLM

17 Katarina Bangata
✆ +46 763 251 337
http://ecosthlm.se
Ouvert du lundi au vendredi de 12h à 18h, et le week-end de 12h à 16h.

Dans une boutique lumineuse et chaleureuse, toute la vie d'un enfant y est ! Ses besoins sanitaires, ses jouets, ses habits, le tout pour des âges variés. La boutique est fière d'être une boutique bio, spécialisée dans les produits pour enfants écologiquement durables. Tous leurs produits sont choisis à partir de matériaux naturels tels que du coton biologique, du bois, ou de la laine et même du caoutchouc naturel. De plus, vous y trouverez des produits inspirés du design nordique, laissant un bon souvenir pour un enfant d'un séjour en Scandinavie.

LATTJO TOYSTORE

9L Dalagatan
✆ +46 812 208 150
www.lattjo.se
Ouvert tous les jours de 10h à 18h.

Lattjo est un joli magasin de jouets pour tous les âges proposant de nombreux jouets en bois qui feront fondre votre cœur. Ils vendent des costumes pour les garçons et les filles, des animaux en peluche de tailles différentes, des instruments de musiques à petite taille, des cuisinettes et petits tracteurs, des petits pianos, des tentes, des poupées et figurines amusantes. À deux minutes de Vasaparken, c'est une bonne petite adresse pour offrir un petit quelque chose pour les enfants. Les employés sont serviables et sympathiques.

LEKSAKSBORGEN ÖSTERMALMSTORG AB

2 Östermalmstorg
✆ +46 8 663 93 42
www.leksaksborgen.se
Ouvert du lundi au vendredi de 10h à 19h, sauf mardi à 18h. Le samedi de 10h à 17h et dimanche de midi à 17h.

Un magasin de jouets petit et confortable, mais avec un si grand choix ! Bien que le magasin ne soit pas grand, il faut vraiment regarder de haut en bas, parce qu'il y a des choses partout : jouets, livres, puzzles, poupées, crayons, pâte à modeler, etc. Le personnel est gentil et serviable, et ils vous prépareront de très beaux paquets et de jolis sacs. Une bonne adresse pour offrir des cadeaux aux enfants ou aux neveux (surtout pendant la période de Noël).

MATERIAL

60 Folkungagatan
✆ +46 86 403 002
www.materialbutiken.se
Ouvert du lundi au vendredi de 10h à 18h, le samedi de 10h à 16h, et le dimanche de 12h à 16h.

Material est un magasin d'art plastiques à Södermalm, où vous pouvez trouver des accessoires et outils pratiques pour fabriquer des cadeaux parfaits ! Avec une sélection variée et étendue, vous trouverez de quoi fabriquer des cartes postales, de quoi peindre et dessiner, ou de quoi offrir un cadeau ! Ils contiennent aussi une partie papeterie, avec stylos, cahiers, etc. Le magasin est petit mais comprend une grande sélection, sans être trop cher. Pourquoi ne pas tout explorer pour réaliser le projet que vous avez toujours voulu faire ?

RACKARUNGAR

78 Skånegatan
✆ +46 87 022 211
www.rackarungar.se
Ouvert de 11h à 18h, le samedi de 11h à 14h, et le dimanche de 12h à 16h.

Dans cette boutique de SoFo, vous trouverez principalement des marques nordiques et des vêtements pour bébés et enfants soigneusement sélectionnés, ainsi que des objets d'intérieur, des jouets et de belles choses pour les mamans. Boutique pour les petits trolls de 0 à 8 ans ! Les employés vous offriront un service personnalisé selon vos besoins. Certaines de leurs marques sont des marques bio, offrant des produits durables et soigneusement fabriqués pour le bien-être de l'enfant. Les prix varient selon la marque et la qualité offerte.

BOUGER & BULLER

La capitale suédoise est très bien équipée : piscines, terrains de sports (intérieurs et extérieurs), grands parcs, espaces nautiques, golfs... Il est facile de trouver de jolies promenades au bord de l'eau, quel que soit le quartier où l'on se trouve. Stockholm est aussi une ville de cyclistes et il est recommandé d'utiliser ce moyen de locomotion pour parcourir les centaines de kilomètres de pistes qui quadrillent la ville et ses environs. Mais si on est plus aventureux, on peut aussi les tenter en trottinette électrique ! Côté activités d'eau, le lac Mälaren et la mer Baltique fournissent largement de quoi régaler les amateurs de pêche, de voile ou de kayak. Ainsi, de nombreuses agences proposent des locations de matériel, des tours accompagnés, des visites... L'hiver, profitez plutôt des piscines. Et pour une vraie expérience locale, on tente le sauna d'extérieur l'hiver, avec baignade dans l'eau gelée !

PRATIQUE

BOUGER & BULLER

BUDGET / BONS PLANS

Stockholm possède de multiples parcs et espaces verts ouverts au public, permettant à tout un chacun de faire du jogging, du yoga, ou de la natation gratuitement. En ce qui concerne le jogging, consultez le site www.mapmyrun.com/se/stockholm-stockholm qui vous propose plusieurs itinéraires sympathiques. Il est facile de trouver de jolies promenades au bord de l'eau, quel que soit le quartier où l'on se trouve. En été, le lac Mälar et la mer Baltique fournissent largement de quoi régaler les amateurs de pêche, de voile ou de kayak ! En hiver, la patinoire de Kungsträdgården est accessible gratuitement, proposant des patins à louer pour peu cher.

C'EST TRÈS LOCAL

Stockholm est une ville de cyclistes et il est recommandé d'utiliser ce moyen de transport pour parcourir les centaines de kilomètres de pistes qui quadrillent la ville et ses environs. Sinon, beaucoup de Stockholmois profitent du magnifique parc de Djugården pour faire du jogging. En hiver, n'hésitez pas à aller aux patinoires naturelles : lacs gelés dans les environs du centre-ville. La patinoire la plus proche du centre-ville est Trekanten à Liljeholmen.

VOS PAPIERS SVP

Il est possible de faire du kayak ou du canoë sans guide et sans permis.

Pour les bateaux, il existe 3 catégories de permis qui s'appliquent à différents types de bateaux. Il y a d'abord le permis obligatoire pour les bateaux avec une coque de plus de 10 m et plus rapide que 15 nœuds. Ensuite, il y a le permis pour les bateaux de plus de 12 m avec une largeur de plus de 4 m. Les skippers naviguant sur des bateaux équipés d'un moteur capable de les propulser jusqu'à 30 nœuds auront également besoin d'un permis. Pour les randonneurs voulant faire du camping en nature, découvrez le *Allemansrätten*, un droit d'accès public, permettant au public de se déplacer librement, même sur des terres privées, de camper la nuit et de cueillir des champignons et des baies sauvages.

A RÉSERVER

Pour faire de la voile, du kayak, ou du canoë, il est souvent impératif ou recommandé de réserver. Pour des activités de plusieurs jours, tel que des croisières à travers l'archipel de Stockholm, il est impératif de réserver.

LES ÉVÉNEMENTS

Le Marathon de Stockholm, qui a lieu tous les ans au mois de mai, invite des coureurs du monde entier à participer à cet évènement difficile mais convivial, permettant de découvrir la ville d'une tout autre manière. Traversant parcs et espaces urbains, vous pouvez participer à une festivité qui fait sortir tout le monde de chez soi !

LES PHRASES CLÉS

Bonjour, comment puis-je me rendre à… ? Est-ce loin ?
Hej, hur kan jag ta mig till... - Är det långt?

J'aimerais aller courir. Il y a un coin sympa pour cela dans la ville ?
Jag skulle vilja ta en springtur. Finns det någon bra plats att springa på i staden?

J'adore cuisiner. Savez-vous où je peux trouver des cours de cuisine ?
Jag älskar matlagning. Vet du vart jag kan ta en matlagningskurs?

Vous pourriez m'indiquer une salle de sport pas très loin ?
Kan du berätta vart det närmaste offentliga gymmet finns?

Quel est le sport national ?
Vad är er nationalsport?

Pensez-vous que nous pourrions voir cela ou même participer ?
Tror du att vi kan titta på den någonstans, eller kanske prova på den?

ERIKSDALSBADET

20 Hammarby Slussväg
✆ +46 8 508 40 258
www.eriksdalsbadet.se
Ouvert de lundi à jeudi de 6h à 21h, le vendredi de 6h à 20h, le samedi de 8h à 18h et le dimanche de 8h à 20h.

Pour les amateurs de natation et d'eau douce, Eriksdalsbadet est un lieu de rêve. Ce grand centre aquatique (construit lorsque Stockholm postulait pour accueillir les Jeux olympiques) comprend une grande piscine couverte ainsi que des saunas et de nombreux bassins. L'été, on peut accéder à une piscine presque olympique en plein air, pour le plaisir de faire des longueurs sous le soleil ! Le centre étant situé à deux pas de la Mälaren, on n'hésite pas à continuer la baignade version détente une fois notre session sport terminée.

NATURKOMPANIET

38-40 Hantverkargatan
✆ +46 86 513 500
www.naturkompaniet.se
Ouvert du lundi au vendredi de 10h à 18h, le samedi de 10h à 15h, fermé le dimanche.

Une bonne adresse pour ceux qui recherchent des articles de sport et de loisirs. Vous y trouverez des informations utiles sur des activités dans Stockholm et ses alentours. Vous y trouverez aussi de la vente de matériel (notamment de pêche), des habits pour femmes, hommes, et enfants. Si vous entamez une randonnée où allez passer du temps dans la nature, voici un des meilleurs magasins de matériel pour les sports d'extérieur. Vous y trouverez aussi la fameuse marque Fjällräven, connue pour ses super sacs à dos à la mode vendus dans le monde entier.

POINT 65° KAYAK CENTER

26 Ekelundsvägen
✆ +46 8 663 01 06
www.point65.se

Le spécialiste de la location de kayak sur le lac Mälaren. Pagayer est leur passion. Rejoignez-les pour découvrir la magnifique ville de Stockholm depuis l'eau. Louez votre propre kayak ou participez à l'une de leur visites de la ville. Ils proposent également des cours de kayak, pour ceux qui veulent se lancer dans la véritable aventure. Avec plus de 100 modèles différents à la pointe de la technologie, ce magasin a tout pour plaire. Ils changent même leur flotte chaque année, de sorte que tous les kayaks sont modernes et neufs !

UPPLANDS BALLONGFLYG

Orrspelsgatan 65B
✆ +46 70 797 89 29
www.uppballongflyg.se
Les vols ont lieu du 1er juin au 31 août. Compter 2 495 SEK pour un vol. Réservation par mail.

Envie de hauteur ? Il suffit de s'envoler dans l'un des magnifiques ballons de Kjell et Camilla ! Il n'y a rien de plus impressionnant que de traverser le ciel de la capitale dans le soleil couchant, à bord d'une montgolfière. Leur professionnalisme est exemplaire, le pilote au top de la maîtrise. La vue à 360° sur Stockholm et sa nature environnante est à couper le souffle. Les sensations d'envol et de flottement dans les airs font le reste. Une expérience inoubliable qui se finit en pique-nique champêtre après l'atterrissage !

© DR

© DR

BOUGER & BULLER

RALIS KAJAK

23 Smedsuddsvägen
✆ +46 707 71 72 73
www.raliskajak.se/english
250 SEK par personne pour 2h de kayak, 350 SEK pour 4h.

À Stockholm, le kayak est à l'honneur, et il serait dommage de repartir sans avoir tenté l'expérience. Sportif accompli, Richard a su faire de sa passion son métier et saura donc vous donner des conseils avisés. Ce centre de Kayak est idéalement situé pour découvrir la ville depuis un tout autre point de vue sans se ruiner. On a juste à louer son matériel et c'est parti pour une virée incroyable et un moment de détente sans pareil ! Il est aussi au cœur du parc Rålambshov, parfait pour se reposer ou pique-niquer après l'effort.

SEA SAFARI

19 Strandvägen Kajplats
✆ +46 70 480 07 83
www.seasafari.se/en
A partir de 490 SEK par personne.

Si on a plus l'habitude de voir passer des navettes touristiques, des canoës ou encore des gigantesques bateaux de croisière au large de Stockholm, il ne faut pas oublier les zodiacs pour autant ! Cet établissement, idéalement situé sur la dynamique Strandvägen, propose une visite de Stockholm depuis l'eau ou une sortie dans tout l'archipel sur ces bateaux à haute vitesse. Le staff est professionnel et à vos petits soins pour s'assurer que vous passerez un moment inoubliable. Beauté des paysages et sensations fortes garanties !

STOCKHOLMS GOLFKLUBB

22 Kevinge Strand
✆ +46 8 544 907 10
www.stockholmsgolfklubb.se
Réception ouverte le lundi de 9h à 17h, du mardi au vendredi de 8h à 17h (week-end jusqu'à 15h). Sur réservation.

Si vous êtes amateurs de golf, ne perdez pas l'occasion de vous essayer à votre sport favori sur les pelouses de la capitale scandinave. Bien que le parcours soit relativement court, il est tout de même intéressant grâce au terrain bossu et aux nombreuses épreuves. 18 trous et un plan d'eau. Parcours blanc de 5 460 m, jaune de 5 166 m et rouges de 4 799 m et 4 566 m. De quoi passer une bonne après-midi de détente et de sport sans non plus perdre de vue les autres activités que Stockholm propose. Le club n'est pas dans le centre-ville mais facile d'accès.

SVENSKA SEGLARSKOLA

6 Pontins väg
✆ +46 84 59 09 90
www.svensksegling.se

L'archipel de Stockholm vous invite à en faire le tour en bateau ! La Fédération suédoise de voile offre des stages de voile pour enfants, adolescents et adultes. Vous rencontrerez des enseignants professionnels qui vous apprendront la voile dans un paysage scandinave magnifique. Un de leurs clubs stockholmois est le Vikingarnas Segelsällskap, à l'est de Stockholm, ouvert depuis 1899 (vous pouvez en savoir plus sur leur site : https://vss.nu/). Sinon, rendez-vous sur le site Internet de la Fédération suédoise de voile pour trouver un club qui vous convient !

TENNISSTADION

20 Fiskartorpsvägen
✆ +46 8 545 252 54
www.tennisstadion.se
Location. Court de tennis : à partir de 350 SEK par heure. Badminton : à partir de 205 SEK par heure.

Le Tennisstadion est situé dans le quartier d'Östermalm et on y joue au tennis depuis janvier 1930. Aujourd'hui, il y a 10 terrains de tennis et 1 terrain de badminton. Les joueurs de tennis et de badminton de tout Stockholm s'y retrouvent pour pratiquer leur sport. Le stade de tennis accueille plusieurs clubs et écoles de tennis. Ici, vous avez aussi l'occasion d'apprendre à jouer au tennis puisque des cours sont organisés en journée et en soirée. L'établissement est géré par la famille Brännvall depuis ses débuts, qualité assurée !

VANADISBADET

142 Sveavägen
✆ +46 761 242 013
Entrée 80 SEK et 60 SEK pour les étudiants. Ouverte uniquement l'été.

Voici une piscine publique d'extérieur en pleine ville, avec une terrasse ensoleillée donnant sur Stockholm ! Vanadisbadet est un lieu très sympathique dans le parc de Vanadislunden, construit au bord d'une roche, ouvert depuis 1938. Vous pouvez y trouver des jeux aquatiques et toboggans, accueillant les familles et les étudiants. Vous pouvez également vous acheter une carte spéciale pour la saison qui donne accès à d'autres piscines municipales. Sinon, vous pouvez acheter une carte de dix entrées (tarifs réduits pour étudiants et moins de 19 ans).

BAIGNADE À LÅNGHOLMEN

Långholmsmuren

Gratuit.

L'île de Långholmen est un lieu de baignade incontournable. On y accède par le quartier d'Hornstull, à Södermalm, par deux ponts qui traversent Långholmskanalen. En suivant le chemin qui longe l'eau ou en remontant vers le parc vers l'ouest, on accède irrémédiablement à la plage principale. Elle est souvent bondée et bruyante, aussi faut-il aller plus loin pour trouver des endroits plus secrets. La propreté des lieux étonne et on trouve à tous les coups un coin de pelouse ou de rocher plat pour étendre sa serviette et passer un bon moment.

BAIGNADE À SMEDSUDDSBADEN

Smedsuddsvägen

Accès par le park Rålambshovsparken.

Quand le soleil tape sur Stockholm, on a qu'une envie : se baigner. Si vous avez exploré les points d'eau du centre-ville et voulez changer un peu, tentez Smedsuddsbaden. C'est l'une des plages les plus proches du centre et sans doute l'une des plus populaires, située près du pont de l'Ouest (Västbron) et encadrée par les parcs Marieberg et Rålambshov. L'idéal pour les familles avec enfants, avec vue sur la verdoyante île de Långholmen. Attention, il y a parfois beaucoup de monde !

CENTRALBADET

88 Drottninggatan

✆ +46 8 545 213 00

www.centralbadet.se

Entrée simple 280 Kr du lundi au jeudi, 380 Kr les week-ends.

© CENTRALBADET

Au milieu de la très fréquentée rue Drottninggatan, un lieu inattendu se cache à quelques pas de là, après le joli grillage en fer forgé du 88. Dans un bâtiment de style Art nouveau datant de 1904 (autrefois les bains-douche de la ville), le Centralbadet est une véritable ode à la relaxation. Ici, on se laisse bercer par le bruit des bulles chaudes des bains creusés dans le marbre, et enivrer par les essences d'aromathérapie qui s'échappent des installations. On choisit une piscine d'hydrothérapie, un sauna nordique ou encore un hammam pour se relaxer.

HELLASGÅRDEN

101 Ältavägen

✆ +46 08 716 39 61

www.hellasgarden.se

Lundi au vendredi 10h-21h, week-end 10h-18h. Sauna mixte lundi en journée, mercredi et vendredi à partir de 18h. 70 SEK.

Hellasgarden est le sauna favori des Stockholmois et Stockholmoises. Entouré d'une mince forêt, l'endroit est vraiment agréable et traditionnel. En hiver, l'expérience est encore plus saisissante, puisqu'on a la possibilité de plonger dans le lac glacé à l'arrière du bâtiment (grâce à un trou fait dans la glace) ! En été, on peut aussi faire du beach-volley, de la pétanque, du kayak ou du VTT dans ce centre sportif. Il est aussi possible de privatiser le sauna, mais le tarif est plus élevé pour les hommes. Un endroit vraiment magnifique, en pleine forêt.

KRONOBERGSPARKEN

6 Parkgatan

Ce parc est planté au cœur de Kungsholmen, facilement accessible depuis Fridhemsplan ou Rådhuset.

Ce grand parc qui rafraîchit Kungsholmen de sa verdure est le point géographique le plus élevé de Stockholm (40 m au-dessus du niveau de la mer). Il est constitué de buttes et d'arbres parfois centenaires qui permettent de toujours trouver un coin tranquille pour se détendre, faire une sieste ou manger son sandwich. Quand il y a de la neige, inutile de préciser que la luge y devient sport national. Il y a un espace de gym en plein air, un terrain de basket, un grand parc pour les chiens, et largement assez de bancs pour lire un livre dehors.

STUREBADET

36 Sturegallerian
✆ +46 8 545 015 00
www.sturebadet.se
Ouvert en semaine de 6h30 à 22h, le week-end de 8h30 à 20h30. 1 195 SEK pour une journée de spa par personne.

Une oasis urbaine, Sturebadet est une perle cachée qui invite à se détendre dans les meilleures conditions. Bâti en 1885, Sturebadet fut construit pour offrir des soins à la communauté, et aujourd'hui contient tout un paquet de soins thérapeutiques. Entre bains turcs, saunas, hydromassages, gymnase, salles aromatiques, et même des cours de gym aquatiques en écoutant ABBA, vous avez de quoi faire ! La journée de spa comprend aussi un repas et un verre de champagne à déguster sur le balcon intérieur. C'est pas donné mais ça vaut la peine !

URBAN OM

20 Wallingatan
✆ +46 701 433 452
www.urbanom.se
Ouvert du lundi au jeudi de 6h45 à 20h, et le vendredi jusqu'à 13h30. Le samedi de 8h à 15h, dimanche de 11h30 à 17h30.

Urban OM est un studio de yoga et de relaxation qui vous offre des cours de yoga avec de vrais professionnels. Ils proposent aussi des cours de danse, de méditation, ainsi que des évènements et des conférences. Ils proposent des séances quotidiennes ainsi que des packs de 10 cours valides pendant 10 mois. L'environnement est serein et chaleureux, avec une ambiance conviviale entre les membres et les enseignants. Après vos cours, vous pouvez également profiter d'un bon thé chaud ! Une super adresse pour une séance de détente totale.

TANTO BASTU

6 Skarpskyttestigen
✆ +46 8 508 120 00
www.tantobastuforening.se
Ouvert au public les mardi, mercredi et jeudi de 19h à 20h30. À vérifier sur le groupe Facebook. Maximum 6 personnes.

Si vous cherchez un sauna fréquenté quotidiennement par des locaux, Tanto Bastu est votre meilleur choix ! Entretenu par ses membres, le sauna flotte sur l'eau près du parc Tantolunden, donnant sur le quartier de Liljeholmen. En hiver, vous pourrez joindre les habitués dans l'eau gelée après avoir transpiré dans le sauna. En été, les lieux se transforment en plage publique. Le mardi pour les hommes, mercredi mixte, et jeudi pour les femmes. Le groupe Facebook peut aussi offrir des séances alternatives. Attention, il faut arriver à l'avance pour avoir une place !

VASAPARKEN

11C Dalagatan
Ouvert 24h/24.

Le parc Vasa est, en été, largement fréquenté par les habitants de Norrmalm. Difficile alors d'imaginer que durant la Première Guerre mondiale le site était utilisé pour faire pousser des pommes de terre afin de nourrir certaines classes de population affamée. Lorsque viennent les beaux jours, les pelouses sont couvertes de monde et les terrasses des petits cabanons ne désemplissent pas. On y trouve un grand terrain de football synthétique et une aire de jeux pour enfant. La statue *Arbetaren* (le travailleur) est une œuvre en hommage à la classe ouvrière.

TREKANTSPARKEN

Métro Liljeholmen

Descendez du métro Liljeholmen pour trouver un lac paisible et bucolique entouré de forêt. C'est ici qu'en été vous pourrez profiter des eaux rafraîchissantes du lac pour vous baigner et bronzer au soleil à la plage de Trekantsbadet. Avec un sentier de promenade le long du lac, vous pouvez faire du jogging autour du parc suivi d'une bonne baignade dans l'eau fraîche. En hiver, lorsque le lac est gelé, pourquoi ne pas faire du patin à glace ? A Stockholm, c'est une activité très populaire parmi les locaux, et la préférée des enfants !

YASURAGI

6 Hamndalsvägen
✆ +46 8 747 61 00
www.yasuragi.se
Pass journée (9-17h) ou Pass soirée (13h-22h). 1 090 SEK (1 repas compris).

Les bains japonais de Yasuragi ont su se faire une véritable réputation à Stockholm. Situé dans la belle forêt de Nacka, ce spa luxueux allie le zen japonais à l'esthétique traditionnelle suédoise. On y trouve des bains chauds, froids, extérieurs, intérieurs, différents types de saunas, une salle de repos, et bien d'autres espaces de relaxation. Il suffit d'enfiler le kimono et le maillot de bain donnés par le spa pour entrer dans une autre dimension. Tout au long du séjour, on peut se servir du thé, des fruits et participer à des activités relaxantes.

SORTIR

Les nuits de la capitale sont différentes de celles qu'on connaît en France, bien que tout aussi animées. Comme les Suédois mangent plus tôt, la soirée commence plus tôt, et il n'est pas rare de se retrouver au bar à 18h pour lancer les festivités ! Les bars et pubs proposent souvent des plats type hamburgers ou boulettes de viande et pommes de terre, de quoi vous restaurer tout en sirotant une boisson. Habituellement, la musique est au rendez-vous et on peut s'amuser dans les bars jusqu'à 1h ou 2h du matin. Ensuite, c'est aux portes des discothèques qu'il faut frapper, d'où la grande affluence devant ces établissements de nuit vers 1h, lorsque les pubs ferment et que les fêtards cherchent à prolonger leurs virées. Une fois dans le club, vous n'avez plus qu'à vous déhancher, mais attention, la plupart d'entre eux ferment vers 3h ou 4h, il faut donc en profiter dès qu'on arrive et ne pas traîner !

SORTIR

HORAIRES

▶ **Les boîtes de nuit** sont généralement ouvertes entre 22h et 3h du matin, plutôt les jours de week-end. Certaines discothèques restent ouvertes en semaine.

▶ **Pour les salles de spectacle**, leurs horaires dépendent de leurs évènements, ayant lieu en soirée. Les billetteries pour les théâtres, salles de concerts ou l'opéra restent ouvertes généralement 2 heures avant les représentations, ainsi que pendant la journée en semaine. Il est souvent plus simple d'acheter des billets directement en ligne. Consultez le site www.visitstockholm.se/event pour trouver des évènements et spectacles pendant votre séjour.

▶ **Pour le cinéma,** les séances ont lieu dès 10h du matin (certains jours) avec les dernières séances vers 20h30, le cinéma fermant ses portes entre 22h et minuit

BUDGET / BONS PLANS

▶ **Les boîtes de nuit** peuvent proposer des entrées gratuites certains jours de la semaine ou avant une certaine heure, en début de soirée. Sinon, l'entrée peut coûter jusqu'à 200 SEK par personne (pour les lieux plus chics). Il y a quelques bonnes adresses qui restent gratuites, comme le bar East à Norrmalm.

▶ **Pour les salles de spectacles**, les billets peuvent coûter entre 150 et 500 SEK, selon le placement de siège, le spectacle, etc.

▶ **Pour le cinéma,** un billet normal coûte autour de 150 SEK par personne, avec des prix réduits pour étudiants et enfants.

A RÉSERVER

Pour les concerts en grande salle, que ce soit pour l'Opéra ou pour un concert de rock, il est souvent impératif de réserver. Pour les boîtes de nuit ou concerts de moindre importance, les réservations ne sont pas requises, mais il peut arriver de faire la queue pendant longtemps !

TRANSPORTS NOCTURNES

Les métros circulent entre 5h et 1h du matin en semaine, et les services sont réduits le week-end, circulant 24h/24. Les bus complètent les trains, métros, et trams, fonctionnant 24h/24 lorsque le reste du réseau s'arrête pour la nuit. Autrement, les taxis et Uber circulent de jour comme de nuit.

A PARTIR DE QUEL ÂGE

Habituellement, l'âge limite pour entrer dans une boîte de nuit en Suède est de 18 ans, âge limite pour boire de l'alcool. Cela dit, de nombreuses discothèques ont des limites d'âge aux alentours de 20, 23 ou 25 ans. Il en va de même pour certains concerts et spectacles.

C'EST TRÈS LOCAL

Les formalités vestimentaires pour les spectacles et évènements à Stockholm sont similaires à ceux que l'on trouve dans les grandes villes françaises. Par exemple, pour l'Opéra, le *dresscode* est plus formel que pour un set de DJ dans un bar.

LES PHRASES CLÉS

Bonsoir, comment puis-je me rendre à…
God kväll, hur kan jag ta mig till…

Est ce que cet endroit est tranquille ? Il n'y a pas de problème de sécurité ?
Är det en lugn plats? Finns det några säkerhetsproblem?

J'aimerais voir un spectacle typique ! Qu'est-ce qu'il y a en ce moment ?
Jag skulle verkligen vilja se en traditionell show! Vad visas för tillfället?

Je ne comprends pas… pouvez-vous répéter s'il vous plait ? Merci.
Jag förstår inte, kan du vara snäll och upprepa? Tack.

Est-ce que je peux vous offrir un verre ? Quel est le meilleur cocktail de la maison ?
Kan jag få köpa en drink till dig? Vad är husets bästa cocktail?

BERNS

8 Näckströmsgatan
✆ +46 8 566 322 00
www.berns.se
La boîte de nuit est ouverte du vendredi au samedi de 23h à 4h. Interdit au moins de 23 ans.

En 1862, le pâtissier Berns ouvrit un restaurant qui allait devenir le Berns Salonger. Aujourd'hui, les salons de Berns abritent un restaurant luxueux, un bar assez huppé et une discothèque, modestement surnommée LE night-club, au cœur du parc de Berzelii dans le centre de Stockholm. Le style est moderne, comme le montrent les petits canapés blancs aux formes rectangulaires. À l'étage, qui forme une sorte de balcon d'où l'on domine la scène, le bar-restaurant, immense salle, est toujours plein de jeunes gens bien habillés. Une superbe adresse pour les fêtards !

DEBASER

4 Hornstulls strand
✆ +46 8 658 63 50
www.debaser.se
Ouvert tous les jours, les horaires dépendent des événements organisés.

Debaser est un des clubs où l'ambiance est toujours au rendez-vous. Avec une programmation variée de concerts et DJs, Debaser est un bon lieu pour passer une soirée à danser, faire des rencontres et éventuellement regarder le soleil se lever dans le parc Tanto quand la soirée se termine ! Lieu emblématique, QG de la jeune génération. Encore une fois, deux salles, deux ambiances. Si les forts décibels ne sont pas pour vous, rendez-vous dans la pièce d'à côté pour profiter du bar et d'un coin de table pour discuter, plus tranquillement.

FÄRGFABRIKEN

Lövholmsbrinken 1
✆ +46 8 645 07 07
www.fargfabriken.se
Vérifiez leurs évènements en ligne.

Färgfabriken est une galerie d'art et d'exposition le jour et une discothèque ou salle de concert la nuit. Cette ancienne usine est devenue un lieu *underground* de la scène artistique de Stockholm, hébergeant de temps à autre des soirées boîte de nuit très populaires. Ceci n'est pas mis en place tous les jours, mais quand ça l'est, c'est fait avec style et classe ! Il faut donc vérifier leur site Internet pour être au courant du prochain évènement, vous êtes sûrs de passer une bonne soirée parmi des locaux branchés et intéressants.

KLUBB BLÅ

Sankt Eriksgatan 46
✆ +46 70 791 26 62
www.klubbbla.se
Ouvert le week-end de 22h à 3h.

Pour passer une super soirée entre amis en plein centre de Stockholm, voici une bonne adresse. Discothèque lumineuse et moderne, avec des super DJ qui mettent toujours une bonne ambiance. Ils offrent des bons cocktails, des alcools en bouteille, du champagne, de la bière, à des prix abordables. Le service y est professionnel et sympathique, et ils offrent aussi la possibilité de louer l'espace pour des évènements. Durant la pandémie de la Covid-19, ils ont pris très au sérieux les recommandations du gouvernement, faisant de cette discothèque un endroit sûr.

KOLINGEN

59B Kornhamnstorg
✆ +46 8 20 10 92
www.engelen.se
Ouvert de 16h à 2h de mercredi à samedi.

Une boîte-pub-restaurant-concert populaire de la vieille ville, à l'ambiance chaude et très suédoise ! Faites la fête sous des arcades du XVe siècle jusqu'au petit matin, parmi de nombreux locaux. Les DJ y sont souvent bons, offrant une musique qui met une bonne ambiance. L'intérieur n'est pas très raffiné, ainsi sans prétention, offrant une atmosphère conviviale et sympathique. Il ne faut pas s'attendre à un service de haute qualité non plus, mais plutôt à un lieu en toute simplicité, qui est fait pour une chose : faire la fête entre amis.

KVARNEN

4 Tjärhovsgatan
✆ +46 86 43 03 80
www.kvarnen.com
Ouverture du club au sous-sol le vendredi et samedi de 22h à 3h du matin.

Un des pubs les plus populaires de Södermalm, Kvarnen (le moulin en Français) est l'endroit parfait pour se déhancher et faire des rencontres, en semaine ou le week-end. Une piste de danse au sous-sol avec de la musique orientée techno et une ambiance bistrot élégante au rez-de-chaussé sur fond de musique Rock 'n' roll. Facilement repérable à son moulin lumineux en façade, on y vient pour l'ambiance, la décoration et pour vivre comme un local. Attention à la queue le week-end, car les habitants de la capitale adorent tous cet endroit !

MARIE LAVEAU

66 Horngatan
✆ +46 8 668 85 00
marielaveau.se/bar
Ouvert du mercredi au samedi de 15h à 3h.

Le fameux bar-club Marie Laveau a enfin rouvert ses portes ! Situé au cœur de Stockholm, ce bar à l'avantage de fermer un peu plus tard que les établissements dans les environs et d'organiser de très bonnes soirées de temps en temps. L'ambiance est toujours au rendez-vous dans ce lieu incontournable de Söder et c'est un bon endroit pour finir la soirée en beauté ! Attention cependant, la queue peut être très longue, car vous n'êtes pas les seuls à avoir eu la bonne idée de vous rabattre sur Marie Laveau, soyez donc patient !

PATRICIA

19 Söder Mälarstrand
✆ +46 736 527 282
www.patricia.st
Ouvert du jeudi au dimanche jusqu'à 5h.

À bord du *Patricia*, on se détend sur le pont en prenant un verre au bar en profitant des nuits claires de Stockholm, puis on descend se déhancher en fond de cale sur l'une des pistes de danse. Si l'endroit n'est pas réputé comme « classe » (c'est clair que ça change de Stureplan et de ses boîtes chic), il a le charme de rassembler tous les noctambules qui désirent continuer la fête jusqu'au bout de la nuit, car c'est l'une des seules adresses qui restent ouvertes si tard. Musique variée qui garde la foule dynamique, le DJ ne compte pas ses heures !

SLAKTHUSET

6 Slakthusgatan
✆ +46 8 39 51 50
www.slakthuset.nu
Horaires et jours d'ouvertures varient selon la programmation et la saison. Consulter leur site.

Club électro situé dans d'anciens abattoirs au sud de Stockholm, Slakthuset est un des clubs préférés des jeunes Stockholmois, et de fait, l'un des plus représentatifs de la fête à la suédoise. Des DJs nationaux et internationaux se produisent dans les salles du club et sur la grande terrasse pendant l'été. Un rooftop digne de ce nom, spot incontournable aux beaux jours. Styles variés, principalement électro, l'endroit est hétéroclite. Légèrement excentré, il vous faudra prendre le métro, et ne pas arriver trop tard sous peine de ne pas pouvoir rentrer.

SÖDRA TEATERN/ MOSEBACKETERRASSEN

1-3 Mosebacke Torg
✆ +46 8 480 044 00
https://sodrateatern.com
La boîte de nuit est ouverte le vendredi et samedi de 23h à 3h, et le bar de 17h à 23h.

Mosebacke est perché sur les collines du quartier de Södermalm. La salle intérieure est petite et conviviale : tables avec bougies, petite scène intime. On y boit de la bière, on y danse et on y écoute de la musique. C'est le point de rendez-vous des fanatiques de rock, des soixante-huitards qui aiment le jazz, des fans de reggae, des étudiants… En été, le Mosebacke ouvre sa vaste terrasse et devient alors le lieu populaire par excellence, animé et bondé, où la bière coule à flots.

STURECOMPAGNIET

4 Sturegatan
✆ +46 8 611 65 98
www.sturecompagniet.se
Ouvert de jeudi à samedi de 22h à 5h.

Un monument de la vie nocturne stockholmoise ! Ambiance au rendez-vous, et un reflet direct de la mentalité de la ville. Quatre salles sur deux étages, avec des alcôves et des plantes qui grimpent le long des murs... mais il faut savoir être patient car la file d'attente peut s'étaler sur le trottoir de manière impressionnante. Ici, la clientèle est plutôt jeune et les consommations plutôt chères... Sturecompagniet reste un endroit incontournable de la capitale : attention, tenue de soirée non pas exigée, mais recommandée pour avoir toutes ses chances de rentrer.

UNDER BRON

2 Hammarby Slussväg Katarina
✆ +46 8 644 20 23
www.underbron.com
Les horaires et jours d'ouvertures dépendent des événements et de la saison, se renseigner sur leur site.

Le club hype et branché par excellence, Under Bron est un passage obligatoire pour tous les fêtards et les amateurs *house* et *techno*. On danse jusqu'au bout de la nuit dans une ambiance *underground* sur les sons des DJs nationaux et internationaux qui donnent le meilleur d'eux-mêmes pour la jeunesse de la capitale. Situé sous un immense pont qui relie Södermalm à la banlieue sud, l'endroit est bien choisi. Dans cette immense maison, il y en a pour tous les goûts, du coin chill sur la terrasse au coin frites/saucisses, ou encore le sous-sol pour les plus en forme.

BIO RIO

3 Hornstulls strand
✆ +46 8 669 95 00
www.indio.se
Restaurant ouvert en semaine de 11h30 à 22h, de 16h à 23h le samedi, et fermé le dimanche.

Bio Rio est un des plus anciens cinémas de la ville, son unique salle datant des années 1940. Lieu culturel important de Söder, on peut y voir des films indépendants, des premières internationales ou des grands classiques. Côté bar, le menu permet de se restaurer en toute simplicité mais avec goût, midi et soir. L'ambiance est très sympathique et la vue sur l'eau particulièrement agréable ! Rendez-vous en ligne pour consulter leurs prochaines séances, peut-être tomberez-vous sur un classique en grand écran ! Voici un lieu au top de la culture locale.

CHINA TEATERN

9 Berzelii Park
✆ +46 8 562 892 00
www.chinateatern.se
Billetterie ouverte du lundi au vendredi, de 9h à 17h.

Le China est situé dans le petit parc qui fait l'angle de Birger Jarlsgatan et de Hamngatan. En 1905, une très grande star est née au China : c'était Greta Garbo, dans le rôle d'Anna Karénine. Aujourd'hui, le China ne monte que des pièces et des comédies musicales suédoises, qui restent généralement à l'affiche plusieurs mois. Les mises en scène y sont excellentes et appréciées par le public. On y trouve aussi un restaurant, le China Matbar, où vous pouvez déguster leur menu du théâtre, à réserver au moins 10 jours à l'avance.

DEBASER HORNSTULLS STRAND

4 Hornstulls strand
✆ +46 86 586 350
http://debaser.se
Rendez-vous sur leur site Internet pour les prochains concerts et évènements.

Debaser est un bon bar de musique et de spectacles avec une décoration simple. C'est assez petit, alors ne vous attendez pas à d'énormes spectacles, mais ça reste un lieu plutôt *underground* à Stockholm, offrant des concerts de tout type de musique. Les prix sont assez raisonnables pour Stockholm. Du soul, punk, métal, rock, et de bons DJs : vous êtes assurés de passer une bonne soirée avec de la bonne musique parmi des locaux. Vérifier leur page Facebook pour plus d'infos !

DRAMATEN [THÉÂTRE NATIONAL]

Nybroplan
✆ +46 86 67 06 80
www.dramaten.se
La billetterie ouvre 2h avant les représentations. Scène principale : 150-475 SEK ; petite scène : 150-395 SEK.

Fondé en 1788, le théâtre national du pays est connu sous le nom de Dramaten. Le théâtre appartient à l'État et le gouvernement a pour mission de présenter du théâtre classique, du théâtre suédois et international nouvellement écrit ou encore du théâtre adapté aux enfants. Le directeur actuel et directeur artistique est Eirik Stubø. Le bâtiment situé sur Nybroplan, à Stockholm, abrite le théâtre depuis 1908. Ce grand bâtiment d'art est structuré sur cinq étages.

FASCHING JAZZ CLUB

63 Kungsgatan
✆ +46 8 20 00 66
www.fasching.se
Pass journée (9-17h) ou Pass soirée (13h-22h). 1 090 SEK (1 repas compris).

Fasching est le lieu incontournable pour les amoureux du jazz, de la soul et de la funk. En semaine, de nombreux concerts sont organisés, avec des artistes locaux et internationaux. Le week-end, la salle de concert se transforme en club et c'est un endroit magique où danser au son de musiques recherchées dans une ambiance très décontractée et conviviale. Il faut se renseigner sur leur site pour voir la programmation et réserver à l'avance, car l'endroit est très prisé du Tout-Stockholm. Dans tous les cas, quels que soit le jour et l'événement, ambiance assurée !

MAISON DES CONCERTS [KONSERTHUSET]

8 Hötorget
✆ +46 50 66 77 88
www.konserthuset.se
Box office ouvert du lundi au vendredi, de 11h à 18h, samedi de 11h à 15h.

Cette bâtisse bleu ciel, construite en 1926 et qui domine de sa façade néoclassique la place marchande Hötorget, accueille l'Orchestre philharmonique de Stockholm : plus de 100 concerts annuels. D'autres orchestres classiques, suédois et étrangers, s'y produisent également. C'est ici que se tiennent chaque année les cérémonies de remise des prix Nobel, le 10 décembre, jour de l'anniversaire de la mort d'Alfred Nobel. Visites guidées de l'édifice en anglais.

MAMMA MIA ! THE PARTY

2 Lilla Allmänna gränd
www.mammamiatheparty.com
Entrée/plat/dessert et spectacle : 1 355 SEK par personne (1 605 SEK avec l'entrée du musée ABBA inclus).

Le groupe légendaire suédois est mis à l'honneur dans la capitale, et si vous êtes un fan vous ne serez pas venu pour rien puisque ce restaurant-bar offre une expérience unique en son genre. Situé dans le parc d'attraction Gröna Lund, Mamma Mia ! The Party s'inspire de la taverne grecque du film et de la comédie musicale Mamma Mia ! Vous y retrouverez la même ambiance chaleureuse en assistant durant le repas aux performances des chanteurs sur la musique d'ABBA. Cerise sur le gâteau : la soirée se termine en boîte de nuit ! Paillettes au rendez-vous.

SAGA

24 Kungsgatan
✆ +46 8 56 26 00 00
Films en version originale (en anglais pour la plupart donc). Billetterie en ligne.

Dans la rue des cinéphiles, un cinéma qui passe les grands films du moment. De l'extérieur, son allure vintage et rétro invite à passer une bonne soirée pleine d'émotions face aux images immersives du grand écran. Bien qu'il s'agisse d'une chaîne, ce cinéma garde un charme unique. Saga fut inauguré en 1937, et son foyer vous accueille dans un environnement cinématographique classique et glamour. Saga possède quatre salles de cinéma, plus petites que les autres cinémas de la chaîne Filmstaden. Le cinéma propose friandises, pop-corn et boissons.

MELT

45 Malmskillnadsgatan
www.meltbar.se
Le jeudi de 17h à 23h, le vendredi de 18h à 1h, et le samedi de 18h à 1h. Gratuit le vendredi et samedi avant 19h.

Melt est un *speakeasy* et cabaret des années 1920, un bar burlesque dans le centre de Stockholm. Vous y trouverez cocktails, cuisine éclectique, divertissements et une expérience unique en son genre pour cette ville. Ils organisent des numéros de cabaret tous les soirs, dont des chanteurs, danseurs burlesques, acrobates et jongleurs. Vous pouvez aussi consommer du vin et de la bière. L'endroit est superbe et les spectacles sont géniaux, vous êtes assurés d'y passer une bonne soirée : la plupart des locaux vous le confirmeront !

THÉÂTRE SÖDRA (SÖDRA TEATERN)

1-3 Mosebacke Torg
✆ +46 8 53 19 94 00
www.sodrateatern.com
Vérifier les horaires sur le site car ils varient selon la saison.

Partageant la grande bâtisse de la place Mosebacke avec Mosebacke Etablissement, Södra Teatern offre une programmation éclectique, entre concerts, débats et pièces de théâtre. Des artistes du monde entier pour ce lieu de culture résolument international. Les pièces de théâtre sont produites dans la belle salle classique, décorée tout de rouge et d'or, et les concerts ont surtout lieu dans la salle située en dessous, nommée Kägelbanan. À ne pas manquer !

OPÉRA ROYAL (OPERAN)

Gustav Adolfs Torg 2
✆ +46 8 791 44 00
www.operan.se
Box-office ouvert du lundi au vendredi de 15h à 18h, le samedi de 12h à 15h. Visites guidées les samedis : 150 SEK.

L'Opéra royal est le théâtre national d'opéra et de ballet de Suède, fondé par Gustave III en 1773. Situé au bord de l'eau, juste en face du château royal, l'Opéra royal fut bâti entre 1892 et 1899 dans un style Renaissance, après que l'édifice original eut été détruit. Une fois passé le hall d'entrée en marbre, on découvre les grandes peintures murales de l'artiste national Carl Larsson. Si les opéras et les ballets ne sont malheureusement pas à l'affiche en été, en revanche en automne, en hiver et au printemps, la saison bat son plein !

ZITA

37 Birger Jarlsgatan
✆ +46 8 23 20 20
www.zita.se
Billetterie via Internet. Entrée entre 125 SEK et 140 SEK et entre 95 SEK et 115 SEK pour les étudiants.

Un cinéma qui diffuse surtout des films d'auteurs, des documentaires, des films étrangers récompensés, faisant de Zita un cinéma *Art House*. Zita est le plus ancien cinéma en activité de Stockholm et l'un des lieux culturels les plus importants de la ville. Ils organisent notamment les festivals Cinafrica, Cinéclub français, The Jewish Film Festival, en collaboration avec des partenaires culturels partout dans le monde. Toutes les projections de films sont en version originale sous-titrée en suédois. Ainsi vous pourrez y voir un film en français !

LES ENVIRONS DE STOCKHOLM

Stockholm est une destination qui offre la possibilité de voyager entre espace urbain et nature sauvage de manière accessible et confortable. Il va de soi que, parmi les 30 000 îles et îlots que constitue l'archipel de Stockholm, les paysages environnants sont un mariage entre terre et eau, navigable en bateau, voiture, ou à vélo. La ville de Stockholm, étant plutôt petite en comparaison aux grandes capitales européennes, est une ville en contact proche et intime avec sa nature locale. Elle est environnée de villages et petites villes pittoresques, typiquement suédoises, où vous trouverez une multitude d'activités culturelles et sportives, entre musées et randonnées, et surtout, en été, baignade dans l'eau fraîche, au bord de plages indomptées par la main de l'Homme. Voici une petite liste de destinations à ne pas manquer qui laisse découvrir l'héritage culturel suédois, ainsi que sa faune et sa flore protégée.

Les environs de Stockholm

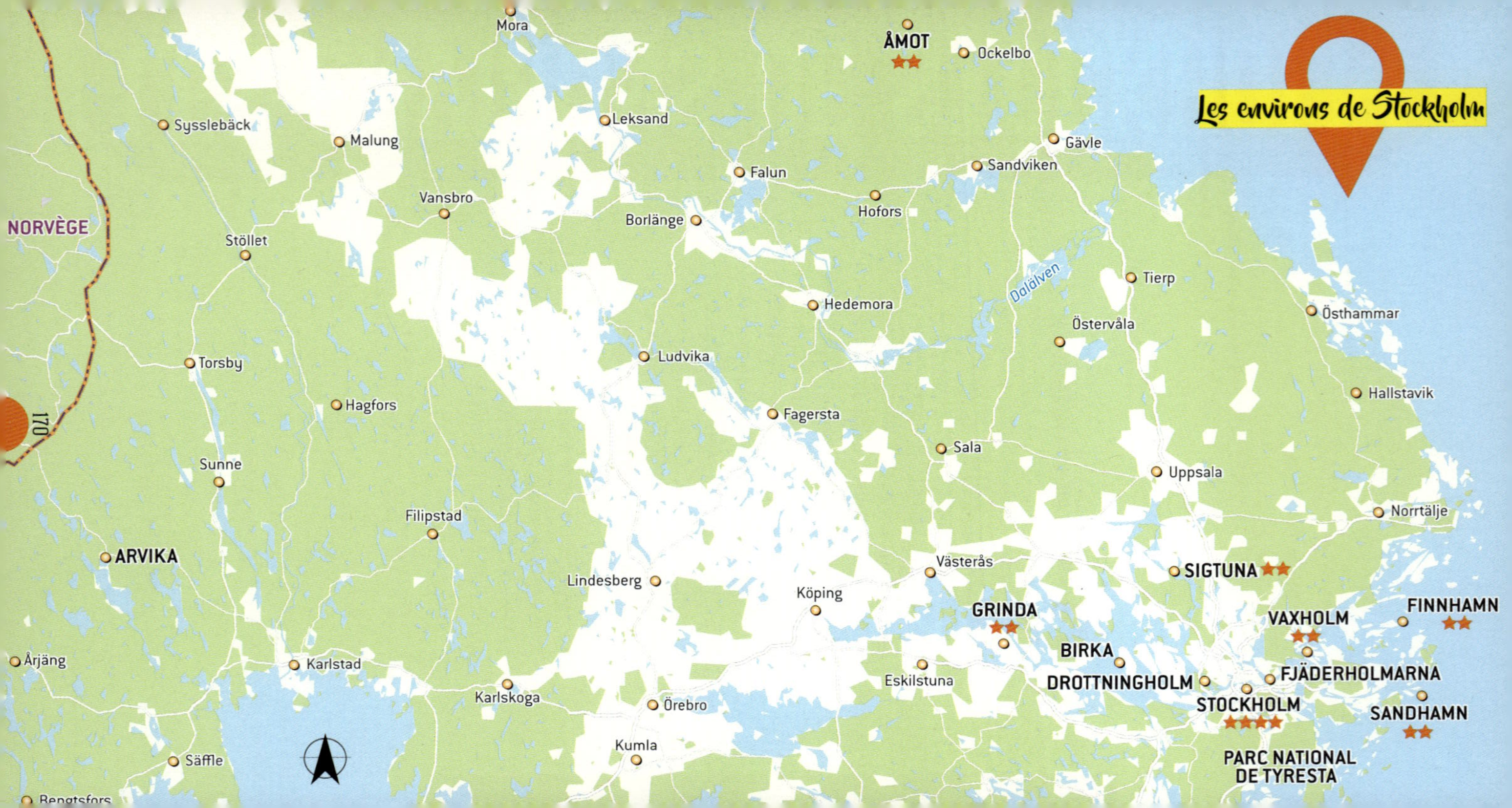

170

En suédois : Skärgård. L'archipel est divisé en trois grandes zones (Norra, Mellan et Södra). Les destinations qui sont détaillées dans ce chapitre sont situées dans Mellan Skärgård, « l'archipel du milieu », à l'exception de Sandhamn et d'Utö, toutes deux situées dans Södra Skärgård. Pour celui qui cherche à oublier le monde bruyant et stressant, on ne saurait que trop lui conseiller une petite balade à travers les milliers d'îles et îlots que compte ce dédale sauvage, à tel point qu'il est quasi impossible, même en naviguant trois heures vers le large, de cerner l'horizon de la mer. Des bateaux sillonnent ces espaces magnifiques, dont la plupart sont encore vierges, et vous déposent au bout d'un ponton, loin de tout, dans un cadre superbe. Certaines destinations peuvent être visitées en une journée, comme la charmante ville de Vaxholm, les îles de Grinda ou de Fjäderholmarna. On peut également planifier un parcours dans l'archipel en faisant escale dans des auberges de jeunesse ou des refuges, souvent de bois rouge, en se procurant la brochure Bed and Breakfast à l'office de tourisme. Fjäderholmarna, qui se trouve à 25 minutes de bateau, et il faut compter 3h30 de traversée pour rallier Utö, la plus éloignée.

BIRKA

Entre les années 800 et 1000, Birka était l'un des plus importants comptoirs vikings et passe pour avoir été la première ville de Suède. Sur l'île de Björkö étaient bâtis un village dont la population atteignait environ un millier d'habitants, un fort dont une partie des murs est toujours visible, ainsi que plusieurs cimetières dont plus de 1 200 tombes ont déjà été excavées par les archéologues. Des milliers d'objets ont été déterrés, permettant de se faire une idée de la manière dont vivaient les peuples de cette région à la fin du premier millénaire apr J.-C. Birka était à cette époque la plus grande plate-forme commerciale de toute la Scandinavie.

LES VISITES GUIDÉES

✆ +46 8 12 00 40 00
www.birkavikingastaden.se
Incluses dans le prix de l'aller-retour en bateau, à partir de 330 SEK. Vérifier les horaires en ligne.

Deux visites guidées sont réalisables (en anglais et en suédois uniquement), réparties de manière à ce que vous puissiez faire les deux en une demi-journée :

- **Le tour classique** vous mène, derrière un archéologue habillé en Viking, du cimetière à l'ancien site du village, puis dans le fort et jusqu'à la croix de l'évangéliste Ansgar.
- **Le tour « dramatique »** vous entraîne derrière les guides déguisés, vous familiarisant avec les anciennes coutumes des Vikings, permettant à l'imagination de faire réapparaître les maisons et drakkars disparus depuis plus de 1 000 ans.

MUSÉE DE BIRKA ★

5 Björkö
✆ +46 8 560 514 45
www.birkavikingastaden.se
Entrée incluse dans le prix de l'aller-retour. Compter à partir de 295 SEK.

Le petit musée de Birka est, comme les autres bâtiments modernes de l'île, construit sur une excroissance qui, du temps des Vikings, était couverte par la mer. Le reste de l'île est protégé. Dans ce petit musée dont la visite est assez rapide, un film permet de comprendre la manière dont les archéologues retracent, année après année, les contours de ce qu'était la vie à Birka, son organisation, son histoire... Plusieurs maquettes, dont celles du port, d'un quartier de la ville et du domaine royal, sont ici présentées. Petite boutique pour rapporter des souvenirs.

LE VILLAGE VIKING ★★★

5 Björkö
✆ +46 8 12 00 40 00
Tour à partir de 330 SEK avec la compagnie Stromma (bokning@stromma.se, ✆ +46 (0) 812 00 40 00).

Le village viking est un symbole de l'histoire de l'industrie et du commerce dans le pays. Expérience kitsch pour certains, passionnante pour d'autres, le village est constitué de maisons faites entièrement à la main et à la manière viking. Torchis, paille et bois. Habillés en costumes d'époque, les habitants s'affairent sur le chantier naval, sculptant la proue du dernier drakkar. Ou tressent des chausses de cuir, tannent des peaux et aiguisent les flèches pour la chasse. Les enfants peuvent se déguiser et aller voir les navires à fond plat.

STRÖMMA KANALBOLAGET

✆ +46 8 12 00 40 00
www.stromma.se
Excursion en bateau à Birka sur le lac Mälaren à partir de 330 SEK, comprenant l'entrée et visite guidée.

Les bateaux partent de Stockholm (Klara Mälarstrand), Hovgården, Härjarö et Mariefred, et la traversée jusqu'à l'île de Birka peut durer environ 2 heures. Les billets s'achètent directement à bord, et le bateau contient un café. Le prix de l'aller-retour en bateau comprend l'entrée à Birka, ainsi qu'une visite guidée en anglais ou en suédois. L'île de Björkö est aussi une destination attirante pour une excursion en nature, surtout l'été, avec ses points d'eaux idéaux pour une baignade au soleil. Une attraction idéale pour les enfants !

RESTAURANG SÄRIMNER €€

1 Björkö
✆ +46 8 56 05 10 31
Plats autour de 125 SEK et pinte à 50 SEK.

Une petite adresse bien sympathique à Birka, qui combine simplicité et qualité. Le petit restaurant offre une belle terrasse qui donne sur le petit port de plaisance, avec une vue calme et agréable. Pour l'hiver, l'intérieur est tout en bois et bien chaleureux, on peut donc s'y réchauffer entre deux visites. Spécialités suédoises incontournables sont à l'honneur, poisson fumé, sauté de renne, boulettes et autres délices. Si on n'a pas très faim, on profite de la vue et de l'ambiance pour boire une bière ou un jus de fruit bien mérité.

ARVIKA

A quelques heures à l'ouest de Stockholm, dans la nature intacte du Värmland, Arvika est une petite ville, depuis laquelle il est aisé de partir en randonnée, en VTT ou en canoë (il existe des centaines de lacs !). Pour sa taille, 14 000 habitants, Arvika a aussi une vie culturelle plutôt dense : plusieurs galeries et même des musées. Parmi son héritage culturel se trouve la colonie d'artistes de Rackstad du début du XXe siècle que l'on peut découvrir à travers un musée dédié au groupe. La ville accueille également un festival de musique au mois de juillet. Il y a des hébergements pour tous les goûts, de l'hôtel confortable au charmant B&B.

ARVIKA KANOT & TURISTCENTER

✆ +4657018245
www.arvikacanoe.se/fr

Canoës et kayaks de mi-mai à mi-septembre. Vélo, VTT, randonnées, de la fin de l'hiver au 30 septembre.

Luc, un Français installé depuis longtemps en Suède, a su faire partager son amour de la nature que propose cette belle région. A quelques heures à l'ouest de Stockholm, ce lieu entouré de lacs et forêts vous donnera une impression de communion avec les éléments qui l'entourent. Le centre Arikva Kanot s'articule autour de quatre éléments : l'eau, la terre, l'air et le feu. Vous pouvez faire du canoë, du kayak, du VTT, ou profiter de la chaleur du sauna !

DROTTNINGHOLM

À proximité de Stockholm, le château de Drottningholm est situé sur une île du lac Mälar (l'île d'Ekerö) que l'on nomme « l'île de la reine ». Ce site, qui comprend trois monuments – le château, le théâtre baroque et le pavillon chinois –, est classé au patrimoine mondial de l'Unesco depuis 1991. Cette reconnaissance se base sur des éléments précis et notamment la somptuosité du lieu, un exemple probant de résidence royale d'Europe du Nord du XVIIe siècle. Depuis Stockholm, il faut compter une traversée d'une heure pour rejoindre le site. Il est nécessaire de prévoir une journée si l'on souhaite profiter autant des visites que de l'environnement.

CHÂTEAU DE DROTTNINGHOLM [DROTTNINGHOLMS SLOTT] ★★★★

Drottningholm
✆ +46 8 402 61 00 - www.royalpalaces.se

Horaires variables selon les mois, consultez le site Internet pour vérifier. Adulte : 140 SEK, réduit : 70 SEK.

Cet élégant palais qui s'élève au bord du lac Mälaren est le lieu de résidence de la famille royale depuis 1981. Bâti à la place du précédent château qu'un incendie ravagea, cet édifice baroque fait la fierté de la Couronne suédoise. L'architecte Nicodemus Tessin l'Ancien a dessiné les plans commandés par la reine Hedwige-Eléonore, qui trouvait l'ancien château trop grossier et médiéval pour accueillir les représentants étrangers. En 1662, elle lança les travaux qui, un siècle plus tard, donneront la forme définitive au bâtiment en orientant la décoration vers le style rococo à la française.

- **Le grand hall.** Tout en faux marbre et en trompe-l'œil, peuplé de bustes d'empereurs romains, de déesses et de faux reliefs, cet espace mérite une bonne observation, afin de saisir les détails des fresques et d'essayer de restituer ce style intemporel. Juste à gauche se trouvent les appartements du roi de Suède, où il vit avec sa famille en hiver.
- **La chambre d'apparat d'Hedwige-Eléonore.** Sans doute la pièce la plus somptueuse du château et l'une des plus chères d'Europe. Une expression absolue du style baroque, avec des ornements d'or, symboles du pouvoir royal. Au plafond, une fresque sur laquelle deux mains se joignent représentent la rencontre au paradis d'Eleonora et de son mari Charles XI, mort en 1660.
- **Le salon chinois.** Une curiosité qui révèle la fascination du roi Gustave III pour la Chine. Les artistes locaux créent alors, en copiant le style chinois, l'art qui prendra le nom de « chinoiserie ». Ici est donc présenté un excellent exemple de ce courant, par le biais d'une chaudière tout aussi surprenante qu'ingénieuse.
- **La salle d'Oscar.** Sur les murs sont tendues des tapisseries aux couleurs puissantes. Elles sont les cadeaux de mariage d'Edwige Eléonore, retrouvées par Oscar II plus de 200 ans plus tard. Les tapisseries racontent la légende grecque de la prêtresse Héro et de son amant Léandre, qui traverse chaque nuit à la nage la mer qui le sépare de son aimée. Un jour un orage éclate mais Léandre tente la traversée et se noie. Lorsque son corps s'échoue sur les rives, celle-ci se laisse mourir de chagrin.

LE PAVILLON CHINOIS [KINA SLOTT] ★★★

Kina Slott ✆ +46 8 402 61 00
www.royalpalaces.se
Ouvert de mai à septembre de 10h ou 11h (selon le jour) à 17h.

À l'origine, le pavillon était de moindre dimension et construit en bois. Aujourd'hui le pavillon est de pierre et entièrement visitable. Achevé en 1769, il a fait l'objet d'importantes restaurations à la fin du XXe siècle pour que le public puisse le visiter. Ce curieux bâtiment est planté à l'est des jardins de Drottningholm. Il est unique au monde. A la fin du XVIIIe siècle, les échanges avec la Chine, *via* la compagnie des Indes orientales notamment, permirent aux monarques suédois de découvrir la beauté des porcelaines, de la soie et de goûter au thé de cet empire lointain dont ils firent un jardin d'Éden. En s'inspirant des observations de voyageurs et notamment des croquis de l'architecte William Chambers, des peintres et sculpteurs suédois créèrent des « chinoiseries » qui mêlent aux influences asiatiques et aux symboles souvent faussés de la Chine impériale des ornements typiquement européens et suédois.

La pièce verte ou chambre des plaisirs. Ornée de représentations de la nature et de scènes de personnages chinois se relaxant, couverte d'une peinture d'un vert pâle, cette pièce donnant sur les jardins était, fenêtres ouvertes, un lieu où l'on s'adonnait aux plaisirs de la vie : lecture, musique, et dégustation de thé.

Les pièces jaunes et rouges. Meublées et constituées selon les dessins de William Chambers, ces deux pièces sont presque jumelles. Elles contiennent des signes de calligraphie chinoise qui ne veulent... rien dire !

© BORISB17 - SHUTTERSTOCK.COM

THÉÂTRE BAROQUE ★★★

Drottningholm Court Theatre
✆ +46 87 59 04 06
www.dtm.se
Entrée à partir de 110 SEK et gratuit pour les moins de 16 ans. Visite guidée (30 min), en français ou anglais.

C'est sans doute la présence de ce théâtre sur le site de Drottingholm qui a décidé les spécialistes de l'Unesco à inscrire ce site sur la Liste du patrimoine mondial. Il figure parmi les rares théâtres baroques du XVIIIe siècle non rénovés et visitables dans le monde. Son histoire est pittoresque puisque l'édifice fut construit en 1766 par la reine Lovisa Ulrika puis magnifié par Gustave III qui y fit venir des artistes français, italiens et allemands. Puis, le théâtre fut soudainement fermé en 1792. C'est presque par hasard qu'il fut redécouvert par un historien à la recherche d'une peinture (qui est d'ailleurs exposée dans l'une des salles). Ce dernier réalisa le trésor qu'il venait de déterrer (le théâtre sommeillait depuis près de deux cents ans), il demanda l'autorisation de le réhabiliter, ce qui fut fait. Aujourd'hui, des opéras et des pièces sont présentés régulièrement au public. La salle en elle-même est magnifique, plongée dans une semi-obscurité pour rendre efficaces les nombreux trompe-l'œil, selon le souhait de l'architecte. Les décors de la scène sont toujours changés à la main par le système mécanique originel. La visite vous entraînera ensuite dans les pièces attenantes à la salle, dans les chambres qui servaient à loger les artistes du temps de Gustave III et la pièce de réception, où le roi aimait à prendre le petit déjeuner avec les comédiens, au son d'un orchestre qui jouait depuis le balcon aérien circulaire... Une belle et impressionnante visite à ne pas manquer pour les amateurs !

STRÖMMA KANABOLAGET

17 Svensksundsvägen
✆ +46 8 12 00 40 00 - www.stromma.se
Excursion Drottningholm en bateau à partir de 250 SEK, avec une traversée à l'allée d'une heure et restaurant à bord.

Départs de Stadshusbron, Klara Mälarstrand 2. Des bateaux partent toutes les heures, tous les jours de mai à septembre. Pour le reste de l'année, se renseigner sur le site internet ou au guichet. Autres points de départ (vers Vaxholm, Artipelag, sortie sur le lac Mälar avec visite de Sigtuna, escapade à Fjäderholmarna, etc.) : 1 Stadshusbron (Klara Mälarstrand 2), 2 Gustav Adolfs Torg (Gustav Adolfs Torg 2), 3 Kungliga slottet (The Royal Palace, Skeppsbron 2), 4 Strömkajen (Södra Blasieholmshamnen 11), 5 Nybrokajen (vous trouverez la billetterie à Nybroplan).

SIGTUNA ★★

Sigtuna, petite ville d'une dizaine de milliers d'habitants, se trouve à 40 km de Stockholm et constitue une excursion délicieuse les jours de beau temps. Posée sur les rives nord du lac Mälaren, c'est la cité la plus ancienne du royaume de Suède. Ses fondations remontent au Xe siècle, et les amoureux d'histoire médiévale y trouveront de nombreuses traces d'un passé riche : plusieurs églises en ruines dressent leur clochers sur les hauteurs de la ville, les pierres runiques foisonnent, le musée local expose une collection nourrie d'objets vieux de plus d'un millénaire et familiarise le curieux avec l'évolution de la commune au cours des siècles.

CHÂTEAU DE SKOKLOSTER ★★★

Skokloster Slott ✆ +46 84 02 30 60
www.skoklostersslott.se
Ouvert 7j/7 de mi-juin à fin août et seulement le week-end de début mai à mi-juin et en septembre. Gratuit.

Ce château de style baroque, l'un des plus célèbres de Suède, a conservé en l'état des chambres datant de sa construction. Ici, Carl Gustaf Wrangel (1613-1676), potentat et grand dépensier, et son épouse Anna Margareta von Haugwitz (1622-1673), ont créé une splendide demeure. Issus de l'aristocratie, ils s'efforçaient de comprendre le monde en collectionnant des œuvres d'art et des antiquités ainsi que des spécimens de la nature. Les appartements abritent de remarquables collections de peintures ainsi que des meubles et des textiles.

RUINES DES ÉGLISES SANKT LARS ET SANKT PER ★★★

Kyrkogatan
Ruines accessibles toute l'année.
Les visiteurs ne peuvent pas pénétrer à l'intérieur des édifices.

© IGOR GROSHEV - FOTOLIA

Plutôt bien conservées, les ruines de ces deux églises bâties au cours du XIIe siècle dominent le lac. Elles sont la mémoire de Sigtuna, et comptent parmi les premiers bâtiments en pierre édifiés dans la région du lac Mälaren. Par toutes saisons, sous la neige ou sous le soleil printanier, les pierres grossières et les voûtes possèdent un charme typique et rappellent la ferveur d'alors des peuples nordiques, fraîchement christianisés, à honorer Dieu.

SIGTUNA MUSEUM ★★

55 Stora Gatan
✆ +46 8 591 266 70
www.sigtunamuseer.se
Ouvert tous les jours de 12h à 16h de mai à septembre (fermé le lundi le reste de l'année).

Quelques vestiges archéologiques vikings sont exposés dans ce joli musée. On y trouve le célèbre Viking de Sigtuna, une tête de Viking de quelques centimètres, remarquablement sculptée dans une corne d'élan et dont l'origine et la fonction restent mystérieuses, ainsi que des pièces de monnaie de cette époque. C'est aussi à Sigtuna que l'on trouve la plus grande concentration de pierres runiques (pierres gravées de l'écriture des Vikings, les runes) au monde. Bref, une belle visite pour ceux qui veulent en savoir plus sur les fameux Vikings !

OFFICE DE TOURISME

33 Stora Gatan
✆ +46 8 594 806 50
destinationsigtuna.se
Ouvert en semaine de 10h à 17h, le samedi de 11h à 15h et le dimanche de 12h à 16h.

Si vous êtes à la recherche de renseignements et d'informations sur la belle cité de Sigtuna, cet office de tourisme est l'endroit vers lequel vous diriger. On y trouve toutes les informations nécessaires à la visite de la ville et de ses environs, mais aussi de bons plans. L'office comprend aussi une boutique dans laquelle on peut acheter des petits souvenirs et des petites choses qui dépannent. La maison s'ouvre sur un très beau jardin qui descend en pente douce vers le lac. On peut donc commencer sa visite depuis ce lieu avant de se rendre au lac.

SIGTUNASTIFTELSEN HOTELL & KONFERENS €€

4 Manfred Björkquists allé
✆ +46 8 592 589 00
www.sigtunastiftelsen.se
Chambre simple et double à partir de 1 100 SEK, petit déjeuner compris.

Ce bel établissement du début du XXe siècle propose, en été, des chambres B&B joliment meublées, certaines rétros, d'autres plus modernes, mais toujours confortables et bien équipées, disposant d'un grand calme et parfois de belles vues sur le lac et sur la roseraie. Il est également doté d'un magnifique patio. L'hôtel propose une offre de week-end, comprenant la chambre, le petit déjeuner, la pause fika ainsi que le dîner, à réserver à l'avance par e-mail ou par téléphone.

TANT BRUNS KAFFESTUGA €€

3 Laurentiigränd
✆ +46 8 592 509 34
www.tantbrun-sigtuna.se
Ouvert tous les jours, toute l'année. La semaine de 10h à 17h et le week-end jusqu'à 18h.

La maison qui fait face à la ruelle et qui est aujourd'hui le Tant Bruns Kaffestuga, est la plus ancienne de toute la ville de Sigtuna, et peut-être l'une des plus anciennes de Suède ! Un particulier de la région, le baron Gustav von Paykull, a acheté la propriété dans les années 1960 pour la restaurer et a participé lui-même aux travaux. Il soutient que le café date de la fin du XVIIe siècle. Cet établissement bien connu des estivaliers propose thés, cafés et pâtisseries dans une bâtisse atypique. La terrasse est bien sympathique, nichée à l'ombre des arbres.

BATHUSET KROG & BAR €

2 Hamngatan
✆ +46 8 592 567 80
www.bathuset.com
Du mardi au dimanche, de 17h à 23h.

Un emplacement unique au bord du lac Mälaren avec une vue imprenable sur la baie Sigtuna. Restaurant cosy, cadre enchanteur, 45 places dans la salle à manger, cheminée, bar, cuisine ouverte et salle à manger en plein air l'été. Une cuisine soignée, simple, une expérience culinaire diversifiée (pas uniquement centrée sur le poisson), l'accent est mis sur la fraîcheur et la qualité dans le respect du produit et des saisons. L'endroit vaut vraiment le détour, car on passe toujours un beau moment hors du temps dans ce restaurant.

PARC NATIONAL DE TYRESTA

À 20 kilomètres de la capitale se trouve ce parc national sauvage et somptueux, avec de denses forêts de pins abritant des familles d'élans et de chevreuils, ainsi que des lacs dégagés aux rivages rocheux. Tyresta se trouve sur un plateau de roche qui s'est formé il y a 1 800 millions d'années et, à ce jour, demeure un paysage indompté par la main de l'Homme. Le parc a une superficie de 5 000 hectares dont 55 kilomètres de chemins de randonnée. N'oubliez pas une lampe de poche ! Vous pouvez réserver des visites guidées qui durent entre 1 et 2 heures, coûtant entre 300 SEK et 1200 SEK. Visitez le site internet pour en savoir davantage.

RESTAURANG KOPPARKITTELN €€

31 Storgatan ✆ +46 8 592 510 95
www.kopparkitteln.se
Ouvert tous les midis et soirs en haute saison.
Plats entre 195 et 285 SEK.
Plats du jour : autour de 100 SEK.

Un restaurant qui possède une terrasse agréable avec une belle vue sur le lac et les jardins qui descendent en pente douce vers les rives. Ici, cuisine traditionnelle avec des plats de viande (filet mignon, steak) ou de poisson (saumon grillé...), accompagnés le plus souvent de pommes de terre à la vapeur et de crudités. Nous conseillons les plats du jour, de meilleur rapport qualité/prix. Avec quand même la sensation de payer plus pour la vue que pour le contenu de l'assiette. Une adresse qui dépanne en beauté si on n'a pas prévu de pique-nique !

TYRESTA VILLAGE CAFE €€

Tyresta By
✆ +46 73 077 86 36
www.cafeetityrestaby.se
Ouvert toute l'année, du mardi au vendredi de 9h à 15h, et le week-end de 8h à 17h.

Le café du village de Tyresta est installé dans la ferme Dahlgrensgården, qui date des années 1700. Avec une uisine écologique servant des plats faits maison, ce café propose une gastronomie saine et savoureuse, et c'est une bonne adresse pour les randonneurs ou visiteurs du parc national. Vous y trouverez de bons déjeuners légers tels que des soupes chaudes, des sandwichs ou des salades. Il est possible de commander un panier pique-nique pour une balade en forêt, ou de prendre une pause fika à l'intérieur comme à l'extérieur tout au long de l'année.

ÅMOT ★★

Blotti dans une nature exceptionnelle jusqu'au bout de chaque forêt, ce petit village en plein cœur de la Suède donne un accès facile à la découverte de trois régions (la Dalécarlie, le Hälsingland et le Gästrikland) à quelques heures de Stockholm. C'est ici que commence le « vrai » Nord, là où la vie des Suédois n'est plus rythmée par les grandes villes et que les traditions s'épanouissent. D'ailleurs, on trouve encore de nombreuses traces du passé dans cette région et plusieurs habitants se sont donné le mot pour les préserver et les mettre en valeur. Les activités proposées sont rodées mais loin d'être usées par un flot de touristes, si bien qu'en voyageant dans les alentours d'Åmot, tout est si authentique qu'on se sent comme le premier visiteur. « Åmot » (*å* pour eau et *mot* pour rencontre) désigne tout simplement l'emplacement de la rencontre de deux cours d'eau.

Balade

Si le village ne compte qu'environ 400 habitants, il ne manque ni de vie, ni de possibilités de faire de nombreuses activités et découvertes. L'établissement Stilleben organise et centralise un grand nombre d'entre elles. Possibilité de louer un véhicule à la journée.

- **En été** : en plus des nombreuses randonnées possibles (à pied ou à vélo), de la baignade et de la sérénité qu'apportent les lieux, promenade dans la nature avec guide (pour voir des ours !), parcours de pêche, etc.
- **En hiver** : randonnées en raquettes, chiens de traîneaux, motoneiges, ski (la station Kungsberget se trouve à 25 min du village), balade en traîneaux d'époque (tirés par un cheval), etc.

Se loger

En plus de la possibilité de faire du camping sauvage, il existe plusieurs B&B et chambres d'hôtes dans la région. On peut également louer des « *cabins* » au détour d'un lac ou dans la forêt.

Transports

Depuis Stockholm, il y a 200 km jusqu'à Åmot, via la E4 (N). La station ferroviaire la plus proche est à Ockelbo, à environ 15 minutes en voiture du village.

STENEGÅRD

1 Stenegård
✆ +46 651 340 021
www.stenegard.com

Week-end gratuit du mercredi au vendredi de 11h à 15h. Horaires d'ouverture susceptibles de varier.

Ce centre culturel contient l'une des fermes dont les peintures murales appartiennent désormais au patrimoine de l'Unesco. Contactez le centre pour découvrir quelle ferme est la plus proche de votre localisation. Une activité très agréable où de nombreuses festivités sont organisées (la ferme Kristofers fait du pain à l'ancienne et des concerts, à la ferme de Svedbovallen, on fait du fromage, etc.). Le long de la E4, à hauteur de Söderhamn, dans le village de Asta, on trouve la ferme Erik-Anders (✆ +46 270 287 941, www.erik-anders.se) pour se loger.

WIJ TRÄDGÅRDAR ★★

2 Wijberget
✆ +46 0 297554 50
www.wij.se

Hébergement ouvert tout au long de l'année. Chambre simple à partir de 750 SEK. Parc ouvert de juin à septembre.

Wij Trädgårdar, l'un des plus beaux parcs du pays, se trouve à 25 minutes en train de Gävle. Un lieu très agréable pour apprendre de nombreuses choses sur la nature, la nourriture, la culture et l'art de les concilier. Visite guidée, ateliers, espace de jeux et restaurant. Lieu parfait pour un après-midi en famille ou une balade en amoureux ! En été, le lieu organise des activités thématiques saisonnières et contient plus de 6 jardins différents tel que le jardin d'herbes aromatiques, le jardin forestier, et le jardin des enfants !

STILLEBEN €€

3c Bruksvägen ✆ +46 297 74 30 00
www.stilleben.nu

Chambres d'hôtels et maisons de vacances à louer. Chambre simple : 1 023 SEK. Chambre double : 1 270 SEK.

B&B charmant qui sert dans son restaurant des plats divins concoctés à partir des produits du jardin et ramassés en forêt. L'établissement est tenu par deux expatriés belges en Suède qui sont extrêmement attentifs au bien-être de leurs visiteurs tout en gardant un esprit « comme à la maison ». Créatifs et ingénieux, ils vous donnent de nombreux conseils pour découvrir la Suède hors des sentiers battus ! Le *cabin* sauvage (salle de bains, toilettes et ingrédients fournis pour faire soi-même quelques recettes suédoises) offre un séjour dans un respect de la nature.

FINNHAMN

A trois heures de Stockholm, en direction du grand large, sommeillent trois îles : Stora Jolpan, Lilla Jolpan et Idholmen, qui constituent Finnhamn, un petit paradis sur terre. Vous pouvez vous balader librement sur de nombreux sentiers, traverser des bois de pins et de bouleaux, cueillir des fleurs et des baies dans les prés et vous baigner sur les rochers rendus lisses par le vent et les vagues de l'hiver. Attention tout de même aux fourmis ! Ici, elles sont rouges et plutôt énormes. Départs réguliers toute l'année, presque à chaque heure en pleine saison. La traversée dure environ 3 heures. Les billets s'achètent aux guichets, sur le quai.

FJÄDERHOLMARNA

Cette petite île de l'archipel (dite l'île aux Plumes) est la plus proche de Stockholm. Elle est idéale pour s'imprégner du parfum de la Baltique et de son atmosphère unique, le temps d'une demi-journée. Mentionnée pour la première fois en 1381, Fjäderholmarna a toutefois dû attendre la fin du XVIIe siècle pour être habitée, vu l'absence presque totale, à l'époque, de bois et de pâtures sur l'île. En 1862, seules trente personnes y vivaient, majoritairement les artisans et paysans. Fjäderholmarna connut une période agitée lors de l'épisode de la « guerre de la Vodka », dans les années 1870 : le grand producteur de spiritueux L.O. Smith, créateur de la marque Absolut (dont on peut visiter la distillerie à Åhus dans le sud de la Suède), offrit à ses clients, pour contourner le monopole étatique, la traversée pour que ces derniers puissent se ravitailler en vodka sur l'île. En moins de neuf mois, Smith vendit ainsi près d'un million de litres de son breuvage ! Puis la Marine se servit de l'île comme base. Ce n'est que depuis le milieu des années 1980 que Fjäderholmarna a rouvert ses boutiques d'artisanat, ses restaurants et cafés, redevenant aussi une partie du parc national et une destination touristique facilement accessible. L'un des grands intérêts de Fjäderholmarna est la présence des artisans qui ouvrent leurs ateliers et y vendent leurs produits : bois, verre, métaux, fibres naturelles...

La traversée dure seulement 25 minutes.

VAXHOLM

La ville de Vaxholm, située sur l'île de Vaxön, tient son nom de la forteresse qui y fut établie au milieu du XVIe siècle par le roi Gustave Vasa, afin de sécuriser l'accès maritime à Stockholm. Voulant rapatrier des hommes pour surveiller la côte, le roi invita des paysans à s'installer là, les exonérant de taxes sur la pêche et l'habitation. Ainsi naquit Vaxholm, en 1548, année de la construction de sa forteresse. Cette station balnéaire est aujourd'hui une destination très populaire durant la période estivale. S'y évadent des Stockholmois en vacances, des touristes et des baroudeurs en balade dans l'archipel. La ville est ainsi fleurie, pleine de terrasses et d'animation, et le bois de ses maisons comme le magnifique paysage qui l'entoure en font un lieu très agréable et pittoresque. En hiver comme en été, Vaxholm est une destination qui permet à tout un chacun de découvrir les merveilles de l'archipel de Stockholm, à travers la terre et l'eau, dans une atmosphère folklorique et locale. Vous y trouverez restaurants, bars, galeries, musées, chemins de randonnée, patinoire, plages, et un centre historique fascinant, et tomberez sous le charme de cette ville colorée. Pour un séjour de plusieurs jours, Vaxholm contient des hôtels et B&B dans des édifices traditionnels, tel que les fameuses maisons de bois peintes en rouge, offrant une expérience indéniablement suédoise. Il est également possible de réserver des visites guidées en groupe ou privées, que ce soit pour découvrir l'histoire de la ville ou pour dévoiler la beauté naturelle de son île. Depuis Vaxholm, vous pouvez découvrir d'autres îles environnantes en bateau.

Transports

- **En bateau.** Pour rallier l'île de Vaxholm, les compagnies Vaxholmsbolaget et Strömma proposent des départs réguliers depuis Nybroviken (juste en face du théâtre Dramaten à Östermalm) et Strömkajen. Un aller pour Waxholm dure environ une heure. Les billets s'achètent sur le quai, aux guichets ou en ligne sur Internet.
- **En voiture.** Sortir de Stockholm par la E18 vers le nord, direction Norrtälje, puis bifurquer sur la route 274 après Hägernäs. Vous arrivez sur l'île après avoir franchi deux ponts.

Finnhamn.

GRINDA

A seulement une heure de Stockholm en bateau, cette toute petite île est vraiment paisible et offre tout le confort à ceux qui veulent se détendre et oublier le tumulte de la ville. Acquise par le premier directeur de la fondation Nobel en 1906, qui y fit construire une maison de style Art nouveau, l'île redevient propriété de la ville de Stockholm en 1944. Elle appartient désormais à la fondation de l'archipel. Une belle plage de pelouse et de sable vous accueille près de l'embarcadère. Prévoyez dix minutes de marche pour atteindre l'hôtel, ainsi que de quoi vous restaurer, car le monopole de la vente des sandwichs rend le casse-croûte prohibitif.

Pratique

Malgré l'impression d'avoir atterri au bout du monde, vous y trouverez un restaurant, un petit hôtel, une auberge de jeunesse, un camping et quelques magasins.

▸ **Auberge de Grinda .** De mi-avril à fin octobre (horaires variables, à vérifier sur leur site internet) ☒ + 46 8 542 49 491 ; info@grinda.se.– www.grinda.se.

Transports

Location de vélos et de bateaux à rames, et sauna. L'aller pour Grinda dure environ 1h20. Nombreux départs par jour en été depuis Strandvägen.

▸ **Cinderella Båtarna.** De mi-avril à fin septembre. ✆ +46 8 12 00 40 45 – www.stromma.se

SANDHAMN

A trois heures de Stockholm, cette destination nommée après les dunes qui la traversent, est très prisée par les plaisanciers. Le yacht-club suédois y est implanté depuis plus d'un siècle. On accoste dans le port de Sandhamn, charmant village où vivent seulement 100 âmes en hiver (mais qui est pris d'assaut par les touristes en été). Près du port s'alignent restaurants, cafés, magasins et hôtels. Le village est ravissant, avec ses bosquets d'hortensias, ses maisons de bois et ses rues étroites... Le reste de l'île est presque intégralement couvert de pins et tout autour s'étendent de très jolies plages de sable fin.

Transports

Plusieurs compagnies permettent de se rendre sur l'île de Sandhamn à partir de Stockholm. Les tarifs sont quasi identiques (entre 79 et 200 SEK l'aller selon la saison). Durée de la traversée : de 2h à 8h selon le navire et la formule choisie. Départs réguliers toute l'année, presque à chaque heure en pleine saison. Dans les deux cas, les billets s'achètent sur Internet ou aux guichets, sur le quai.

▸ **Waxholmsbolaget** (www.waxholmsbolaget.se ✆ +46 8 600 10 00). Cette compagnie propose aussi des croisières pour les différentes îles, en bateau à vapeur traditionnel. Se renseigner au guichet.

▸ **Strömma** (www.stromma.se ✆ +46 8 12 00 40 00 – bokning@stromma.se).

UTÖ

Utö est située dans la partie sud de l'archipel, c'est aussi l'île la plus éloignée de Stockholm que nous proposons dans ce guide. C'est un lieu idéal à parcourir à bicyclette ou à pied, couvert de rochers et de pins. Recommandé pour des journées de baignades ou de pêche. Vous y louerez les fameux deux-roues suédois, un peu lourds mais pratiques et robustes. Vous y trouverez un hôtel, un restaurant-auberge, une boulangerie, des plages de sable fin, des criques secrètes, beaucoup de verdure, et la plus vieille mine de fer du pays, transformée aujourd'hui en musée. Pour profiter de la meilleure vue de l'île, vous pouvez visiter le moulin à vent, construit en 1791. C'est ici qu'avaient été établies les plus anciennes mines de fer de Suède, dès le XIIe siècle. Leurs traces jonchent encore certains coins de l'île, comme les maisons de mineurs du XVIIIe siècle. Le petit musée, ouvert en été, permet d'en apprendre plus sur cette industrie révolue. Il est recommandé de louer un vélo et d'aller sur l'île d'Ålö, juste au sud d'Utö. En été, le restaurant Båtshaket offre une dégustation de crevettes et de saumon. Profitez des belles plages et des fruits de mer, et assurez-vous d'acheter le célèbre pain d'Utö à la boulangerie avant votre départ !

Transports

Départs réguliers depuis Strömkajen (face au Grand Hôtel). La traversée dure environ 3h30. Consultez les horaires directement au guichet de la compagnie Waxholmsbolaget (www.waxholmsbolaget.se).

ORGANISER SON SÉJOUR

Stockholm est une grande capitale tout en étant une petite ville. Sa taille humaine permet d'organiser son séjour sans trop de difficulté. À 2 heures 30 de Paris en avion, vous y êtes en une après-midi, atterrissant dans le cœur de l'archipel qui s'étale sous vos yeux. Pour y aller, il faut l'essentiel : passeport biométrique ou tout simplement une carte d'identité. Malgré le changement de paysage, de culture, et de température, il n'y a pas de décalage horaire, et la ville est très facile d'accès. Une fois sur place, les aéroports de Stockholm sont entre 20 et 45 minutes du centre-ville, en voiture ou en train. En revanche, la barrière de la langue peut poser problème, car la plupart des Stockholmois parlent anglais, mais pas français. Cependant la ville est bien équipée pour fournir toutes les informations nécessaires : plans de métro, horaires de bus, panneaux d'affichage dans les rues, et des locaux sympathiques !

ARGENT

▶ **La Suède est hors zone euro**. La monnaie utilisée en Suède est la couronne suédoise (*krona*) qui s'écrit en abrégé « kr » ou « SEK ». 1 € = 10,25 SEK, et 1 SEK = 0,098 € (2021). Les billets de banque sont de 20, 50, 100, 200, 500, et 1 000 couronnes. Les pièces de monnaie sont de 1, 2, 5, ou 10 couronnes. Les billets existants de 100 et 500 couronnes ainsi que toutes les pièces, à l'exception de la pièce de 10 couronnes, n'ont plus cours depuis 2017. La Suède réfléchit aujourd'hui au potentiel d'une version électronique de la couronne suédoise pour ne plus utiliser d'argent liquide. Il est courant à Stockholm de voir des enseignes indiquant qu'un établissement est *cashfree*, c'est-à-dire sans argent liquide. Évitez les bureaux de change à l'aéroport et à l'hôtel, car leurs frais sont plus élevés et leur taux de change plus faible. La liste des bureaux de change se trouve sur le site www.forex.se. Un guichet automatique offrira généralement un meilleur taux de change. Attention aux frais qui risquent d'être appliqués sur votre carte bancaire lors de transactions anodines, pour prendre le métro ou le bus par exemple. Cependant, les frais sont généralement plus bas que pour un retrait à un distributeur et la limite des dépenses permises est souvent plus élevée. Les frais peuvent être fixes, entre 0 et 1,20 €, auquel s'ajoutent 2 à 3 % du montant payé par carte bancaire.

BUDGET / BONS PLANS

À Stockholm, le coût de la vie est un peu plus élevée que dans les grandes villes françaises. Certaines choses sont réellement plus chères, tels que les supermarchés habituels. Dans les hôtels, restaurants, et cafés, le service est compris : il n'est donc pas nécessaire de laisser un pourboire. Les chauffeurs de taxis peuvent s'attendre à recevoir un pourboire de 10 %.

▶ **Un petit budget** serait d'environ 650 SEK par jour. Une nuit en auberge de jeunesse coûte environ 300 SEK, deux repas pas trop chers coûtent environ 200 SEK, un musée autour de 70 SEK. Une pinte de bière coûte 60 SEK et un thé ou café 25 SEK.

▶ **Pour les budgets moyens**, comptez environ 1 400 SEK par jour. Une nuit d'hôtel coûte au minimum 500 SEK par personne. Deux repas au restaurant autour de 400 SEK par personne, et une balade dans l'archipel coûte environ 200 SEK.

© JOHAN10 - ISTOCKPHOTO.COM

Couronnes suédoises.

Pour les gros budgets, comptez au minimum 2 000 SEK par jour. Un hôtel grand confort coûte plus de 1 500 SEK par jour pour une chambre double. Les repas au restaurant haut de gamme coûtent environ 500 SEK par personne, et une croisière d'une journée dans l'archipel coûte environ 300 SEK.

PASSEPORT ET VISAS

Un passeport en cours de validité vous permet de rester jusqu'à trois mois en Suède. Aucun visa n'est nécessaire. Pour les ressortissants de pays de l'UE, une carte d'identité en cours de validité suffit. Pour les automobilistes, la carte verte (assurance internationale) n'est pas obligatoire mais recommandée. Votre voiture doit obligatoirement porter la plaque de nationalité («F» pour la France, «B» pour les Belgique, et «CH» pour la Suisse).
Vous pouvez contacter le service de renseignements des douanes français en appelant le 08 11 20 44 44, où sur le site Internet www.douane.gouv.fr. Une application mobile est également disponible.

PERMIS DE CONDUIRE

Comme en France, vous devez avoir au moins 18 ans pour conduire. Certains types de permis de conduire internationaux sont acceptés par l'agence suédoise des transports, et tout type de permis de conduire européen est valide en Suède.

VACCINS OBLIGATOIRES

Tant que dure l'épidémie de la COVID-19, il est impératif de présenter un pass sanitaire que ce soit dans l'avion ou dans le pays. Vous pouvez trouver plus d'informations là-dessus sur le site du gouvernement (www.diplomatie.gouv.fr/). Cependant, la Suède a des règlements plus souples vis-à-vis du virus, et il est rare que l'on vous impose de porter un masque à l'intérieur ou dans des lieux publics.

SÉCURITÉ

Comme partout, il est recommandé de se familiariser avec la culture et l'environnement politique local afin de minimiser les risques de dangers. Stockholm est l'une des villes les moins dangereuses d'Europe, avec un taux de criminalité bas. C'est une destination qui assure la sécurité pour tous, et spécialement pour les femmes voyageant seules. Qu'il fasse jour ou nuit, Stockholm est une ville qui reste généralement sûre... La ville la nuit est rarement dangereuse et est très illuminée (facteur important durant les journées sombres d'hiver).

Le numéro de téléphone de la police est le **112**.

DÉCALAGE HORAIRE

Il n'y a pas de décalage horaire. Cependant, les heures de lever et de coucher du soleil diffèrent, le soleil se couchant vers 15h en janvier et se levant vers 3h30 en juillet.

LANGUES PARLÉES

La langue parlée en Suède est le suédois, une langue germanique du Nord. Vous pouvez apprendre quelques mots et phrases en suédois à travers des applications smartphone tel que Duolingo ou Babbel, vous permettant de communiquer avec les locaux ou de comprendre des infos essentielles tel que les noms de rues, les panneaux de circulation, etc. Les Suédois ne parlent souvent pas français, mais plutôt anglais.

Pour apprendre le suédois en Suède, vous pouvez prendre des cours sur place, à travers des instituts différents, tels que la SFI, suédois pour les immigrés : un programme de formation pour les adultes organisé par les municipalités locales.

COMMUNIQUER

Une fois à Stockholm, les réseaux disponibles marchent très bien, ainsi que la 4G. Le WiFi est disponible presque partout, dans les musées, restaurants, cafés, gares, etc., et est gratuit. Il n'y a pas de frais de *roaming*, et donc appeler ou envoyer des SMS à quelqu'un de France ou d'un autre pays membre coûte le même prix. Cela veut dire que vous gardez les mêmes frais selon votre budget mobile habituel.

ELECTRICITÉ ET MESURES

La tension est de 220 volts, le courant est alternatif et les prises électriques sont identiques aux nôtres. Le système métrique a été adopté en Suède ainsi que les échelles de poids (gramme et kilogramme) et de température (degré Celsius, un système de mesure inventé par un Suédois !). Il arrive d'entendre parler du *mile* suédois, équivalent à 10 km.

BAGAGES

Pour l'hiver, prévoyez une bonne doudoune, bonnet, gants, de bonnes chaussettes et surtout des couches de vêtements qui tiennent chauds ! Les températures tombent souvent en dessous de zéro, obligeant à être bien couvert afin de se promener en ville sans problème. Il arrive que les surfaces des trottoirs et des routes soient couvertes de verglas, donc attention à ne pas glisser ! En été il peut faire jusqu'à 24 degrés Celsius, permettant de se promener en t-shirt et peut-être d'avoir un chandail à portée de main pour les baisses de température la nuit. Il peut pleuvoir à n'importe quelle époque de l'année, donc il est toujours utile d'avoir un parapluie !

Pour les voyageurs qui viennent pour faire des activités en extérieur tels que du vélo ou de la randonnée, assurez-vous d'avoir tout le matériel dont vous avez besoin, car ce matériel peut coûter plus cher en Suède qu'en France.

LES PHRASES CLÉS

Bonjour, je voudrais réserver un billet aller/retour pour…
Hej, jag vill boka en enkel/retur-biljett till…

J'ai raté mon avion. Je voudrais échanger mon billet s'il vous plaît.
Jag missade mitt plan. Jag skulle vilja boka om min biljett, tack.

Mon vol est très en retard. Ma correspondance sera bien assurée ?
Mitt flyg är väldigt mycket försenat. Kommer jag hinna med mitt anslutande?

Mes bagages ont été égarés, à qui dois-je m'adresser ?
Mitt bagage har kommit bort, vem ska jag prata med?

Louez-vous des voitures avec chauffeur ?
Hyr ni ut bilar med chaufför?

Je n'ai presque plus d'essence. Où se trouve la station-service la plus proche ?
Jag har nästa slut på bensin. Vart finns närmaste bensinstation?

S'Y RENDRE

Stockholm est une destination internationale et européenne majeure, porte d'entrée pour la Scandinavie. Des trajets en avion sont récurrents entre Stockholm et Paris, ainsi que d'autres capitales européennes. Vous pouvez aussi vous y rendre en bateau ou en train, grâce aux gares portuaires et ferroviaires de Stockholm. Des voyages via bateau de croisière sont possibles, avec des itinéraires traversant la mer Baltique et l'archipel de Stockholm. Le trajet en avion de Paris dure seulement 2 heures et demie, avec des offres peu chères selon la saison. Que ce soit l'histoire d'un week-end ou d'une semaine ou d'un mois, Stockholm n'est jamais trop loin. Cela dit, vous serez bien dépaysés ! Gardez les yeux ouverts sur les sites de comparateurs de vols pour trouver les bonnes affaires. La haute saison est généralement en été, autour du solstice et de la fête nationale suédoise au mois de juin, période pleine de festivités.

AIR FRANCE

✆ 09 69 39 36 54

www.airfrance.fr

Réservations en ligne ou par téléphone, tous les jours de 8h à 20h.

Air France propose trois vols quotidiens et directs de Paris à Stockholm, et le trajet dure 2 heures 30. Vous pouvez trouver des vols pour pas trop chers, à partir d'environ 60 € lorsque la saison est basse. Il y a une connexion Internet à bord, et vous bénéficiez d'un goûter et de boissons illimitées. Que ce soit un verre de vin, du café, ou du jus de fruit, vous serez servis. En termes de bagages, vous avez droit à un bagage enregistré pesant jusqu'à 23 kg. Bien qu'Air France ait tendance à être plus cher, le voyage y est le plus confortable.

SAS [SCANDINAVIAN AIRLINES SYSTEM]

✆ 0 825 325 335

www.flysas.com

SAS offre des voyages pour des prix similaires à Air France, mais parfois plus chers, dans un confort satisfaisant.

SAS, ou *Scandinavian Airlines*, assure des liaisons quotidiennes et directes de Paris à Stockholm. D'autres vols sont également disponibles, mais avec une escale à Copenhague ou Oslo. Leur classe économique s'appelle *SAS Go*, où l'on vous propose des boissons à volonté, mais il faut s'acheter de quoi grignoter. Vous pouvez aussi utiliser le Wi-Fi à bord de l'avion, ainsi que réserver votre siège à l'avance gratuitement. Sinon, réservez avec leur classe *SAS Plus* pour un meilleur trajet.

EASY VOLS

✆ 08 99 19 98 79

www.easyvols.fr

Pour voyager malin, il faut faire ses recherches en toute efficacité, sans perdre trop de temps à jongler d'un site à un autre. Pour trouver le bon vol au bon prix, l'idéal est la plateforme comparatrice de vols. Easyvols permet de comparer en temps réel les prix des billets d'avion chez plus de 700 compagnies aériennes et pas seulement des compagnies low-cost. Vous pouvez économiser jusqu'à 70 % du prix si vous êtes prêts à saisir au vol les meilleures offres. Des avis avisés de clients sont aussi consultables sur le site Internet.

EUROMER & CIEL VOYAGES

5 - 7, quai de Sauvages

MONTPELLIER

✆ 04 67 65 95 12

www.euromer.com

Ouvert du lundi au samedi de 9h à 18h45 et le samedi de 9h à 17h45.

Euromer propose des traversées pour la Suède au départ de l'Allemagne : de Rostock vers Trelleborg et Gedser de Travemünde vers Trelleborg et de Puttgarden vers Rodby. Egalement des départs du Danemark : d'Helsingor vers Helsinborg et de Frederikshaun vers Göteborg. Si vous voulez sentir la terre et l'eau qui vous séparent de la Scandinavie, alors pourquoi pas choisir l'option bateau, où vous pourrez prendre le temps qu'il faut pour atteindre ces terres nordiques. Pour ceux qui envisagent un *roadtrip*, vous pouvez installer votre véhicule à bord.

SÉJOURS ET CIRCUITS

Stockholm est la voie d'entrée pour les terres nordiques, et offre un paquet d'expériences possibles pour les explorateurs ou amoureux d'histoire et de culture. Les terres suédoises sont sauvages et impressionnantes, abritant une faune et une flore préservée, des villages folkloriques et villes dynamiques, des sites vikings, des populations et cultures indigènes, et est le pays des aurores boréales. Plusieurs compagnies de voyages spécialisées dans le grand Nord proposent des itinéraires pour Stockholm, traversant son archipel et sa région environnante. Les circuits proposés sont conçus pour tout type de voyageur : que vous soyez explorateurs, aventurier, ou de grands sportifs, ainsi que pour les amoureux de cinéma, de littérature ou à la recherche d'un séjour de bien-être et de détente. Stockholm est une ville faite pour les activités en extérieur et en plein-air, et est reconnue pour ses festivals de cinéma, de design, ou de musique.

66° NORD

36-37, quai Arloing
LYON (9e)
✆ 04 27 18 61 20
www.66nord.com
Ouvert du lundi au vendredi de 9h à 13h et de 14h à 18h.

Créée en 1998, l'agence spécialiste des terres polaires est à la fois réceptif et tour-opérateur. Grâce à son équipe de professionnels passionnés par la nature, 66° Nord vous fera découvrir le véritable visage des terres polaires ! L'agence propose des voyages en individuel et sur mesure ou des voyages accompagnés en petits groupes. Sa spécialité ? Le continent blanc, autrement dit l'Antarctique ! Pour Stockholm, en plus des nombreux voyages proposés à travers la Suède, découvrez le séjour « Stockholm en hiver », d'une durée de 5 jours.

CERCLE DES VOYAGES

31, avenue de l'Opéra - **PARIS** (1er)
✆ 01 40 15 15 11
www.cercledesvoyages.com
Ouvert du lundi au vendredi de 9h à 20h et le samedi de 10h à 18h30.

Les conseillers du Cercle des Voyages sont des spécialistes qui partageront avec vous leurs conseils et leurs petits secrets pour faire de votre voyage une expérience inoubliable et personnalisée. Confiez-leur vos habitudes de voyages, les différentes régions que vous souhaitez découvrir et élaborez ensemble un voyage sur mesure, qui vous ressemble. Leur agence en plein cœur de Paris vous accueille du lundi au samedi. L'agence propose de nombreux voyages en Suède, dont le circuit « Stockholm et la Laponie Suédoise » à la découverte de la capitale.

CLIO

34, rue du Hameau
PARIS (15e)
✆ 01 53 68 82 82
www.clio.fr
Agence ouverte du lundi au vendredi de 10h à 18h, le samedi de 10h à 13h et de 14h à 16h.

En choisissant Clio, vous optez pour une conception du voyage originale et enrichissante. Le succès des voyages Clio est basé sur trois principes. On vous propose un itinéraire pour vous faire découvrir les différentes facettes d'un pays, d'une ville ou d'une région. On vous apporte l'éclairage nécessaire pour mieux apprécier son histoire et son patrimoine lors d'une escapade à l'occasion d'une exposition ou d'un festival musical. Parmi les circuits proposés en Suède, optez pour « Stockholm, la Venise scandinave » d'une durée de 4 jours.

GRAND ANGLE

52, rue du Tortolon
AUTRANS-MÉAUDRE EN VERCORS
✆ 04 76 95 23 00
www.grandangle.fr
Du lundi au vendredi de 9h à 12h et de 14h à 17h. Voyage «l'Archipel de Stockholm» à 1 130 €.

Spécialiste de la randonnée, du trek et du raid, Grand Angle propose toutes sortes de randonnées : à pied, à cheval, à VTT, avec des mulets, des ânes ou des chameaux, accompagnées ou en liberté. Le tour-opérateur vous emmène visiter Stockholm à travers ses quatorze îles pendant huit jours. Ce voyage catégorisé comme randonnée « liberté » comprend six jours de randonnées, classifiés de facile à moyen, où l'on traverse nature et villages, avec des pauses baignades et bains de soleil. Tout hébergement est de trois à quatre étoiles, dont un spa pendant deux jours.

GRAND NORD - GRAND LARGE

30, rue Saint-Augustin
PARIS (2e)
✆ 01 40 46 05 14
www.gngl.com
Ouvert du lundi au vendredi de 10h à 18h.

Une agence de voyages spécialisée dans les zones polaires et arctiques, proposant des voyages hors des sentiers battus, sous les aurores boréales ou en chiens de traîneaux. Leurs voyages sont sur mesure, à faire dans l'hémisphère Nord ou dans l'hémisphère Sud. Parmi leurs itinéraires de voyages en Suède, ils proposent un séjour de neuf jours dans la province de Dalécarlie, en commençant par Stockholm. Après une visite en ville, vous plongerez au coeur des maisons de bois rouge, des vastes forêts, des collines et lacs scintillants.

NOMADE AVENTURE

40, rue de la Montagne-Sainte-Geneviève
PARIS
(5e) ✆ 01 46 33 71 71
www.nomade-aventure.com
Ouvert du lundi au samedi de 9h30 à 18h30.
Circuits sur mesure. Activités.

Nomade Aventure, comme son nom l'indique doublement, est une agence qui vous change de vos habitudes sédentaires. Avec ses voyages placés sous le thème de la nature, de la culture et de la rencontre, elle vous propulse vers de nouvelles aventures. Loin des meutes de touristes, vous mettrez à profit les bonnes connaissances des agents sur la région en profitant à la fois de circuits originaux et de spots incontournables. Parmi les voyages proposés en Suède, optez pour leur séjour « Kayak et rando dans l'archipel de Stockholm ».

NORD ESPACES

35, rue de la Tombe-Issoire
PARIS (14e)
✆ 01 45 65 00 00
www.nord-espaces.com
Informations et prises de contact en ligne.

Nord Espaces est spécialiste des pays nordiques et programme la Suède été comme hiver. Durant les beaux jours, un circuit de 13 jours est disponible, combinant la découverte des capitales de Norvège (Oslo) et de Suède (Stockholm). Mais surtout le tour-opérateur propose un week-end sur les traces de *Millénium* pour découvrir la capitale et les lieux qui ont contribué au succès du livre. C'est ainsi qu'ils proposent des voyages à thématiques différents, tel que « Stockholm la ville verte » pour un voyage d'écotourisme de cinq jours.

NORTOURS

5, rue Thorel
PARIS (2e)
✆ 01 71 18 30 35
www.nortours.fr
Du lundi au vendredi de 9h30 à 18h.

Nortours, spécialiste des pays nordiques, des Pays baltes et de la Russie, propose plusieurs excursions et courts séjours à destination de Stockholm. Un séjour combiné Copenhague et Stockholm d'une semaine mais aussi Copenhague, Stockholm et Oslo ou encore un séjour à l'arbre-hôtel à Harads situé en Laponie suédoise à 60 km au sud du cercle polaire. L'agence organise également des séjours à la carte, des circuits accompagnés en Suède ou des autotours. Pour l'Islande, on retrouve ainsi de nombreux autotours entre 4 à 14 jours.

PLANÈTE DÉCOUVERTE

20, avenue du Maréchal-de-Lattre-de-Tassigny
CACHAN
✆ 09 86 76 66 15
www.planete-decouverte.fr
Mises à jour en ligne récurrentes.

Des guides-accompagnateurs passionnés ont décidé de se réunir pour créer une agence, qui veut faire du voyage un moment de convivialité, et des séjours à petite échelle, jamais plus de 12 participants, tout en respectant les populations et l'environnement. L'agence propose un voyage combiné « Finlande-Estonie-Suède : Marchés de Noël en Europe du Nord » d'une durée de 6 jours et 5 nuits pour partir à la découverte de la magie hivernale de ces contrées nordiques. Un arrêt de deux jours est prévu à la capitale suédoise pour flâner au marché de Noël !

SCANDITOURS

54-56, avenue Bosquet
PARIS (7e)
✆ 01 55 87 84 80
www.scanditours.fr
Ouvert du lundi au vendredi de 10h à 18h.

Scanditours, numéro 1 en France sur les pays nordiques, propose toujours de nouveaux itinéraires, accompagnés ou en toute liberté. L'offre est donc assez complète et plusieurs hôtels de standings différents vous attendent. Entre les nombreux voyages proposés en Suède, le circuit « La Suède d'îles en lacs » vous propose de découvrir la beauté de Stockholm ainsi que la province de Dalécarlie pendant une semaine. Ce tour comprend une visite en bateau de l'archipel de Stockholm, ainsi que des visites de villes environnantes : Uppsala, Göteborg, et Malmö.

EVANEOS

✆ +33 1 82 83 36 36

www.evaneos.fr

L'agence de voyage Evaneos est spécialisée dans les voyages avec itinéraires sur mesure. Consacrée à perfectionner les expériences de chacun, elle offre uniquement des voyages guidés par des experts sur le pays, qui sont toujours des locaux. Chaque pays contient ainsi une agence Evaneos, dirigée par un agent local. En Suède, retrouvez Vincent, qui vit dans la région de Stockholm depuis 2004, ayant parcouru le pays à pied, en vélo ou en kayak ! Il vous propose des séjours différents, tels que la « Découverte en famille, Stockholm et la Laponie ».

EASYVOYAGE

✆ 08 99 19 98 79

www.easyvoyage.com

Le concept peut se résumer en trois mots : s'informer, comparer et réserver. Des infos pratiques sur plusieurs destinations en ligne (saisonnalité, visa, agenda...) vous permettent de penser plus efficacement votre voyage. Après avoir choisi votre destination selon votre profil (famille, budget...), le site vous offre la possibilité d'interroger plusieurs sites à la fois concernant les vols, les séjours ou les circuits. Grâce à ce moteur performant, vous pouvez réserver directement sur plusieurs bases de réservation (Lastminute, Go Voyages et bien d'autres).

GO VOYAGES

www.govoyages.com

Go Voyages propose un très grand choix de vols secs, charters et réguliers au meilleur prix au départ et à destination des plus grandes villes. 155 000 itinéraires de vols, 665 compagnies aériennes et plus de 2 millions d'hôtels dans 40 000 destinations... Possibilité également d'acheter des packages sur mesure « vol + hôtel » et des coffrets cadeaux. Sans oublier le grand choix de promotions sur tous les produits et la location de voitures. La réservation est simple et rapide, le choix multiple et les prix très compétitifs.

JETCOST

www.jetcost.com

Jetcost compare les prix des billets d'avion et trouve le vol le moins cher parmi les offres et les promotions des compagnies aériennes régulières et *low cost*. Le site est également un comparateur d'hébergements, de loueurs d'automobiles et de séjours, circuits et croisières. L'interface du site Internet est très simple d'utilisation. Après avoir lancé la recherche, on peut affiner les résultats en fonction de ses choix afin de trouver le vol le plus intéressant, la durée du trajet, les éventuelles escales ou encore l'aéroport d'arrivée.

PROMOVACANCES

✆ 08 99 23 00 16

www.promovacances.com

Promovacances est une agence de voyage en ligne qui propose de nombreux séjours touristiques, des week-ends, ainsi qu'un très large choix de billets d'avion à tarifs négociés sur vols charters et réguliers, des locations, des hôtels à prix réduits. En plus de cette importante offre, n'hésitez pas à guetter en ligne des promotions de dernière minute et les bons plans du jour. Enfin, des informations pratiques sont à consulter en ligne pour préparer votre voyage : santé, formalités, aéroports, voyagistes, compagnies aériennes.

QUOTATRIP

www.quotatrip.com

Voyages sur mesure.

QuotaTrip est une nouvelle plateforme de réservation de voyage en ligne qui met en relation des voyageurs à la recherche d'expériences authentiques et uniques et des agences de voyages locales sélectionnées pour leurs compétences et leur sérieux. Le réseau de QuotaTrip couvre près de 200 destinations dans le monde entier. Le but de ce rapprochement est simple : proposer un séjour entièrement personnalisé aux utilisateurs. QuotaTrip promet ainsi l'assurance d'un voyage serein, sur mesure, sans intermédiaires et sans frais supplémentaires.

BUDGET / BONS PLANS

Stockholm est une ville chère, il est donc judicieux de trouver les bons plans d'hébergement pour dépenser son argent ailleurs, au restaurant ou au musée. Pour les étudiants, voyageurs solitaires ou les voyages en groupe, les auberges de jeunesse sont toujours de bonnes options. Que ce soit pour une chambre privée ou pour un lit en dortoir, les auberges sont peu chères, et offrent l'opportunité de faire de nouvelles connaissances en partageant les lieux de vie communs. Sinon, Stockholm comprend une bonne liste d'hôtels à prix raisonnables. Le petit secret local est de louer des appartements ou chambres privées. Airbnb propose des hébergements pittoresques à des prix bon marché. Par exemple, un appartement à vous tout seul pour seulement 730 SEK par nuit, en plein Gamla Stan !

A RÉSERVER

Certains hôtels sont déjà pleins plusieurs mois à l'avance, alors il est impératif de se renseigner avant le départ.

C'EST TRÈS LOCAL

Quoi de mieux que de voir Stockholm de l'intérieur, dans un appartement ou chez un habitant de la ville ? Il y a plusieurs options pour visiter Stockholm de cette façon, et c'est souvent l'hébergement de choix pour les voyageurs. Les Suédois étant accueillants et prêts à partager, vous trouverez des appartements ou chambres à louer pour des prix raisonnables, dans des quartiers incroyables, avec le charme d'avoir un pied-à-terre à soi ! Ces options sont parfois plus économes que les hôtels, avec un espace plus grand, dans une atmosphère très locale. Votre hôte pourra vous guider pour des idées de visites méconnues des itinéraires touristiques.

- **Stockholm Guest House** : www.stockholmguesthouse.com – info@stockholmguesthouse.com
- **Airbnb** : www.airbnb.fr/s/Stockholm--Sweden

POUR LES GOURMANDS

Certains hôtels offrent des petits déjeuners remarquables. Par exemple, l'hôtel Frantz à Södermalm prépare des petits déjeuners cuisinés à merveille dans leur restaurant ouvert au public. Si ce n'est pas uniquement le petit déjeuner qui intéresse, l'hôtel Skeppsholmen possède lui aussi un super restaurant, le restaurant Långa Raden, où ils servent des plats traditionnels succulents. Il s'agit la plupart du temps d'un buffet sucré/salé avec des gaufres et de la confiture d'airelles ou encore des tranches de saumon.

Petit-déjeuner typique.

FUMEURS

Il est interdit de fumer à l'extérieur en Suède dans certains lieux publics, y compris les terrasses de restaurant ou les quais de gare. Cela dit, le snus, ou petits sacs de tabac en poudre placés sous la lèvre, reste pratique courante, à l'intérieur comme à l'extérieur, ne nuisant à personne autre qu'au consommateur. L'utilisation du snus est beaucoup moins nocive que le tabac à fumer, et est très populaire en Scandinavie.

LES PHRASES CLÉS

Bonjour, avez-vous de la disponibilité pour une chambre double pour ce soir ou demain soir ?
Hej, har du ett dubbelrum tillgängligt inatt eller imorgon?

Avez-vous un code wifi… les enfants ne tiendront pas sans !
Har du en Wi-Fi kod... annars kommer mina barn bli galna!

C'est bruyant, est ce que je peux changer de chambre ?
Det är för mycket oljud, kan jag flytta till ett annat rum?

Jusqu'à quelle heure est-ce que nous pouvons aller à la salle de sport et à la piscine ?
När stänger simbassängen och gymmet?

Est-ce que je peux laisser mon bagage et revenir plus tard le récupérer ?
Kan jag lämna mitt bagage och komma tillbaka och hämta det senare?

Est-ce que vous pouvez nous appeler un taxi ? Merci beaucoup.
Kan du ringa en taxi till oss? Tack så mycket.

SE LOGER

En général, un séjour à Stockholm promet d'être très confortable. Même les plus petits hôtels sont bien tenus et la recherche d'un certain style est une priorité. Le petit déjeuner, souvent présenté sous forme de buffet varié à volonté, est la plupart du temps compris dans le prix de la nuitée. Il est très fréquent que les établissements baissent leurs tarifs pendant les week-ends et la période estivale. Il est alors possible de dormir dans de très bons hôtels à des prix raisonnables. Les petits budgets pourront se tourner vers les *vandrarhem*, des établissements qui s'apparentent à nos auberges de jeunesse. Côté camping, celui de Långholmen est réservé aux caravanes, mais dans les alentours se trouvent deux sites agréables pour planter sa tente. Enfin, vous aurez toujours la possibilité de vous rabattre sur la location de studios et d'appartements meublés avec notamment l'un des leaders en la matière, AirBnB.

APARTDIRECT GAMLA STAN II €€

50 Prästgatan
✆ +46 858 886 340 - www.apartdirect.com
Pour Gamla Stan, comptez environ 3 349 SEK par nuit, appartement supérieur pour environ 5 915 SEK par nuit.

L'ApartDirect propose des appartements meublés pour des locations de vacances au coeur de Stockholm. Chaque appartement se compose de pièces spacieuses, lumineuses et décorées avec du mobilier aux couleurs sobres. Le quartier historique de Gamla Stan regorge de boutiques, de restaurants, de cafés et de bars, aussi l'appartement ApartDirect Gamla Stan II bénéficie d'un emplacement de premier choix. Ce qui implique aussi parfois quelques désagréments sonores...

BIZ APARTMENT GARDET €€

67 Sandhamnsgatan
✆ +46 0200 21 03 22
www.bizapartmenthotel.se
Environ 850 SEK pour un appartement de 30 m^2.

Une manière de se sentir comme à la maison très vite. L'appart'hôtel permet de conjuguer le confort, l'économie du modèle et les services. Formules flexibles de 1 à 7 nuitées et jusqu'à 80 nuitées pour les séjours les plus longs. Biz Apartment Gärdet est entouré de végétations, idéal pour s'adonner à des activités sportives. Il se trouve à 500 mètres du port de Frihamnen, dans le nord-est de Stockholm. Le stade de Stockholm est à 2,2 km. L'établissement propose une connexion Internet de bonne qualité ainsi que des cuisines et des salles de bains modernes.

CITY APARTMENTS STOCKHOLM €€

Grevgatan
✆ +46 7 072 210 22
Check-in entre 16h et 23h59, check-out à 11h.

Pour trouver un appartement rien qu'à vous au cœur de la ville, c'est d'un luxe et d'un confort incomparable. Avec des chambres confortables, une petite terrasse, un salon et espace salle à manger, la télévision, et une belle salle de bains. On vous file les clefs, et c'est parti pour un séjour à l'étranger avec un petit pied-à-terre pour soi ! Parfait pour les voyages en groupe ou en famille, vous ne dérangerez personne et personne ne vous dérangera !

STOCKHOLM GUESTHOUSE €€

www.stockholmguesthouse.com
De 1 300 SEK à 2 100 SEK/nuit pour les appartements, et de 450 SEK à 800 SEK pour les Bed & Breakfast.

Agence dont le leitmotiv est simple : qualité et simplicité à un prix abordable. Stockholm Guesthouse trouve pour vous une chambre chez l'habitant, un appartement privé ou un Bed & Breakfast dans le quartier de votre choix. Leurs employés s'assureront de trouver un hébergement qui convient à vos attentes et à votre personnalité, offrant un confort incomparable pour un séjour à l'étranger. Vous pouvez même vivre avec des locaux chaleureux ! Ils offrent aussi la possibilité de louer deux maisons dans l'archipel de Stockholm, l'une à 25 000 SEK, l'autre à 2 000 SEK.

ÄNGBY CAMPING €

25 Blackebergsvägen
✆ +46 8 37 04 20
www.angbycamping.se
Bungalow pour 3 personnes à partir de 580 SEK, famille, tente et voiture pour 260 SEK. Tente 1 personne : 150 SEK.

À 10 km à l'ouest du centre de Stockholm, tout près des plages d'Ängby, se trouve ce camping installé sur un terrain vallonné. Vous trouverez facilement un emplacement ombragé entre les conifères. Centre commercial à 2 km, tennis et restaurant à 400 m : vous avez de quoi vous divertir. Les chiens y sont admis, et le camping contient aussi un sauna et du wifi : des essentiels pour un voyage confortable et dépaysant ! S'y trouve la zone de baignade en plein air d'Ängby avec toboggans et piscine, entourée de bois et de pistes de jogging.

AT SIX €€€

6 Brunkebergstorg
✆ +46 8 578 828 00
Chambre double à partir de 1 900 SEK.

L'hôtel At Six est le point de départ idéal pour une virée shopping dans les grands magasins, pour explorer les lieux culturels, mais aussi les rues anciennes de Gamla Stan ou encore profiter des divertissements et de la vie nocturne. 343 chambres exclusives à l'ambiance feutrée, décorées avec goût, avec en filigrane la touche « Nordic Choice » habituelle qui lie des matériaux tendance, marbre, bois, mobilier design, artisanat suédois et art contemporain… Restaurants et bars proposant des plats et des boissons divines viennent parfaire l'expérience.

BIRKA HOSTEL €

14 Luntmakargatan
✆ +46 821 84 18
www.birkahostel.com
Check-in à partir de 14h. Prix variables selon la saison. À partir de 265 SEK par personne en dortoir.

Extrêmement pratique de par sa situation géographique (plus au cœur de Stockholm, on ne peut pas !), cette auberge de jeunesse offre un certain confort. Dans la cuisine, le thé, le café et les pâtes sont gratuits. Les chambres sont plutôt spartiates mais bien entretenues. Un bon point de départ pour explorer la ville, et un bon endroit où se faire des amis. Le bâtiment lui-même est très suédois, assurant un séjour dans un décor signé Stockholm. Des chambres simples, doubles, triples, et des dortoirs jusqu'à 14 lits, mixtes et non-mixtes.

CAMPFIRE GRILL & BAR €€

9 Brunkebergstorg
✆ +46 8 517 263 00
www.scandichotels.com
Chambre double à partir de 2 200 SEK. Bar-restaurant. Spa. Salle de conférence.

Le Downtown apporte un petit coin de nature au cœur de la ville. Niché dans un immense immeuble aux façades sombres, l'hôtel de la chaîne Scandic est surprenant de détails et d'innovations. Au rez-de-chaussée, de spacieux espaces invitent à la créativité, à un partie de dames et même à une séance de ciné-pop corn après un bon dîner. Dans les chambres spacieuses et douillettes, les couleurs sont douces et la vue dégagée. Au neuvième étage, on se retrouve pour une séance de yoga, un petit tour au chaud dans le sauna ou un cocktail dans la piscine à débordement..

CITY BACKPACKERS HOSTEL €

2A Upplandsgatan ✆ +46 8 20 69 20
www.citybackpackers.org
Lits en dortoir mixtes et non mixtes, appartements privés. À partir de 190 SE/nuit. Vélos et skateboards à louer.

Auberge de jeunesse parfaitement située (à deux pas de la gare, près du centre historique et de Centralbadet). Configuration et mobilier éclectique. Ambiance conviviale et chaleureuse, pièces communes agréables avec de gros canapés en cuir. Autre ingrédient qui témoigne de l'hospitalité du lieu : l'auberge offre sa tournée de pâtes certains soirs ! Logement idéal pour un séjour entre amis, ou même sans. L'endroit n'est jamais vide, et il propose aussi un sauna. Le restaurant Nomad Swedish Food & Bar à proximité est apprécié par la clientèle locale et touristique.

CLARION SIGN HOTEL €€

35 Östra Järnvägsgatan
✆ +46 8 676 98 00
Chambre double à partir de 981 SEK, petit déjeuner inclus. Prix variables selon l'époque de l'année.

Bâtiment composé de granit et de verre, créé par l'architecte suédois Gert Wingårdh, situé à 400 mètres du terminal express de l'aéroport Arlanda de Stockholm et par conséquent de la gare principale. Le Clarion Design Hotel est une adresse qui conjugue à la fois un côté pratique très apprécié lors de voyages d'affaire et un dépaysement nordique convaincant à travers une décoration soignée et du mobilier contemporain renforcé par une multitude de fauteuils signés par des designers scandinaves tels que Arne Jacobsen. Rooftop avec vue, incontournable !

ELITE HOTEL ADLON €€€

42 Vasagatan
✆ +46 8 402 65 00
www.elite.se
A partir de 930 SEK la chambre simple standard, 1 112 SEK la chambre double standard et 1 752 SEK la chambre supérieure.

Occupant un charmant bâtiment néoclassique datant de 1884, cet hôtel 4-étoiles, récemment rénové, vous accueille dans l'une de ses 166 chambres, en plein cœur de la ville. Idéalement situé, à 100 mètres de la gare centrale et à 5 minutes à pied du terminus du bus direct pour l'aéroport d'Arlanda, c'est l'emplacement idéal pour arriver ou repartir sans perdre de temps. Le personnel est accueillant et serviable, les chambres particulièrement confortables, sont toutes équipées et très bien décorées. L'Elite Hotel Adlon possède aussi une salle de gym.

GENERATOR STOCKHOLM €

10 Torsgatan
✆ +46 8 505 323 70
Prix des chambres : à partir de 860 SEK la double. Dortoir à partir de 163 SEK.

En plein cœur du centre-ville, cette auberge de jeunesse, moderne et sophistiquée, jouit d'un style unique. L'établissement propose des lits en dortoirs, de luxueuses chambres doubles ainsi qu'un appartement tout équipé. Des draps de bain sont fournis et des salles de bains sont présentes dans chacune des unités. Au total quatre salles de réunions polyvalentes mais aussi un café au design élégant, idéal pour se relaxer ou se mettre au travail. De nombreux événements sont organisés au sein de l'hôtel dans le bar Hilma, pièce maîtresse du Generator Stockholm.

GRAND HOTEL €€€

8 Södra Blasieholmshamnen
✆ +46 8 679 35 00
www.grandhotel.se
Chambre double à partir de 2 800 SEK. Chambre simple à partir de 1 900 SEK.

C'est des fenêtres de cet immense bâtiment qui lance ses drapeaux vers le ciel que la vieille ville a la réputation d'être la plus belle. Il est situé sur le quai Blaisieholmskajen, à côté des jardins Kungsträdgården et en face du château royal, et sa situation géographique est imprenable. Le Grand Hôtel a été édifié en 1874 par le Français Régis Cadier et est devenu durant ses 145 années d'existence le fleuron de l'hôtellerie stockholmoise accueillant moult stars de cinéma, sportifs de haut niveau et autres. Restauration gastronomique, piano-bar, terrasse.

FREYS HOTEL €€

Bryggaregatan 12
✆ +46 8 506 213 00
www.freyshotels.com
M° T-Centralen. Promotions en réservant directement sur le site, jusqu'à -30 % de réduction.

À la fin du XIXe siècle, l'entreprise fournissait des chevaux et voitures pour les riches Stockholmois. L'entreprise a prospéré dans différents secteurs et possède aujourd'hui deux hôtels familiaux dans la capitale. Quelques coupures de journaux dans les ascenseurs racontent l'histoire de cette aventure humaine. Le Freys, situé à quelques rues de la gare, sur 7 étages, a été entièrement rénové et dispose de chambres élégantes, aux ambiances variées, confortables et bien aménagées. Le bar-restaurant belge propose toutes sortes de bières originaires du plat pays.

© DR

© DR

FREYS HOTEL LILLA RÅDMANNEN €€

67 Rådmansgatan
✆ +46 8 506 215 00
www.lillaradmannen.com/en
Chambre double à partir de 700 SEK, chambre familiale à partir de 1 500 SEK. Promotions et réservations sur le site.

Le Freys Hotel Lilla Rådmannen est idéalement situé, dans le quartier central de Vasastan, à proximité de la rue commerçante Drottninggatan. Petit frère de l'hôtel Freys, le Lilla Rådmannen est tout aussi convivial. Il bénéficie d'un toit-terrasse avec vue sur le centre-ville de Stockholm. De la chambre simple à la familiale, les 62 chambres, réparties sur deux bâtiments, sont riches en couleurs, chaleureuses, chics et douillettes. Le petit déjeuner et le wifi sont inclus dans le prix.

© DR

© DR

HOBO HOTEL €€

4 Brunkebergstorg
✆ +46 8 578 827 00
hobo.se
A partir de 846 SEK. Wifi gratuit.
Accès offert à la salle de gym.

L'hôtel fait partie intégrante d'un plan de rénovation qui donne un nouveau souffle à la place Brunkebergstorg entourée de bâtiments à l'architecture de style brutaliste. Bien situé dans le centre-ville, près de la place Sergels Torg, il se trouve dans le même immeuble que le centre commercial Gallerian. Hôtel moderne avec une ambiance discrète et décontractée. Les 201 chambres sont conçues par le Studio Aisslinger à Berlin et sont toutes décorées dans un style industriel et pourvues de mobilier vintage avec notamment la collection de sièges Hobo Home.

HOSTEL BED&BREAKFAST €

21 Rehnsgatan
✆ +46 8 15 28 38
www.hostelbedandbreakfast.com
Réception ouverte de 9h à 21h. Chambre seule 580 SEK, lit dortoir mixte ou non mixte 320 SEK.

Située dans le centre de Norrmalm, le long de Sveavägen et près du parc de l'Observatoire, cette auberge est une excellente solution pour les petits budgets, sachant que le petit déjeuner est inclus dans le prix, servi entre 8h et 10h. Il y a un grand salon où vous pouvez manger vos repas cuisinés dans la cuisine commune. C'est le lieu de rencontre de baroudeurs du monde entier. Mieux vaut réserver à l'avance toutefois, c'est une adresse populaire qui se remplit vite. Les draps et serviettes ne sont pas inclus dans le prix, à louer dans l'établissement.

HOTEL BERNS €€€

8 Näckströmsgatan
✆ +46 8 566 322 00
https://berns.se/berns-hotel
Réception ouverte 24h/24.
Chambre simple à partir de 1 600 SEK.
Chambres supérieures à partir de 2 610 SEK.

Ouvert depuis 1863, cet hôtel historique du fameux quartier de Normaalm contient 81 chambres de tailles différentes. Vous pouvez y déguster un brunch, prendre un cocktail l'après-midi, passer la soirée pour de longs dîners et y écouter de la musique live, et cela à toute heure de la journée. La réception reste ouverte 24h/24, tous les jours de la semaine, et les employés sont professionnels et accueillants. Une bonne adresse pour un séjour haut de gamme, dans des chambres confortables et conçues pour le plaisir des clients.

© HÔTEL HELLSTEN

© HÔTEL HELLSTEN

© HÔTEL HELLSTEN

HÔTEL HELLSTEN €€

68 Luntmakargatan

✆ +46 8 661 86 00 - www.hellsten.se

Chambre simple à partir de 750 SEK, double à partir de 950 SEK. Chambre supérieure pour 2 à partir de 1 250 SEK.

Installé dans un immeuble bourgeois datant de 1898, dans la paisible rue « Luntmakargatan » à deux pas de la rue centrale « Sveavägen » (une des rues les plus animées de la ville), l'hôtel Hellsten est l'adresse idéale pour les voyageurs en quête de calme et d'exotisme. Son fondateur, l'anthropologue et photographe suédois Per Hellsten a su créer un lieu élégant et original au design subtil et à l'atmosphère unique. Œuvres d'art et masques africains aux murs, statues et portes en bois sculptées et bien entendu, de superbes clichés photographiques.

© HÔTEL HELLSTEN

© HÔTEL HELLSTEN

HOTEL KUNGSTRÄDGÅRDEN €€€

11 B Västra Trädgårdsgatan
✆ +46 8 440 6650
www.hotelkungstradgarden.se
À partir de 1 200 SEK la chambre standard. Petit déjeuner buffet inclus.

Dans un bâtiment du XVIIIe siècle, rénové dans ce style gustavien classique à l'élégance intemporelle, si caractéristique de l'architecture locale, cet établissement familial privé se situe à mi-chemin entre tradition et modernité. L'hôtel est idéalement situé à côté du jardin royal (Kungsträdgården), entre l'île aux musées et le vieux Stockholm, point d'ancrage idéal, pour les voyageurs en quête d'authenticité et de calme. Il possède également un restaurant de qualité : la brasserie Makalös avec un chef français à sa tête. Un véritable coup de cœur à Stockholm !

HÔTEL RUTH €€€

38 Surbrunnsgatan
✆ +46 8 15 04 20
www.hotelruth.se
Check-in à partir de 15h, check-out à midi. Chambre simple à partir de 1 045 SEK, chambre double à partir de 1 145 SEK.

Cet hôtel possèe une atmosphère cosy et chaleureuse, malgré le chic et les motifs floraux. Le tout est très design, à la suédoise, avec des couleurs épurées et des détails subtils. Sa chaleur humaine vous donne l'impression d'être dans un appartement plutôt qu'à hôtel. Au cœur de Vasastan, ce lieu accueille les résidents autant que les promeneurs, avec un restaurant et bar du même style, le bar restant ouvert jusqu'à minuit. Leurs petits déjeuners proposent des options végétariennes et vegans, servis dans votre chambre ou au buffet.

HOTEL SKEPPSHOLMEN €€€

1 Gröna Gången
✆ +46 84 07 23 00
www.hotelskeppsholmen.com
Chambres à partir de 2 000 SEK. Possibilité d'accéder à des courts de tennis avec supplément.

Un hôtel design installé dans des bâtiments du XVIIe siècle, véritable oasis de calme et de sérénité au cœur de la petite île de Skeppsholmen (l'îlot des navires). A l'arrivée des beaux jours, une horde de locaux accompagnés de touristes se pressent sur la terrasse de l'hôtel pour recevoir les premiers rayons du soleil et déjeuner tout en profitant de la superbe vue sur le bras de mer. Le restaurant propose une cuisine suédoise goûteuse et d'un bon rapport qualité/prix. Incontestablement l'une de nos meilleures adresses pour Stockholm !

HOTEL WITH URBAN DELI €€

44 Sveavägen
✆ +46 830 30 50
www.hotelwith.se/en
Chambre lit Queen-Size à partir de 995 SEK, chambre lit King-Size pour 1 095 SEK, chambre familiale pour 1 195 SEK.

L'hôtel With Urban Deli est un hôtel « Lean Luxury » : un concept efficace récupéré de la lutte contre le gaspillage et qui encourage à ne pas payer pour des services non nécessaires comme des intérieurs ultra-luxueux, un service de restauration en chambre ou un restaurant hyper branché au sein de l'hôtel. Les chambres sont toutes super modernes, inspirées de l'architecture industrielle et situées au sous-sol d'un grand supermarché, ce qui signifie : pas de fenêtres ! L'hôtel dispose de 106 chambres bien insonorisées équipées d'une literie confortable.

LILLA BRUNN HOTEL & HOSTEL €

44 Surbrunnsgatan
✆ +46 8 22 92 30
www.lillabrunn.se
Chambre simple à partir de 600 SEK et chambre double à 695 SEK. Compter à partir de 395 SEK pour un lit en dortoir.

Lilla Brunn est une auberge très bien située dans Stockholm, dans un bâtiment datant des années 1700. La réception reste ouverte et disponible 24h/24, avec un personnel agréable et accueillant. Le petit-déjeuner n'est pas inclus. La cuisine à disposition est bien entretenue, et vous y trouverez généralement un confort et une propreté impeccables. On aime ce lieu sympathique pour les budgets étudiants, dans un espace bien pittoresque et décontracté.

LYDMAR €€€

2 Södra Blasieholmshamnen
✆ +46 8 22 31 60
www.lydmar.com
Chambre double à partir de 2 995 SEK. Petit déjeuner sous forme de buffet.

A quelques pas du National Museum, le Lydmar est un hôtel haut de gamme qui offre des chambres avec vue sur le port et sur la vieille ville. L'hôtel cultive une atmosphère calme et décontractée loin du formatage habituel et des codes d'un 5-étoiles. Le personnel est sympathique et accueillant. La décoration assemble des éléments hétéroclites, les couleurs sont joyeuses, et les adeptes d'art moderne apprécieront l'impressionnante collection d'œuvres. L'hôtel est près du Grand Hotel et les clients du Lydmar bénéficient d'un tarif préférentiel pour le spa.

MISS CLARA €€€

48 Sveavägen
✆ +46 8 440 67 00
www.missclarahotel.com
Chambre simple à partir de 1 521 SEK. Sauna. Salle de sport. Parking.

Tout en finesse et dans un style presque industriel qui passe du marron au blanc cassé, Miss Clara ne décevra pas les amateurs de design suédois. De l'ancienne école de filles dont la construction se termina en 1910, l'hôtel à gardé une touche subtile d'Art nouveau, revisitée par la vision moderne de l'architecte maintes fois primé Gert Wingårdh. La salle à manger est accueillante avec ses couleurs chaudes et ses ampoules enrobées de verre stylisé ; parfait pour profiter du buffet du petit déjeuner varié et tout simplement délicieux.

NOBIS HOTEL €€€

2-4 Norrmalmstorg
✆ +46 8 614 10 00
www.nobishotel.se
A partir de 1 990 SEK pour une chambre double.

Situé au centre de Stockholm, le Nobis Hotel prend ses quartiers dans un édifice qui impressionne tant de l'extérieur que de l'intérieur. L'entrée est somptueuse, l'accueil distingué bien que sympathique avec un personnel toujours attentif aux besoins de la clientèle. Que vous soyez connaisseur de ce genre d'endroit ou que vous souhaitiez faire une première expérience dans un hôtel de cette gamme pour une occasion particulière, c'est définitivement une bonne adresse ! Du design moderne sans être froid, de la qualité sans snobisme, bref... Vous ne serez pas déçu !

RADISSON BLU WATERFRONT HOTEL €€€

4 Nils Ericsons Plan
✆ +46 8 505 060 00
Chambre double à partir de 1 200 SEK.

Parmi un large panel de 414 chambres et suites avec des équipements tels que le wifi haut débit gratuit, un restaurant RBG Bar & Grill et une vraie salle de sport digne de ce nom. Certaines chambres de qualité supérieure disposent d'une vue panoramique sur la ville et d'autres sur la mer. La proximité de l'hôtel avec le centre des congrès Waterfront est idéale pour les voyageurs d'affaires, mais également pour les touristes, étant proche des lieux à visiter.

RADISSON STRAND HOTEL €€€

9 Nybrokajen
✆ +46 8 506 640 00
Chambre standard à partir de 1 575 SEK, supérieure à partir de 1 665 SEK.

Établissement ouvert en 1912 à l'occasion des Jeux olympiques de Stockholm, le Strand Hôtel est un monument historique imposant qui possède une vue superbe sur le bassin Ladugårdsland, le théâtre national et l'île de Djugården. L'hôtel est un choix idéal pour les amateurs de culture ainsi que pour les voyages d'affaires. Un lieu à proximité des grandes attractions. Recommandé à ceux qui souhaitent goûter à un luxe du meilleur goût et à un service impeccable. Le restaurant de l'hôtel est, lui aussi, un mélange de fin design et de cuisine exclusive.

REX HOTEL €€

73 Luntmakargatan
✆ +46 8 16 00 40 - www.rexhotel.se
Chambre simple à partir de 690 SEK, double à partir de 890 SEK. Petit déjeuner buffet compris. Wifi.

Grand frère du Rex Petit (hôtel 2-étoiles), niché dans le même bâtiment, le Rex hôtel (3-étoiles) se trouve dans une bâtisse de style classique, datant de 1866 en plein cœur de Stockholm. Réparties sur quatre étages, les chambres de taille standard sont très confortables. Le buffet du petit déjeuner est servi sous une jolie véranda entourée de plantes. L'ambiance chaleureuse du XIXe siècle se fait encore sentir avec les anciennes voûtes en briques du sous-sol et de l'escalier ainsi qu'avec son plancher d'origine. Un bon choix authentique et à taille humaine.

REX PETIT €€

73 Luntmakargtan
✆ +46 8 23 66 99 - www.rexpetit.se
Chambres avec sanitaires dans le couloir 595 SEK. Chambres dortoir privé à partir de 695 SEK.

Rex Petit, où comment aménager avec astuce des caves anciennes en petites chambres pleines de caractère... C'est au sous-sol du Rex Hotel que se trouvent une vingtaine de chambres, parfois voûtées, souvent très petites (elles mesurent en moyenne 6 m^2) mais colorées et chaleureuses bien que dépourvues de fenêtres, proposées à des tarifs corrects. La plupart d'entre elles possèdent douches et sanitaires particuliers, mais les prix baissent quand les sanitaires sont dans le couloir. Avantage : la réception et le petit déjeuner sont les mêmes qu'au Rex Hotel.

SCANDIC GRAND CENTRAL €€€

70 Kungsgatan ✆ +46 8 512 520 00
www.scandichotels.com/grandcentral
Chambres simples à partir de 960 SEK, chambres doubles à partir de 1 106 SEK, petit déjeuner inclus.

Situé au cœur de Stockholm, c'est dans un bâtiment de 1885 que Scandic Grand Central rend hommage à l'esprit créatif et artistique de Stockholm. 391 chambres décorées avec photos d'artistes et tableaux reprenant des citations fameuses. L'hôtel dispose d'une salle de gym, d'un restaurant servant une cuisine suédoise créative et d'un bar/*lounge* accessible a tous où des groupes locaux et étrangers viennent se produire. Situé à proximité du terminal de bus, du métro, de l'Arlanda Express et des trains locaux, cet hôtel offre un accès facile à toutes les attractions.

SCANDIC NO 53 €€€

53 Kungsgatan
✆ +46 8 517 365 00
www.scandichotels.se/no53
Chambre double cabine (petit déjeuner compris) à partir de 941 SEK, et double standard à partir de 1 154 SEK.

Avec sa situation idéale dans le centre de Stockholm, cet hôtel appartenant au groupe Scandic dispose de chambres équipées, simples et fonctionnelles : literie très confortable, salle de bains fonctionnelle, rangements bien utiles. Le *lounge*, est parfait pour un verre ou pour une petite session de travail si vous êtes à Stockholm en voyage d'affaires. Situation pratique car l'hôtel se trouve près de nombreux restaurants, magasins et lieux de sortie le soir. Personnel attentionné et sympathique. Le petit déjeuner est servi sous la forme d'un buffet.

SCANDIC UPPLANDSGATAN €€

4 Upplandsgatan
✆ +46 8 517 366 00
À partir de 835 SEK par nuit pour une chambre double standard, et 776 SEK pour une chambre double cabine.

Scandic Upplandsgatan, un des meilleurs emplacements du centre-ville pour le voyageur qui apprécie la qualité, un design urbain, un service personnalisé et un prix attractif en combinaison avec des solutions numériques intelligentes. L'effort est fait sur le confort des chambres qui malgré une superficie de 13 m^2 au total et bien que la décoration ne fasse pas spécialement rêver, sont toutes modernes et bien conçues car fonctionnelles. Petit déjeuner fidèle à la réputation de la chaîne, offre variée et généreuse. Une bonne option pratique et satisfaisante.

STALLMÄSTAREGÅRDEN HOTEL & RESTAURANT €€€

Stallmästaregården
✆ +46 8 610 13 00
www.stallmastaregarden.se
Chambre double ou lits jumeaux classique et supérieure à partir de 1 267 SEK, selon la saison.

Une atmosphère remarquable, traditionnelle pour cette auberge historique, datant des années 1660 et qui surplombe la baie de Brunnsviken. Les chambres sont ravissantes, paisibles, très lumineuses et certaines disposent d'une très belle vue sur la nature. Il est possible d'accéder à des courts de tennis et le parc Haga situé à proximité est idéal pour se promener. Accès gracieux à une salle de sport partenaire à 550 mètres. Adresse pour les voyageurs ayant le goût du pittoresque.

STF AF CHAPMAN & SKEPPSHOLMEN €

8 Flaggmansvägen
✆ +46 8 463 22 80 - www.hihostels.com
Lit en dortoir à partir de 175 SEK.
Chambre privée à partir de 530 SEK.
Chambre supérieure à partir de 1 050 SEK.

Sans doute l'auberge la plus atypique et la mieux située de Stockholm ! Au cœur de la ville, STF af Chapman & Skeppsholmen saura vous séduire avec son cadre agréable et sa vue sur la vieille ville et sur le château royal. Vous pourrez choisir entre une cabine confortable sur le navire, ou bien une jolie chambre dans une ancienne maison d'artisan juste en face. Sur le navire, vous avez le choix entre des chambres doubles, des dortoirs ou chambre privée dans la cabine du capitaine.

ARCHIPELAGO HOSTEL OLD TOWN €

38 Stora Nygatan
✆ +46 8 124 436 01 - www.archipelagohostel.se
Lit en dortoir de 6 personnes environ 275 SEK. Chambre simple à partir de 540 SEK. Prix variables selon la saison.

Bâtiment du XVIIe siècle, toutes les chambres disposent de grandes fenêtres donnant sur les ruelles pavées de la vieille ville. La situation de l'hôtel donne accès à pied à la plupart des sites historiques : le Palais Royal, la cathédrale, le musée Nobel, Skeppsbron et les ferries pour l'île royale de Djurgården. Une cuisine équipée permet aussi de prendre ses repas sur place. Une adresse pratique pour un séjour économique et un programme rempli de découvertes dans la capitale.

CASTANEA HOSTEL €

1 Kindstugatan
✆ +46 8 223 551
www.castaneahostel.com
Ouvert toute l'année. Lit à partir de 205 SEK en dortoir mixte de 16 personnes, chambre double entre 720 et 870 SEK.

Cette auberge de jeunesse est située dans l'un des coins les plus charmants de la vieille ville, dans la rue Kinstugatan. L'angle du bâtiment qui donne sur la placette Brändtomte a été rogné lors de sa construction pour pouvoir permettre aux calèches de faire demi-tour, les autres rues de cette partie de la vieille ville étant trop étroites pour ce genre de manœuvre ! Environnement très calme, comme un retour dans le temps. Une petite cuisine est à la disposition des clients. Un plaisir de voir une auberge de jeunesse propre et rangée.

CASTLE HOUSE INN €

4 Brunnsgränd
✆ +46 8 551 155 26
www.castlehouse.se
Lit dans un dortoir mixte 392 SEK, chambre simple avec lit double à partir de 646 SEK.

Castle House Inn offre des prestations différentes, situé dans un bâtiment ancien de la vieille ville. Son style oscille entre tradition et modernité et s'adresse à une clientèle de tout âge en quête d'une solution économique. L'hôtel propose des chambres simples et doubles, mais aussi des chambres plus spacieuses pour les familles ainsi que des dortoirs. Il est doté d'un ascenseur. De nombreux points de restauration se situent à proximité de l'hôtel, sur Österlånggatan et dans d'autres ruelles de la vieille ville. Personnel attentif et amical.

COLLECTOR'S LADY HAMILTON HOTEL €€€

5 Storkyrkobrinken
✆ +46 8 506 401 00
www.thecollectorshotels.se
Chambre simple à partir de 890 SEK. Chambre double à partir de 1 090 SEK.

Lady Hamilton était la maîtresse d'un héros de l'histoire maritime, Lord Nelson, dont un autre hôtel de Gamla Stan, détenu par la même famille, porte le nom. C'est le portrait souriant de cette dame qui vous accueille à l'entrée. Cette très ancienne maison (elle date de 1470) fut rénovée et transformée en hôtel en 1980. Sa situation géographique ne peut être meilleure, à côté du château royal et de la grande église (Storkyrkan), et à deux pas de la grande place médiévale (Stortorget).

COLLECTOR'S LORD NELSON HOTEL €€

22 Västerlånggatan
✆ +46 8 506 401 20
www.thecollectorshotels.se
Chambre simple dès 2 000 SEK, double 2 300 SEK (réductions certains week-ends et sur le site de l'hôtel).

Situé dans la rue Västerlånggatan, dont la forme en faucille suit le tracé de l'ancienne enceinte médiévale de la vieille ville, le Lord Nelson a trouvé asile dans une grande bâtisse de 1690. On entre par une verrière dans un véritable petit musée d'antiquités marines doté de 29 chambres classiques et assez exiguës, à l'instar des cabines de voiliers. Sur la terrasse, un petit bar appelé Le Pont permet une agréable bronzette au-dessus des toits de la vieille ville. Sauna.

COLLECTOR'S VICTORY HOTEL €€

5 Lilla Nygatan
✆ +46 8 506 400 00
www.thecollectorshotels.se
Chambre simple à partir de 1 190 SEK, chambre double à partir de 1 690 SEK.

Un des hôtels de la famille Bengtsson, après Lord Nelson et Lady Hamilton. Les lieux sont décorés avec toujours le même esprit marin qui plane, entre maquettes et peintures, bois précieux, jetés de lit et rideaux en tissus épais ou en velours, chromes et cuivres. Une adresse exclusive située à l'ouest de la vieille ville de Gamla Stan où les chambres portent des noms de capitaines. Le bar Pubologi est vivement conseillé car il combine plats raffinés, vins et bières de qualité.

FIRST HOTEL REISEN €€€

12 Skeppsbron
✆ +46 812 881 234
Check-in 15h, check-out midi.
Chambre simple à partir de 1 915 SEK.
Chambre lit double à partir de 2 315 SEK.

Un grand hôtel 4-étoiles donnent directement sur le quai, face aux voiliers. On est à deux pas du palais royal et de l'embarcadère des ferries allant à Djurgården ou dans l'archipel, dans un bâtiment dont certaines parties datent du XVIIe siècle. L'hôtel Reisen lui-même existe depuis 1819 et a été rénové et agrandi à maintes reprises. Les chambres sont d'un bon standing avec, pour certaines, boiseries, baignoire et dorures dans la salle de bains, voire sauna ! Toutes les chambres sont équipées de fer et table de repassage, minibar et TV câblée.

HÔTEL GAMLA STAN €€

22 Skeppsbron
✆ +46 84 119 545
www.hotelgamlastan.se
Chambre standard à partir de 715 SEK, chambre lit Queen-Size à partir de 895 SEK.

L'hôtel Gamla Stan est un hôtel Best Western, haut de gamme et pittoresque, avec 81 chambres à travers trois bâtiments. La partie la plus ancienne de l'hôtel date du XVIIe siècle, et invite tout un chacun à passer un séjour folklorique dans le centre historique de cette capitale scandinave. Vous avez vue sur Skeppsholmen, Djurgården et Stadsgården à travers la baie de Saltsjön. Environné de ruelles étroites, bâtiments historiques et rues pavées, vous pouvez vous perdre dans le charme de Gamla Stan avant de retrouver votre lit douillet.

HOTEL SVEN VINTAPPARE €€€

3 Sven Vintappares Gränd
✆ +46 8 22 41 40
www.hotelsvenvintappare.se
Chambres à lit double standard à partir de 1 200 SEK, petit déjeuner inclus.
Chambre supérieure à partir de 1 400 SEK.

Petit hôtel dans un bâtiment datant de 1607, contenant sept chambres spacieuses et charmantes, pouvant accueillir 18 clients. Il se trouve dans la petite ruelle Sven Vintappares Gränd, au centre de la vieille ville. Son adresse et sa qualité de service font de cet établissement un hôtel hautement recommandé, offrant un confort haut de gamme dans un décor très classe et décontracté. Les chambres ont des meubles gustaviens, certaines avec d'anciens parquets ou même d'anciens poêles en faïence. Assurez-vous de réserver à l'avance car les places y sont limitées !

HOTELL SKEPPSBRON €€

26 Skeppsbron
✆ +46 8 121 54 800
www.hotellskeppsbron.se
Chambre simple à partir de 895 SEK, chambre double avec WC partagés à partir de 995 SEK, avec WC privés 1 095 SEK.

Au cœur du vieux port de Skeppsbron, vous trouverez un hôtel du même nom qui propose des chambres dans des voûtes souterraines rénovées et douillettes. Vous séjournerez dans un bâtiment historique, à quelques minutes de marche de la pittoresque place Stortorget, du musée Nobel du Palais Royal, et profiterez du charme des ruelles où s'alignent des boutiques diverses, des restaurants raffinés, des cafés et des musées. Le petit-déjeuner n'est pas servi, vous bénéficiez de réductions aux boulangeries, cafés et restaurants locaux.

MÄLARDROTTNINGEN HOTELL & RESTAURANG €€

4 Riddarholmskajen
✆ + 46 8120 90 200
www.malardrottningen.se
Cabine simple ou avec deux lits à partir de 738 SEK. Chambre double à partir 1 278 SEK.

Ce gros navire à la blancheur éclatante, amarré derrière l'église de Riddarholmen (Riddarholmskyrkan), a été construit en 1924 et fut un temps la propriété de la milliardaire américaine Barbara Hutton, à qui son père offrit le bateau pour ses 18 ans. Il a été rénové en 2009 et sa situation est idéale. Sont ici proposées des cabines entre 6 et 17 m^2, parfois étroites avec lit superposé, mais dans l'ensemble aménagées avec beaucoup de charme. Il est possible de profiter du sauna à bord !

RAMILTON OLD TOWN HOSTEL €

22 Stora Nygatan
✆ +46 08 411 77 70
www.ramiltonhotels.se/oldtownen/home
Dortoir quatre places à partir de 225 SEK, six places à partir de 220 SEK par personne.

L'Old Town Hostel est situé dans des caves des années 1600, ce qui veut dire qu'il n'y a pas de fenêtres dans les chambres. Tant pis ! Il reste que le lieu est très pittoresque, avec un intérieur éclairé et spacieux, accueillant voyageurs du monde entier qui cherchent un lit pas cher au centre de Stockholm. Vous avez accès à une cuisine commune, au wifi gratuit, aux douches et WC partagés, et des casiers. Ils offrent aussi des pâtes, du café et du thé gratuit, avec un supermarché à 30 mètres. Le petit-déjeuner n'est pas inclus pour les dortoirs.

CLARION HOTEL €€

Ringvägen 98
✆ +46 8 462 10 00
www.clarionstockholm.com
Chambre double à partir de 995 SEK, chambre double supérieure à partir de 1 045 SEK.

Un hôtel *gay friendly* moderne et confortable, aux chambres lumineuses et spacieuses qui a l'avantage de se situer au cœur du quartier de Södermalm, tout près des bars gays les plus appréciés des Stockholmois. Les chambres y sont bien entretenues, et vous trouverez un confort assuré, surtout après des soirées tardives en ville. L'hôtel n'a pas un charme fou, mais fait l'affaire. À 50 mètres du métro Skanstull, et au bord du quartier branché de SoFo, le Clarion Hotel est ainsi très bien situé. L'hôtel contient aussi un spa, dont un sauna !

HILTON STOCKHOLM SLUSSEN €€€

Guldgraend 8 Box 15270
✆ +46 8 517 353 00 - www.hilton.com
Check-in à 15h et check-out à midi, chambre double à partir de 1 240 SEK.

Ce Hilton se trouve à moins d'un kilomètre de Gamla Stan avec une vue qui donne sur la vieille ville, à quelques mètres du métro Slussen qui emmène partout. Le WiFi y est gratuit, avec un restaurant, ainsi qu'une salle de gym ouverte 24h/24. Les animaux de compagnie y sont autorisés. Les chambres sont très confortables, dans un décor sobre et épuré, le classique des hôtels Hilton. Ce n'est pas un lieu d'une grande originalité, mais il reste que l'essentiel y est, assurant un séjour paisible et chaleureux pour les familles ou les amoureux.

HÔTEL FRANTZ €€€

5 Peter Myndes backe
✆ +46 8 442 168 0
http://hotelfrantz.se
Il faut réserver bien à l'avance.
Chambre à lit double à partir de 1 865 SEK, petit-déjeuner inclus.

Environné du quartier rénové et reconstruit de Slussen, cet hôtel se trouve dans un bâtiment de brique de 1647. Les lieux ont traversé plusieurs occupations différentes, devenant enfin un hôtel en 1873. Aujourd'hui, l'ancien se marie avec le nouveau à travers un décor raffiné et moderne, esthétiquement inventif, le tout dans un luxe sans prétention. Vous y trouverez chaleur et confort, avec des chambres décorées avec soin et caractères, entre chambres doubles ou à lit superposé. Leur petit-déjeuner est très apprécié par les résidents.

HELLSTEN GLASHUS €€

13 Wollmar Yxkullsgatan
✆ +46 8 460 079 00
www.hellstensglashus.se
A partir de 790 SEK la chambre simple et 1 290 SEK la chambre double. Petit déjeuner inclus.

Caché derrière l'immense façade de verre d'où il tire son nom, le Hellstens Glashus séduira les amateurs d'univers décalés. Dès votre arrivée dans l'immense hall, vous pourrez observer la brique apparente et, sur le sol, la pierre d'origine qui font toutes deux l'authenticité des hôtels du propriétaire, l'anthropologue et photographe suédois Per Hellsten. Ce dernier a tout fait pour conserver dans ces murs l'âme du lieu. Les chambres, réparties sur 5 étages sont lumineuses douillettes et colorées avec de grandes fenêtres, une télévision à écran plat et un bureau.

© HOTEL HELLSTEN GLASHUS

© HOTEL HELLSTEN GLASHUS

ORGANISER SON SÉJOUR

HELLSTEN MALMGÅRD €€

110 Brännkyrkagatan
✆ +46 8 46 50 58 00
www.hellstensmalmgard.se

Chambre simple à partir de 790 SEK, chambre double à partir de 890 SEK, chambre double supérieure à partir de 1 090 SEK.

Dans un quartier résidentiel très paisible, ce manoir, autrefois connu sous le nom de « Queen Christina's Hunting Palace », s'est aujourd'hui reconverti en un chaleureux hôtel 3-étoiles. Depuis 1770, un héritage exceptionnel a été accumulé dans les murs de cette bâtisse dégageant un parfum du Stockholm de la fin du XVIIIe siècle. Dans l'établissement, des meubles à l'élégant style gustavien et des antiquités provenant de différentes parties du monde sont astucieusement associés dans une décoration d'ensemble unique. Cet établissement assure le confort de tous.

© DR

© DR

HOTEL POINT €€

65 Östgötagatan
✆ +46 8 640 00 65
http://hotelpoint.se

Chambre simple à partir de 750 SEK, chambre double à partir de 1 050 SEK.

Cet hôtel est situé dans le quartier branché de SoFo, à proximité d'un choix fantastique de restaurants, de bars, de cinémas, de théâtres, et d'adresses de shopping. Il n'a pas un grand caractère, mais il satisfait les besoins de tous. Chambres confortables et spacieuses, un restaurant design avec bar, des chambres simples à bons budgets pour les voyageurs en solo. Le check-in est à partir de 15h et le check-out est à midi. Vérifiez le site Internet pour des nouvelles offres intéressantes ! Le personnel y est serviable et amical.

HOTEL SÖDER €€€

20 Tjärhovsgatan
✆ +46 8 644 6700
www.hotellsoder.se

Chambre simple à partir de 1 195 SEK, chambre double à partir de 1 395 SEK. Petit-déjeuner inclus.

Un hôtel sans plus, mais qui satisfait les besoins essentiels : chambres confortables, petit-déjeuner buffet inclus, situé dans un quartier central et branché de Stockholm. L'hôtel est à 500 mètres du musée de la Photographie, à 400 mètres de Fjällgatan, et à 20 minutes du Palais Royal de Stockholm. La réception est ouverte entre 7h et 17h, et le week-end entre 8h et 16h. Les chambres y sont confortables, avec télévision, wifi gratuit, le tout bien entretenu. Les employés sont serviables et sympathiques, prêts à vous assister si besoin.

HOTELL & VANDRARHEM ZINKENSDAMM €€

20 Zinkens väg
✆ +46 8 616 81 00 - www.zinkensdamm.com

Chambres simples, doubles ainsi qu'un dortoir. Chambre standard à partir de 1 095 SEK, lit en dortoir à 410 SEK.

Une très grande auberge qui compte 89 chambres, située tout près du grand parc de Tanto. L'endroit forme une petite oasis agréable, avec des maisons en bois et des chambres pour 2, 3 ou 4 personnes. Cuisine disponible, cafétéria, petit déjeuner, machines à laver et sauna. Garage à louer et accès rapide au centre-ville et à la vieille ville. Les chambres sont spacieuses et décorées simplement, sans prétention, et assurent un confort maximal. Les dortoirs sont semblables.

© LIGULA HOSPITALITY GROUP

© LIGULA HOSPITALITY GROUP

© LIGULA HOSPITALITY GROUP

MOTEL L HAMMARBY SJÖSTAD €€

Hammarby allé 41
✆ +46 8 409 026 00 - http://motel-l.se
Chambre simple et spacieuse avec lit double à partir de 725 SEK.
Des chambres doubles et familiales, aux couleurs pop, modernes, lumineuses et fonctionnelles (TV, coin bureau, bonne literie, douche italienne haute pression, sèche-cheveux), un petit déjeuner suédois (copieux buffet), un bar, une salle de gym, l'arrêt du tram (Mårtensdal) et du bus juste en bas… Cet hôtel, situé à Hammarby Sjöstad, le nouvel éco-quartier de Stockholm, constitue une option idéale pour les adeptes de confort à petit prix. Accueil chaleureux. Animaux de compagnie acceptés. Cafés, restaurants et supérette à deux pas. Service de location de vélos.

© LIGULA HOSPITALITY GROUP

© LIGULA HOSPITALITY GROUP

NOFO HOTEL €€

11 Tjärhovsgatan
✆ +46 8 503 112 00 - www.nofohotel.se
Chambre simple à partir de 903 SEK, chambre double à partir de 1 140 SEK. Petit déjeuner inclus.

NOFO Hotel est un bel hôtel de 109 chambres (dont certaines ont vue sur l'église Catherine) qui occupe un bâtiment du XVIIIe siècle auquel on accède par une grande cour pavée, lumineuse, arborée, sur laquelle une grande terrasse est dressée l'été. Situation idéale dans le quartier tendance de Södermalm (10 min de marche de la très animée Medborgarplatsen et proche de Katarinavägen). Le personnel est souriant, le standing impeccable, la décoration soignée, le petit déjeuner superbe. Le soir, un bar à vin est ouvert. Savourez la quiétude de cette partie de la ville.

THE RED BOAT MÄLAREN €

6 Södermälarstrand
✆ +46 8 644 43 85
www.theredboat.com
Nuit en dortoir de 4 lits à partir de 350 SEK. Chambre double à partir de 600 SEK. Serviette : 20 SEK.

Le navire *Mälaren*, construit en 1914, a connu une existence agitée avant d'être converti en auberge de jeunesse et amarré définitivement sur les berges de Södermalm en 1977. Dès que l'on pénètre dans ce bateau peint en rouge, vert et blanc, la chaleur du bois et de la décoration marine donne envie d'y rester. Il propose des lits en dortoir, des chambres avec lits jumeaux ou des chambres doubles. A cinq minutes à pied de Slussen et de Gamla Stan, le « Röda Båten » est l'une des solutions d'hébergement les plus originales et les mieux situées de la ville.

RIVAL HOTEL €€€

3 Mariatorget
✆ +46 8 54 57 89 00
www.rival.se/en
Chambre simple à partir de 1 400 SEK. Chambre double à partir de 1 695 SEK.

Avec ses nombreux drapeaux et sa façade ombragée par les arbres de la place de Maria, le Rival Hotel se distingue à Södermalm. Le luxe dans une atmosphère détendue typique de cette partie de la ville, tout proche de la sympathique avenue Hornsgatan. Vous y trouverez tout le confort nécessaire, de grandes chambres qui donnent toutes sur la calme arrière-cour et les toits du quartier, un *lounge*, et un restaurant haut de gamme... L'hôtel se trouve à 15 minutes de marche de Gamla Stan et à proximité de Medborgarplatsen et de SoFo.

SCANDIC MÄLMEN €€

49-51 Götgatan
✆ +46 8 517 347 00
www.scandichotels.com
Comptez au minimum 1 018 SEK pour une chambre double. Buffet petit déjeuner.

Alors qu'à l'étage, la quiétude règne dans les chambres au décor moderne, au rez-de-chaussée, plusieurs options s'offrent aux visiteurs. Un lounge, un restaurant, un bar plus animé (même en semaine) ; bref, c'est un lieu de rendez-vous pour les Södermalmois ! Pas de sauna mais une petite salle de sport au sous-sol pour les plus accros. Bon service et petit déjeuner copieux. L'endroit est situé en plein milieu de l'île, proche des bars, magasins et autres distractions ! Au cœur du tumulte de la ville, c'est une position stratégique.

SKANSTULLS VANDRARHEM €

135 Ringvägen
✆ +46 8 643 02 04
www.skanstulls.se
Dortoir dès 185 SEK/pers. Chambre double dès 550 SEK. Draps et serviette, 50 SEK. Petit déjeuner en sus.

Auberge dans l'entresol qui rappelle la cale d'un bateau où l'on se sent étrangement bien. L'atmosphère y est sympathique grâce aux petits éléments de déco et aux aménagements pratiques. Les livres filent le long des tuyaux d'évacuation d'eau, les murs de la cuisine sont des tableaux noirs où les petits mots s'accumulent, etc. La pièce de vie est très conviviale et les rencontres y sont aisées. Renseignez-vous à la réception avant de réserver votre chambre, car certaines ne possèdent pas de fenêtre. Expérience atypique, et adresse plus que centrale !

STF VANDRARHEM LÅNGHOLMEN €

20 Långholmsmuren
✆ +46 8 720 85 00 - www.langholmen.com
Dortoir à partir de 300 SEK/personne. Chambres doubles à partir de 1 195 SEK. Petit déjeuner : 98 SEK par adulte.

Sur l'île de Långholmen, ce bâtiment est une ancienne prison transformée en auberge de jeunesse et hôtel. La recette était simple : il suffisait d'oublier le passé et de transformer les cellules en chambres de 2 à 4 personnes (les cellules sont adaptées aux personnes handicapées). Moyennant quoi, aucun maton ne viendra vous réveiller avec son trousseau de clefs. Restaurant, possibilité de préparer son repas, Internet, wifi, machines à laver, salles télé et un petit musée.

BEST WESTERN HOTEL KARLAPLAN €€

78-84 Skeppargatan
✆ +46 83 132 20
www.hotelkarlaplan.se
Check-in 14h, check-out midi. Chambre standard pour une personne à partir d'environ 556 SEK.

Situé au centre d'Östermalm, le Best Western Karlaplan fait partie de ces hôtels de chaîne qui satisfait toutes vos attentes pour un hébergement standard mais haut de gamme. Vous y trouverez tous les essentiels : des lits plutôt confortables, des salles de bains bien entretenues, des petits déjeuners avec buffet à volonté, etc. L'hôtel est bien situé, à distance proche de Djugården. Le petit déjeuner est servi de 6h30 à 10h en semaine, de 8h à 11h le week-end.

DIPLOMAT HOTEL €€€

7A Stranvägen
✆ +46 8 459 68 00
www.diplomathotel.com
Chambres simples à partir de 1 500 SEK et doubles à partir de 2 500 SEK.

Un élégant hôtel 4-étoiles idéalement situé sur Strandvägen. La famille Malmström qui détient l'hôtel depuis quatre générations s'intéresse depuis longtemps à l'art, et dans les couloirs de l'hôtel, le travail des artistes suédois orne les murs. Le style classique Art nouveau du bâtiment a été préservé et se combine avec une décoration sophistiquée et du mobilier scandinave. L'hôtel, bâti à l'origine comme un palais résidentiel, a été transformé en un hôtel de luxe en 1966. Par conséquent, toutes les chambres sont uniques. Une belle adresse !

ELITE HOTEL ARCADIA €€

Körsbärsvägen 1
✆ +46 856 621 500
www.elite.se
Hôtel quatre étoiles.
Chambre simple à partir de 1 190 SEK par nuit.
Gym et restaurant.

Sobre et fonctionnel, l'Elite Hotel Arcadia satisfait l'essentiel d'un voyage : lits confortables, bonne nourriture, espaces de détente, wifi, ainsi de suite. Vous y trouverez aussi un gymnase, un sauna traditionnel, une terrasse extérieure, et un bon restaurant ! Selon la saison, les prix peuvent se révéler très modestes pour les normes de Stockholm, et donc attirants. Cependant, l'hôtel est situé au nord de Stockholm, donc à environ 30 minutes de marche du centre-ville. Mais tous les transports s'y trouvent, qui sont réguliers et accessibles.

HOTEL KUNG CARL €€

Birger Jarlsgatan 21
✆ +46 84 63 50 00
www.kungcarl.se/en
Comptez environ 1 161 SEK pour une chambre standard, et 2 151 SEK la nuit pour une chambre deluxe.

L'hôtel Kung Carl est l'un des plus anciens de la capitale. Rénové et modernisé, cet hôtel familial distille une atmosphère singulière. Une touche artistique et personnalisée habille chacune des chambres, confortables, chaleureuses et parfaitement équipées. Certaines disposent de leur petit balcon. Le tout nouveau bistro « La Belle Époque », qui rappelle ceux de la capitale française, offre un voyage dans le temps et une cuisine exquise. Un coup de cœur pour cet hôtel au charme fou, qui constitue un très bon rapport qualité-prix dans le centre de Stockholm.

© DR

© DR

ELITE HOTEL STOCKHOLM PLAZA €€

29 Birger Jarlsgatan
✆ +46 8 400 004 66
www.elite.se
Chambre simple à partir de 941 SEK, chambre double à partir de 1 226 SEK.

L'un des établissements de la chaîne Elite Hotel, situé sur la grande avenue Birger Jarlsgatan, frontière entre Östermalm et Norrmalm. Cet hôtel occupe un grand bâtiment du XIXe siècle, et fait face au joli parc Humlegården, à deux pas de la très animée place Stureplan et des rues commerçantes. L'édifice est un hôtel depuis cent ans ; c'est d'ailleurs là que Selma Lagerlöf a séjourné lorsqu'elle a reçu le prix Nobel de littérature, en tant que première femme, en 1909.

STORY HOTEL €€€

6 Riddargatan
✆ +46 8 545 039 40
www.storyhotels.com
Chambre double à partir de 1 600 SEK et jusqu'à 2 500 SEK avec balcon. Tarifs réduits via Internet.

Des murs parsemés d'œuvres d'art aux immenses vasques colorées de la salle de bain, rien n'a été laissé au hasard par le bureau d'architecture suédois « Koncept ». Atmosphère bohème chic pour cet hôtel très prisé par une clientèle jeune et huppée européenne. Story Hotel est devenu un des lieux incontournables de la nuit. Les locaux viennent été comme hiver se désaltérer dans son bar à l'allure new-yorkaise. La cour intérieure aux couleurs vives est particulièrement agréable en été. Si vous êtes à la recherche de style et d'ambiance, foncez !

ETT HEM €€€

2 Sköldungagatan
✆ + 46 8 20 05 90
www.etthem.se
Tarif à partir de 3 995 SEK la chambre double. Hôtel souvent complet longtemps à l'avance.

Ett Hem est tout simplement l'un des hôtels les plus charmants de Stockholm. Douze chambres à la décoration soignée, aménagées avec un confort délicat et intime, mêlant vintage et contemporain. Toutes bien équipées, avec des douches et des baignoires luxueuses, ornées de cheminées et autres poêles près desquels rêvasser au chaud l'hiver. Pour se détendre, une bibliothèque et plusieurs petits salons attenants et quand vient l'heure de se sustanter : une véranda pour prendre un bain de lumière, un jardin clos pour profiter du soleil, une cuisine accueillante.

THE SPARROW HOTEL €€€

24 Birger Jarlsgatan
www.thesparrowhotel.se
Chambre double à partir de 1 590 SEK. Chambre Deluxe à partir de 2 490 SEK.

Hôtel design situé dans une belle bâtisse qui trône Birger Jarlsgatan, en frontière sud de Humlegården. Chambres lumineuses, parfois avec petit balcon donnant sur la rue, dans un décor chaleureux et floral, où vous trouverez un espace où vous mettre à l'aise. Chaque chambre est décorée spécialement, entre un suite de 150 m² ou un petit nid à lit simple. L'hôtel comprend aussi un bistro *à la parisienne*, où vous pouvez prendre le petit-déjeuner ou un verre de vin. Vérifiez leur site Internet pour des offres spéciales, recommandé pour les amoureux !

MORNINGTON HOTEL STOCKHOLM €€€

53 Nybrogatan
✆ +46 8 507 330 00
www.mornington.se
Chambre double pour environ 1 600 SEK, petit-déjeuner inclus.

Hôtel confortable, calme et idéalement situé car il se situe à 3 min à pied du métro Östermalmstorg. Atmosphère cosy, chaleureuse, sans superflu, en témoignent les murs entiers couverts de livres dès l'entrée de l'établissement. Les chambres sont bien agencées et soignées ce qui compense le manque d'espace. Le personnel est discret et efficace. Le Mornington Hotel Stockholm City est adapté aux voyageurs désirant un séjour tranquille dans le centre de Stockholm.

VILLA DAGMAR €€€

25-27 Nybrogatan
✆ +46 8 122 135 50
www.hotelvilladagmar.com
Chambre double à partir de 2 565 SEK, et chambre supérieure à partir de 2 885 SEK.

Dans cet hôtel chic et spacieux, vous trouverez des chambres haut de gamme dans un cadre sophistiqué et confortable. À deux pas de l'historique Östermalms Saluhall, cet hôtel est placé au cœur de la ville, à proximité de musées, restaurants, cafés et bars. Vous pouvez vous restaurer au rez-de-chaussée sous une voûte de verre qui laisse entrer les rayons de soleil, un espace aéré et agréable. Le fleuriste-concept-store vous invite à partir avec un souvenir : livres, bijoux, mais surtout bouquets de fleurs pour quelqu'un de spécial !

CLARION COLLECTION HOTEL TAPTO €€

57 Jungfrugatan
✆ +46 86 645 000
Chambre double standard à partir de 972 SEK. Gym et sauna.

Dans un quartier résidentiel, calme, se trouve cet hôtel à 20 minutes de transport et 34 minutes de marche de Gamla Stan. Les chambres sont sobres et bien décorées, avec des lits très confortables et un service impeccable. Le quartier regorge de boutiques élégantes et de restaurants branchés, et le stade de Stockholm est très proche. Le petit déjeuner et le dîner sont inclus. Rendez-vous dans l'espace de relaxation récemment rénové, contenant un sauna et proche d'un gymnase.

HOTEL HASSELBACKEN €€€

20 Hazeliusbacken
✆ +46 812 13 33 00
https://hasselbacken.com/sv
Chambres doubles à partir de 1 130 SEK, chambre supérieure à partir de 1 580 SEK.

Dans le même bâtiment que le restaurant du même nom, cet hôtel propose un grand confort à proximité des musées Vasa, Skansen et Nordique. Une bonne alternative pour éviter de perdre du temps dans les transports si l'on souhaite concentrer son séjour sur la détente et profiter de l'île de Djugården et du parc Ladugårsgärdet. Location de vélos possible sur place, ainsi que sauna et piscine. Aujourd'hui, l'établissement abrite 113 chambres, un bar, un restaurant, et des salles de conférence avec une capacité de 300 personnes. Adresse historique.

POP HOUSE HOTEL €€€

68 Djurgårdsvägen ✆ +46 8 502 541 40
www.pophouse.se
Chambres standard à partir de 1 500 SEK, chambres doubles autour de 2 500 SEK, les suites à partir de 3 500 SEK.

Que vous soyez fan d'ABBA ou pas, cet hôtel de 49 chambres saura vous ravir. Accolé au musée dédié au groupe légendaire sur l'île de Djugarden, il offre un confort 4 étoiles sans pareil. Les chambres sont spacieuses et chacune possède son propre balcon. Question musique, vous avez le choix avec le restaurant voisin qui vous propose un spectacle des plus déjantés que vous pouvez réserver en même temps que la chambre. Possibilité de réserver une des trois chambres thématiques pour les vraies groupies : ABBA Gold Suite, Mamma Mia ! The Party ou Kristina de Duvemåla.

SCANDIC HOTEL ARIADNE €€

37 Södra Kajen
✆ +46 8 517 386 00
www.scandichotels.com/ariadne
Comptez au moins 992 SEK pour une chambre double, standard. Sauna.

Lieu idéal pour un séjour détendu, loin du centre-ville tout en étant facile d'accès. Sauna, lounge, chambre de haut confort, restaurant, bar, le tout pour un prix tout à fait raisonnable ! Le bâtiment en lui-même n'a rien d'original, assez typique des hôtels Scandic, mais il satisfait les attentes de tous. Rendez-vous au sky bar pour boire un verre avec vue sur Stockholm ! Ils offrent même des chambres spacieuses avec un lit double ainsi que des lits superposés (tout dans une même chambre, idéal pour les voyages en famille...).

VILLA KÄLLHAGEN €€€

10 Djurgårdsbrunnvägen
✆ +46 8 665 03 00
www.kallhagen.se
Chambre simple autour de 2 250 SEK et double autour de 2 450 SEK, offres packages sur Internet.

Un des hôtels les plus paisibles et enchanteurs de Stockholm, notamment grâce à son cadre idéal pour ceux qui souhaitent s'isoler de la vie urbaine sans trop s'en éloigner. Situé à seulement 10 minutes du centre-ville, vous entrez dans une bulle de nature. L'hôtel 4 étoiles offre une vue splendide sur le lac et une tranquillité unique dans la capitale. L'hôtel en compte aujourd'hui 86, à la décoration sobre mais efficace, et toutes fort bien équipées. Le petit plus non négligeable : le sauna qu'il est possible de privatiser !

CITY HOSTEL €

19 Feminggatan
✆ +46 8 410 038 30
www.cityhostel.se
Dortoirs à partir de 240 SEK par personne, chambre privée à partir de 496 SEK, draps inclus.

Une auberge de jeunesse située tout près de la gare et du terminal des bus : il suffit de traverser Kungsbron pour s'y rendre. L'auberge propose des casiers pour laisser ses affaires, mais il faut amener son propre cadenas ou payer 45 SEK. Télévision et lecteur DVD dans toutes les chambres personnelles. Salle commune avec micro-ondes, service de thé et TV, wifi. La cuisine est équipée d'une cuisinière, d'un micro-ondes, d'un réfrigérateur, ainsi que du thé et du café gratuits. Il y a également des ordinateurs accessibles aux résidents.

CONNECT HOTEL CITY €€

Alstromergatan 41
✆ +46 84 410 220
https://connect-city.worhot.com
Réception ouverte 24h/24.
Chambre simple pour environ 74 SEK, chambre double pour environ 78 SEK.

Un hôtel design, sans trop de caractère, moderne et fonctionnel, qui est situé à Kungsholmen, soit 10 minutes de bus de la gare centrale. Les prix y sont très abordables, permettant d'avoir un maximum de confort pour pas trop cher, ce qui est difficile à trouver dans Stockholm ! Le petit-déjeuner est inclus, avec un restaurant, un parking (payant), le wifi gratuit, et un bar ! Vous pouvez y loger avec votre chien, si besoin. Le bar de l'hôtel propose un menu bistro avec un large choix de boissons, très pratique pour anticiper une soirée en ville.

COURTYARD MARRIOTT STOCKHOLM KUNGSHOLMEN €€€

50 Rålambshovsleden
✆ +46 84 413 100
Check-in 15h, check-out midi.
Chambre simple à partir de 1 325 SEK, chambre premium à partir 1 625 SEK.

Un hôtel standard où toutes les chambres sont équipées de wifi, adaptées aux animaux de compagnie, avec entretien ménager quotidien, ainsi que des draps propres, matelas épais, couettes confortables, oreillers douillets, et télévisions. Le petit-déjeuner est à l'américaine, à payer en tant que tarif complémentaire. Voici un hôtel qui satisfait toutes vos attentes pour un séjour confortable. L'hôtel en lui-même n'a pas plus de caractère que ça, mais fait l'affaire !

FIRST HOTEL FRIDHEMSPLAN €€

20 St Eriksgatan
✆ +46 8 653 88 00
http://fridhemsplan.se
Chambre double à partir de 645 SEK, chambre supérieure à partir de 890 SEK.

Situé sur l'île de Kungsholmen, cet hôtel Best Western est simple et confortable. Accès aisé par le métro et distance raisonnable à pied du centre-ville. La proximité du parc populaire Rålamshov est indéniablement un plus ! Toutes les chambres sont coquettes, sans superflu, et possèdent la télévision et Internet. Plusieurs chambres avec toilettes et douche intégrées. Ils proposent des chambres simples pour les petits budgets. Certaines chambres n'ont pas de fenêtres mais cela ne dérangera pas tout le monde ! La réception reste ouverte 24h/24.

HOTEL FRIDHEM €€

38 Sankt Eriksgatan
✆ +46 8 693 63 00
www.hotelfridhem.se
Chambre double à partir de 800 SEK.
Tarifs moins élevés en basse saison.
Petit déjeuner 100 SEK. Wi-fi.

Petit hôtel de 25 chambres situé à une minute de la station de métro Fridhemsplan, et à 20 minutes de marche de la gare centrale. L'hôtel est simple, mais avec tout le confort nécessaire.Toutes les chambres sont climatisées et comportent une télévision à écran plat et une connexion Internet gratuite. Le petit déjeuner est servi au café Espresso House, à deux minutes de marche de l'hôtel. Il est servi entre 7h et 10h en semaine, et 8h30 et 11h le week-end. La réception est ouverte du lundi au vendredi de 7h à 18h, et le week-end de 8h à 15h.

LODGE32 HOSTEL STOCKHOLM €

32 Hantverkargatan
✆ +46 8 559 265 19
www.lodge32.se
Check-in 15h, check-out 11h.
Chambre double privée (212 SEK), dortoirs entre 136 SEK et 153 SEK.

Voici une auberge de jeunesse pratique et sympathique. Vous avez le choix entre chambre double privée, dortoirs à quatre lits, six lits, huit lits, douze lits et quatorze lits. Les 11 dortoirs mixtes ou réservés aux femmes disposent d'un accès wifi gratuit, de casiers et d'une salle de bains commune. Ces prix abordables sont difficiles à battre pour Stockholm, surtout en étant à seulement 15 minutes de marche de Gamla Stan ! Les espaces communs sont confortables, et vous pouvez y faire de bonnes connaissances. Fortement recommandé pour les étudiants.

S'INFORMER

Il y a plusieurs façons pour s'informer sur les actualités et recommandations de voyages pour la Suède et Stockholm. Par exemple, vous pouvez vous rendre sur le site officiel suédois, https://sweden.se, qui vous informe sur la vie du peuple suédois, la science et l'innovation, les meilleurs lieux à visiter, l'architecture suédoise, etc. Il y a aussi le site Visit Sweden, https://visitsweden.com/, qui offre des informations pratiques sur où aller, que faire, où se loger, et la possibilité d'explorer un plan interactif du pays. Ainsi vous pouvez avoir une idée plus claire sur le pays, la culture, les risques, et quel type de voyage vous allez faire, selon vos envies. Que vous soyez seul, en couple, ou en famille avec des enfants, Stockholm offre des activités pour tout le monde. Une fois sur place, il y a multiples façons de trouver des informations sur les musées, évènements, transports, actualités, ou autre, notamment dans les hôtels.

CARNETS DE VOYAGE

36, Boulevard de la Bastille
PARIS (12e)
phoenix-publications.com
Trimestriel consacré à des destinations de voyage avec des focus dédiés à la découverte des régions.

Trimestriel consacré à des destinations de voyage avec des focus dédiés à la découverte des régions, *Carnets de Voyage*, le magazine des voyages réussis. Tous les 3 mois, la revue vous invite à découvrir à travers ses reportages le meilleur des destinations. Grande ou petite escapade à la découverte d'une ville, d'une région, en France, en Europe ou dans le monde à travers des reportages photo uniques complétés de conseils pratiques et de bonnes adresses pour nous faciliter le voyage avec enfin, un agenda des rendez-vous à ne pas manquer.

VISIT SWEDEN

www.visitsweden.com

Le site officiel de l'office de tourisme de Suède, absolument incontournable ! On y trouve des informations pour planifier son voyage, des suggestions d'itinéraires et des bons plans. Un carnet de bonnes adresses (où se loger, où manger, que voir, que faire, que visiter, etc.) est aussi disponible et mis à jour régulièrement. En plus, toutes les informations de bases sur le pays ainsi que les évolutions politiques, économiques et diplomatiques sont accessibles, ce qui permet d'avoir une bonne idée de l'état des lieux avant son départ !

SWEDEN

www.sweden.se

Ce site web est une source officielle d'informations sur la Suède. Il est financé par des fonds publics et est produit, développé, maintenu et exploité par l'Institut suédois, une agence publique qui promeut la Suède à travers le monde. On trouve sur ce site toute sorte d'infos utiles, autant sur la culture, la société et les traditions suédoises, que sur le business, la nature, les moyens de transports ou encore les événements à venir dans le pays. On n'hésite donc pas à faire un tour sur le site avant son départ en Suède !

STOCKHOLMS MUSEER

www.stockholmmuseums.se

Stockholms Museer transmet des informations et actualités sur tous les musées de Stockholm, horaires, prix, adresses, expositions... Grâce à leur site Internet et leur application mobile, vous pouvez trouver votre chemin vers l'art, la culture, la technologie et l'histoire de la ville de Stockholm. Vous pouvez également vous procurer un plan des musées, un outil très utile, qui contient une liste de plus de 90 musées et leur localisation. Chaque musée contient aussi un descriptif, et le plan est mis à jour. Les plans se trouvent dans des boutiques ou musées.

RESTER

Stockholm est une ville jeune, dynamique, avec un niveau de vie très élevé, parmi les plus élevés d'Europe. Ce n'est pas surprenant que certaines personnes veulent y rester, soit pour faire des études, ou pour y vivre. L'université de Stockholm accueille des étudiants Erasmus, avec certains cours programmés en anglais. L'université est gratuite pour les citoyens de l'UE. Cependant, il est recommandé d'apprendre le suédois pour s'intégrer. La Suède offre des cours de suédois dans le cadre du programme de formation géré par chaque municipalité locale. Par ailleurs, le système de santé est en grande partie financé par les contribuables et la protection sociale est très développée. Pour des visites chez le médecin, le montant maximum est de 1 150 SEK. La Suède est surtout un pays attirant pour les femmes, avec un niveau d'égalité des sexes record, cinquième au monde. À Stockholm, ce sont les pères aux poussettes et les mères au bureau !

AGENCE POUR L'ENSEIGNEMENT FRANÇAIS À L'ÉTRANGER

23, place de Catalogne
PARIS (14e)
© 01 53 69 30 90
www.aefe.fr

Cette agence, sous tutelle du ministère des Affaires étrangères, anime et gère un réseau de près de 500 établissements d'enseignement français à l'étranger, dans près de 140 pays. 370 000 élèves, dont 40 % de Français, fréquentent ces établissements. Offres d'emploi à l'international pour les titulaires de la fonction publique (Education nationale principalement) et informations sur la politique pédagogique, la scolarité et l'orientation émaillent le site Internet de cet organisme.

ÉDUCATION NATIONALE

www.education.gouv.fr
Modalités sur www.france.diplomatie.fr/mfi.

Vous êtes enseignant ou fonctionnaire d'État, vous souhaitez travailler à l'étranger ? Consultez le site du ministère de l'Éducation nationale, il informe sur les conditions de mobilité dans le monde. Cette initiative peut s'inscrire dans un parcours professionnel. Elle permet d'exercer son métier dans des conditions spécifiques, ou un autre métier et diversifier ainsi son expérience en enrichissant ses compétences. Les personnels d'encadrement peuvent aussi postuler dans des organismes internationaux ou de l'Union européenne.

BUSINESS FRANCE

77, Boulevard Saint-Jacques
PARIS (14e)
© 01 40 73 30 00
Ouvert en semaine de 8h30 à 18h30.

L'Agence pour le développement international des entreprises françaises travaille en étroite collaboration avec les missions économiques. Le site Internet recense toutes les actions menées, les ouvrages publiés, les événements programmés et renvoie sur la page du Volontariat International en Entreprise (VIE). Fondée en 2015, cette structure est née de la fusion entre Ubifrance et l'Agence française pour les investissements internationaux. Elle est affiliée au Ministère de l'Europe et des Affaires étrangères et au Ministère de l'Économie et des Finances.

VIE - VOLONTARIAT INTERNATIONAL EN ENTREPRISE

© 04 96 17 26 50
https://mon-vie-via.businessfrance.fr

Le VIE est destiné aux jeunes de 18 à 28 ans. Il s'effectue en entreprise, dans une ONG, dans une collectivité locale ou dans un service de l'État – allant de l'ambassade à l'établissement culturel en passant par le consulat. Par ailleurs, il peut durer de 6 à 24 mois et être renouvelé une fois, de deux ans au plus. Enfin, sa rémunération mensuelle est constituée d'un salaire fixe de 723,99 € et d'une indemnité supplémentaire dont le montant varie selon la mission.

INDEX

D

E

F

G

H

I

J

K

L

M

N

O

P

Q

R

S

ÉDITION

Directeurs de collection et auteurs : Dominique AUZIAS et Jean-Paul LABOURDETTE

Auteurs : Lene TASSIN DE MONTAIGU, Elisa VALLON, Priscilla PARARD, Juliette COURTOIS, Caroline HATTIGER, Céline PIETERS, Chloé CONSIGNY, Grégoire DECONIHOUT, Jean-Paul LABOURDETTE, Dominique AUZIAS et alter

Directeur Editorial : Stéphan SZEREMETA

Rédaction Monde : Laure CHATAIGNON, Morgane VESLIN, Pierre-Yves SOUCHET, Natalia COLLIER

Rédaction France : Briséis CREAC'H-MENUT, Mélanie COTTARD, Audrey VEDOVOTTO, Nicolas WODARCZAK

FABRICATION

Maquette et Montage : Romain AUDREN, Julie BORDES, Delphine PAGANO

Iconographie et Cartographie : Anne DIOT, Julien DOUCET

WEB ET NUMÉRIQUE

Directeur Web : Louis GENEAU de LAMARLIERE

Développeurs : Guillaume-BARBET, Adeline CAUX et Roland SPOUTIL

Intégrateur Web : Mickael LATTES, Antoine DION

Webdesigner : Caroline LAFFAITEUR

Community Traffic Manager : Alice BARBIER, Mariana BURLAMAQUI et Noémie LE SAUX

DIRECTION COMMERCIALE

Directeur commercial : Guillaume VORBURGER

Coordinatrice des Régies commerciales : Manon GUERIN assistée de Jonas HESOL

Account Manager Marketplace : Leila ROUGEOT assistée de Lola FAVRE-MOT

Responsable Régies locales : Michel GRANSEIGNE

Responsables Développement régie inter : Jean-Marc FARAGUET, Guillaume LABOUREUR et Camille ESMIEU

Chefs de Publicité Régie nationale : Caroline AUBRY, François BRIANCON-MARJOLLET, Perrine DE CARNE MARCEIN, Jonathan TOUTOUX, Amélie NOEL,

DIFFUSION ET PROMOTION

Directrice des Ventes : Bénédicte MOULET assistée d'Aissatou DIOP

Responsable des ventes : Jean-Pierre GHEZ assisté de Nelly BRION

Relations Presse-Partenariats : Jean-Mary MARCHAL

ADMINISTRATION

Président : Jean-Paul LABOURDETTE

Directrice des Ressources Humaines : Dina BOURDEAU assistée de Sandra DOS REIS et Eva BAELEN

Directrice Administrative et Financière : Valérie DECOTTIGNIES

Comptabilité : Guillaume PETIT, Aminata BAGAYOKO, Jeannine DEMIRDJIAN

Recouvrement : Fabien BONNAN assisté de Sandra BRIJLALL

Responsable informatique : Elie NZUZI-LEBA

PETIT FUTÉ STOCKHOLM

LES NOUVELLES EDITIONS DE L'UNIVERSITE
18, rue des Volontaires - 75015 Paris,
✆ 01 53 69 70 00 - Fax 01 42 73 15 24

Internet : www.petitfute.com

SAS au capital de 1 000 000 €
RC PARIS B 309 769 966

Couverture : Panorama sur l'architecture de la jetée de la Vieille Ville (Gamla Stan) à Stockholm © Oleksiy Mark - Shutterstock.com
Skeppsholmsbron (pont de Skeppsholm) avec sa couronne d'or célèbre à Stockholm © Grisha Bruev - Shutterstock.com

Impression : IMPRIMERIE CHIRAT 42540 Saint-Just-la-Pendue

Achevé d'imprimer : Avril 2022

Dépôt légal : 15/04/2022

ISBN : 9782305062877

Pour nous contacter par email, indiquez le nom de famille en minuscule suivi de @petitfute.com
Pour le courrier des lecteurs : info@petitfute.com

IMPRIMÉ EN FRANCE